AF345299

Studier Over Tennyson

STUDIER OVER TENNYSON

MED

ET KORT OMRIDS AF DIGTERENS LIV

AF

CARL KALISCH.

⁂

KJØBENHAVN.

Forlagt af Universitetsboghandler G. E. C. Gad.

Trykt hos Nielsen & Lydiche.

1893.

Denne Afhandling er af det filosofiske Fakultet kendt værdig til at forsvares for Doktorgraden.

Den 22. September 1893.

H. Høffding,
d. A. Dekanus.

INDHOLD.

———

INDLEDNING.

FØRSTE AFSNIT.

Juvenilia. The Lady of Shalott, and other Poems. English Idylls, and other Poems.

ANDET AFSNIT.

Enoch Arden, and other Poems. Lucretius. The Princess.

TREDIE AFSNIT.

Ode ved Hertugen af Wellingtons Død og andre Digte.
In Memoriam. Maud.

FJERDE AFSNIT.

Idylls of the King.

FEMTE KAPITEL.

The Lover's Tale. De sidste Digtsamlinger.

SJETTE AFSNIT.

Tennysons Skuespil.

SLUTNING.

INDLEDNING.

I.

Det er ikke Tanken med nærværende Bog at give en Levnedsskildring af Alfred Tennyson: gennem en Række Studier over hans Værker har jeg søgt at tegne et Billede af hans Digterpersonlighed.

Enhver, der har beskæftiget sig med saadanne Studier, ved, hvor overordentlig vanskelig en Opgave det er fuldt ud at forstaa en fremmed Forfatter, og dobbelt vanskelig bliver Opgaven over for en saa national Digter som Tennyson. Det er den engelske Natur, engelske Karakterer, Sæder og Skikke, han skildrer i sine Værker; det er engelske Følelser og Tanker, der gennemtrænge dem. Og det er en bestemt Egn i England, der frem for nogen anden har givet Tennysons Poesi dens ejendommelige Farve, Digterens Fødeegn: Lincolnshire. Atter og atter vender han i sine Værker tilbage til den stille Plet, hvor han tilbragte sin Barndom og Ungdom, og intet har bidraget saa meget til at lette Udlændinge Forstaaelsen af hans Arbejder som de Skildringer fra hine Dage, der i de senere Aar fra kompetent Side ere forelagte Læseverdenen. Kærlige Hænder have tegnet hans Barndomshjem og ført os om i de Egne, hvor han færdedes som Dreng, hvor han sang sine første Sange og modnedes til Mand. Medens Kendskabet til Tennysons senere Liv endnu er yderst sparsomt uden for den snævre Kreds af Slægt og Venner, foreligger der i Virkeligheden et ret omfattende Materiale til hans Ungdomshistorie; men adskilligt af dette er spredt rundt om i vanskelig tilgængelige Blade og Tidsskrifter, og enkelte Bøger ere udsolgte. Et kort Omrids af Digterens Barndoms- og Ungdomsliv vil derfor maaske ikke være danske Læsere uvelkomment og kan muligvis tjene til at fæstne og udfylde det Billede af hans Digterpersonlighed, der danner sig for os under Studiet af hans Værker. For Fuldstændigheds Skyld skal jeg derefter tilføje de vigtigste Data i hans senere Liv: Milepælene paa Vejen, ad hvilken han har vandret.

Alfred Tennyson blev født den 5. August 1809 i den lille Flække Somersby i Lincolnshire. Der har hersket nogen Tvivl med Hensyn til Datoen, idet adskillige Forfattere have angivet den sjette som Digterens Fødselsdag, og i et Brev til Mr. Henry van Dyke, har Tennyson selv erklæret denne Dag for den rette. »Han blev rimeligvis født,« skriver han, »tidligt om Morgenen til den sjette, lige efter Midnat. Hans Moder plejede at holde hans Fødselsdag den 6. August.« Siden har ogsaa Mr. C. J. Caswell efter en Undersøgelse af Kirkebogen i Somersby oplyst, at Blækket er falmet saaledes i Datoen, at venstre Side af Sekstallet er svunden bort forneden, saa at det har faaet Lighed med et Femtal; dette har da givet Anledning til den formentlige Misforstaaelse. Men i Modstrid hermed erklærer Mr. J. C.

Walters, at der faktisk staar den femte August i Kirke-
bogen, og efter Digterens Død er denne Dato angiven
paa hans Kiste efter Opgivelse, maa man vel formode,
fra den mest kompetente Side. [1])

Alfreds Fader, George Clayton Tennyson, LL. D.,
— *th'owd Doctor*, som han kaldtes af den omboende
Befolkning — var Sognepræst til Grimsby samt Præst for
Bag Enderby og Somersby Menigheder. Han var en
Mand, der var i Besiddelse af mange Talenter: »han
var Digter og Maler, Arkitekt og Musiker, Sprogmand
og Matematiker.« En saa alsidig Lærdom har maaske
været mindre heldig, naar det gjaldt at præke for en
beskeden Menighed ude paa Landet, og en gammel
Bonde, der blev spurgt om, hvorledes Doktorens Taler
plejede at være, svarede da ogsaa: »Han læste dem op
af et Papir, og jeg vidste ikke, hvad Meningen var.«
(*'Ee read 'um from a paäper, an' I didn't knaw what
'um meant*)[2]). Doktoren skildres for øvrigt som en dyg-
tig Forretningsmand, retfærdig og streng, agtet og anset.
Alfreds Kærlighed til Faderen kommer smukt til Orde i
Digtet *Til J. S.*, skrevet et Par Aar efter Faderens Død,
til en Universitetskammerat, James Spedding, der havde
mistet sin Broder:

>   — — Alas!
> In grief I am not all unlearn'd;
> Once thro' mine own doors Death did pass;
> One went, who never hath return'd.

---

[1]) Henry van Dyke, *The Poetry of Tennyson. Second Edition*,
S. 323. Dette Værk indeholder en meget udførlig Liste over
Tennysons Arbejder og den hele Tennyson Litteratur. — John
Cuming Walters, *In Tennyson Land*, S. 61. — *Daily Telegraph*,
8. Oktbr. 1892; *Pall Mall Gazette*, 8. Oktbr. 1892; *The Echo.
Extra Special*, 12. Oktbr. 1892.

[2]) *Lord Tennyson's Childhood. By P. Anderson Graham. (The
Art Journal*, Januar & Februar 1891) S. 14.

> He will not smile — not speak to me
>   Once more. Two years his chair is seen
> Empty before us. That was he
>   Without whose life I had not been.‹
>
> (*Works*, S. 62).

›Den gamle Doktor‹ var Søn af en rig Prokurator, George Tennyson, men største Delen af Formuen gik i Følge Testamente til en yngre Broder Charles, der senere tog Navnet D'Eyncourt. Slægtens Stamtræ kan føres tilbage til Huset Plantagenet.[1]

Digterens Moder, hvis Pigenavn var Elizabeth Fytche, var Datter af Sognepræsten i Louth. ›Hun var saa godhjertet,‹ fortæller Mrs. Ritchie, ›at det er blevet til et Ordsprog; og de skændige Beboere af en nærliggende Landsby plejede at prygle deres Hunde foran hendes Vinduer i Haab om at faa Penge af den milde Frue for at høre op, eller gøre en god Forretning ved at sælge hende de værdiløse Køtere. Hun var dybt, glødende religiøs, som en Digters Moder skulde være.‹[2] Hun var da ogsaa almindelig elsket af alle — hvad hun var for sine Børn, har en af Sønnerne skildret:

> ›A mother heard our infant cries,
>   And folded us with fond embrace,
> And when we woke, our infant eyes
>   Were opened on a mother's face.
>
> Our wishes she did make her own,
>   Her bosom fed and pillow'd too,
> Answering each start or fitful moan
>   With trembling pulses fond and true.‹

---

[1] *Tennysoniana*, S. 2. — Henry J. Jennings, *Lord Tennyson*, S. 5 og 9—10 (2. Udgave, S. 3 og 5). — Sammenlign med de citerede Vers ogsaa *In Memoriam*, XX.

[2] Anne Thackeray Ritchie, *Alfred Tennyson*. (*Harper's Magazine*, December 1883), S. 23.

Det var en talrig Familie, der voksede op i Præste-
gaarden i Somersby: syv Sønner og fem Døtre. Alle
vare de mere eller mindre litterært anlagte, og ikke blot
Alfred men ogsaa hans to ældre Brødre have vundet et
Navn i Litteraturen. Frederick Tennyson blev kendt
som Forfatter til Digtsamlingen *Days and Hours* (1854),
et episk Digt *The Isles of Greece* (1890) samt *Daphne
and other Poems* (1891), og Charles, der antog Navnet
Tennyson-Turner ved Overtagelsen af en Arv, har ud-
givet et Bind gode Sonetter.[1] Hvor tidligt disse Evner
begyndte at udvikles hos Børnene, faa vi en Forestilling
om, naar vi høre, at de lavede smaa Historier og Af-
handlinger, »saa snart de blot kunde skrive«. De
»legede Forfattere« og synes at have haft litterær Ær-
gerrighed, »før de kunde stave«.[2] Der tilføjes, at Alfred
ingenlunde var den dygtigste ved disse Lege. Ved Mid-
dagsbordet lagde hver af Børnene efter Tur et Kapitel
af sin Historie under Kartoffelfadet, »lange, uendelige
Historier«, sommetider i Breve ligesom *Clarissa Harlowe*.
Alfreds Historie *Den gamle Hest* varede i Maaneder.
Han har selv fortalt, hvorledes hans første Vers frem-
kom. Det var en Søndag Formiddag, og alle de ældre
Medlemmer af Familien gik i Kirke. Han alene skulde
blive hjemme. Charles, der var et Aar ældre, gav ham
da en Tavle og sagde, at han kunde skrive et Digt,
medens de vare borte — han kunde jo skrive om Blom-

---

[1] Alfred var den tredie ældste af Brødrene — eller rettere Num-
mer fire, men den førstefødte Søn døde som lille; de andres
Navne vare Edward, Horatio, Arthur og Septimus. Af Søstrene
nævnes Emily, Cecilia og Mary. Biografier og Karakteristikker
af Frederick og Charles, skrevne af Alex. H. Japp, findes til-
lige med et Udvalg af deres Værker i det 1892 udkomne Bind
af *The Poets and the Poetry of the Century*, udgivet af Alfred H.
Miles. De citerede Vers om Moderen ere af Charles T. og
anførte efter denne Bog S. 63.
[2] P. Anderson Graham, S. 15.

sterne i Haven. Da de kom hjem, rakte Alfred Broderen sin Tavle, der var helt bedækket med urimede Vers à la Thomsons *Aarstiderne*, den eneste Poesi, han nogensinde havde læst. »Ja, du kan skrive,« sagde Charles, da han efter at have gennemgaaet Versene leverede ham Tavlen tilbage. Han var noget ældre, da hans Bedstefader en Dag bad ham skrive en Elegi over Bedstemoderen, der kort i Forvejen var død. Da den var skreven, belønnede han Drengen med ti shillings, men sagde, temmelig mistrøstende for den unge Forfatter: »Det er de første Penge, du nogensinde har tjent ved dine Digte, og du kan stole paa, det vil ogsaa blive de sidste.«

Mrs. Ritchie, hvem vi skylde mange af de Anekdoter, der ere opbevarede fra Tennysons Barndomsliv, og fra hvis nydelige Afhandling ovenstaaende Bemærkninger ere laante, fortæller ogsaa, at Børnenes Leg dog ikke helt indskrænkedes til disse litterære Produktioner. Rygterne om de mægtige Krige med Napoleon naaede næppe til Drengene i den afsides Præstegaard, men Arthur og hans Riddere kendte de, og de delte sig i to Partier og kæmpede drabeligt med hverandre. En stor Pilegren blev stukken ned i Jorden — den forestillede Kongen; i Kreds rundt om ham stode stærke, stive Kæppe: de udødelige Riddere, der skulde forsvare ham. Og saa kastede de to Hære Stene mod hinandens Konge i Haab om at fælde ham.

I et Brev fra Frederick Tennyson, skrevet i hans høje Alderdom, mindes han endnu med Glæde hine Dage, da han legede »Kejsere af Kina« med Charles og Alfred, og hver af dem regerede i sin Del af den gamle Have. Han har besøgt Stedet igen og er dybt greben deraf: »Haven var overgroet med Ukrudt,« skriver han, »et Par gamle, visne Æbletræer i Frugthaven; Resterne af en Pumpe ude i Gaarden og en sværtet Arnesten — og Tavshed. Men jeg hørte vore unge Stemmer og

Vindens Susen i de gamle Træer, som nu ikke længere vare der«.[1])

Præstegaarden laa lige over for Kirken. Det var en rummelig Bygning, egentlig to Huse, der vare byggede sammen, og den gamle Doktor opførte selv Spisestuen, der med sine høje Kirkevinduer næsten saa ud som et Kapel. Haven var ogsaa stor, med prægtige skyggefulde Træer. I *Ode til Erindringen* mindes den unge Digter senere »de syv Elme og fire Poppeltræer« uden for Faderens Dør, og atter og atter taler han om den i sine Værker. Men, som Drengene bleve større, nøjedes de ikke med Haven. Hele Omegnen blev undersøgt, og hvilke Billeder har Digteren ikke senere givet os derfra. Ikke langt borte laa *the moated Grange*, den triste øde Herregaard, hvor Mariana (i Digtet af dette Navn) forgæves ventede den elskede. Saa var der *Bækken*, hvis Rislen lød som sagte Sang:

> »I steal by lawns and grassy plots,
>   I slide by hazel covers;
> I move the sweet forget-me-nots
>   That grow for happy lovers.
>
> I slip, I slide, I gloom, I glance,
>   Among my skimming swallows;
> I make the netted sunbeam dance
>   Against my sandy shallows.
>
> I murmur under moon and stars
>   In brambly wildernesses;
> I linger by my shingly bars;
>   I loiter round my cresses;

---

[1]) *The Poets and the Poetry of the Century*, S. 15. — Mr. Japp citerer flere Breve af Frederick Tennyson, der var en fortrinlig Brevskriver.

And out again I curve and flow
To join the brimming river,
For men may come and men may go,
But I go on for ever.« (*Works*, S. 141).

Fem Minutters Vej fra Kirken laa en dyb Klippekløft, Holywell Glen. En Række Trin førte ned til Kilden; Vandet bruste hen over Klippen, og det var berømt for sine forfriskende og styrkende Egenskaber. Nu glimter det kun som en smal, rislende Strøm nede i Svælget. Det lave Leje er næsten fyldt op med vissent Løv. Omstyrtede og hængende Træer og forvredne Rødder strække sig tværs over Kløften, og Skraaningerne ere bevoksede med »Lærke- og Fyrretræer, med Ask og Bøg og Valbirk«, der danne et Løvtag, gennem hvilket Solen næppe kan trænge, medens paa andre Steder den nøgne Klippe rager frem. Mr. J. C. Walters, der besøgte Stedet i Sommersolskin ved Middagstide, har givet os en levende Skildring af dets skønne og vilde Natur og paavist Forbindelsen mellem Holywell Glen og hin skæbnesvangre Kløft, som Digteren har skildret i *Maud*.[1]) Her faa vi straks i første Vers Billedet af det skumle Svælg, som det til andre Tider kunde se ud for den opskræmmede Fantasi:

> »Jeg hader den mørke Fjeldkløft bag ved det lille Krat,
> dens Læber i Marken hist er besudlet med Lyngen rød,
> bloddryppende Rædsel ruger derover ved Dag og ved Nat,
> og Ekko, hvad man saa raaber, svarer bestandig: Død.«[2])

Lincolnshires Sumpe og Marsker ere i senere Aar i stor Udstrækning udtørrede, og hvor der før var øde Egn, ser man nu ofte bølgende Kornmarker. Allerede

---

[1]) *In Tennyson Land*, Kapitel VII. — Sammenlign hermed ogsaa de smukke Illustrationer til Mr. Grahams Afhandling i *The Art Journal*, S. 49.

[2]) Dr. Ad. Hansens Oversættelse (*Anna* og *Locksley Slot*, S. 1).

Tennysons gamle Forpagter (*Northern Farmer. Old Style*) taler om de store Forandringer, der ere foregaaede, og siden da ere stedse større Strækninger bragte under Ploven. Alt er heller ikke lige fladt og ensformigt, og særligt rundt om Digterens Fødested brydes det triste Landskab af træbevoksede Bakkestrækninger, *the wold*, som Tennyson har skildret i saa mange af sine Digte.

Hvert Aar opholdt Familien sig i nogen Tid i den lille By Mablethorpe ved Kysten af Nordsøen. Høje Klitter hæve sig over den lave sandede Strand, og et Dige er bygget til Værn mod Havet, bag hvilket flade Enge strække sig milevidt op i Landet. Her færdedes Børnene tidligt og silde, og her lærte Tennyson først at elske Havet og forstaa dets vekslende Skønhed, som han har malet med saa vidunderlig Trofasthed. Han forstod at se, som ingen anden, og at gengive det sete i klare, skarpe Træk. Hvor mange af hine skønne Søbilleder skylde vi ikke disse Ferieophold i Mablethorpe?

Meddelelserne om Alfreds første Skoledage ere temmelig forskellige. Det synes, at en ung Mand, Charles Clark, i 1815 har aabnet en Landsbyskole i Somersby, hvor han forblev til 1820. Derefter blev William Cadney Skolemester, og Skolen, der hidtil havde været i en Del af en Kornlade oven over en Stald, flyttedes nu til en Bygning i Holywell Glen, hvor der tidligere havde været en Brøndanstalt for Folk, der søgte Styrkelse ved den sunde Kilde. Naar det derfor siges, at Alfred fik sin første Undervisning i »Cadneys Landsbyskole«, maa det have været for en ganske kort Tid, og inden Cadney selv havde overtaget Skolen. I 1816 blev han sendt til Latinskolen i Louth, hvor alle syv Brødre efterhaanden fik Undervisning. Dr. Tennyson tog hver Gang selv dertil fra Somersby for at indmelde Drengene, der kom i Huset hos deres Bedstemoder og Tante, som vare bosatte i Louth, og Moderen boede i nogen Tid i Nærheden af Skolen for at kunne være hos Børnene. Bestyreren, Rev. J. Waite, og hans Hjælpelærer, Mr. Dale, synes at have haft særlig Tillid til Risets opdragende Virkuing; i hvert Fald er deres hyppige Benyttelse deraf det eneste, der fremhæves ved deres pædagogiske Virksomhed. Aaret før Alfred kom hertil, var Charles bleven optaget i Skolen; Alfred forlod imidlertid allerede Louth ved Juleferien 1820, medens den ældre Broder blev et halvt Aar længere. De to stilfærdige Drenge holdt sig for sig selv; de deltoge kun lidet i de andres Lege, men næsten intet vides om dem fra denne Tid. Mrs. Ritchie anfører, at Digteren selv har fortalt, hvorledes han og Broderen, pyntede med blaa Baand, deltoge i en Procession i Anledning af Georg den Fjerdes Kroning, og at de gamle Koner sagde, at Drengene udgjorde den kønneste Del af Optoget. Men ud over dette vides intet. [1]

Fra Alfred, elleve Aar gammel, kom ud af Louth Latinskole og til 1828, da han begyndte sine Studier i Cambridge, fik han næppe nogen regelmæssig Skoleundervisning. Dr. Tennyson selv lærte Drengene Matematik, en romersk-katolsk Præst underviste dem i Sprog, og en dygtig Musiklærer i den nærliggende lille By Horncastle, Mr. Smalley, ledede deres musikalske Uddannelse. Cadney lærte dem Regning, men da han snart blev uenig med Doktoren, kom en lille Fyr, William Clark, en fjern Slægtning af den tidligere omtalte Skolebestyrer, hjem til Sønnerne for at hjælpe dem i dette Fag, hvori de vare langt tilbage. [2]

---

[1] Om Tennysons Skoletid se: En Artikel i *Pall Mall Gazette* for 19. Juni 1890: *Tennyson's School Days.* — J. C. Walters, S. 82—88. — P. A. Graham, S. 46—47. — Mrs. Ritchie, S. 22. — Jennings, S. 12 og 17 (2den Udgave, S. 7 og 9—10).

[2] Han var født d. 16. Maj 1807 og altsaa ikke synderlig ældre end sine Elever. Det er hos ham, at Meddeleren i *Pall Mall*

Udenfor Skoletiden havde Drengene Frihed til at strejfe om, hvor de vilde. Man kunde møde Alfred Mile fra Hjemmet, uden Hat paa, fordybet i Tanker. »De løb altid om fra et Sted til et andet«, fortalte en gammel Mand fra Somersby Mr. Walters, »og enhver kendte dem og deres Zigeunervæsen. De skreve alle Vers, de havde aldrig Lommepenge, de gik lange Ture om Natten og holdt sig altid for sig selv«. [1]

Det er maaske denne Mangel paa Penge, vi skylde Udgivelsen af Brødrenes første Digtsamling. Der fortælles, at Faderens Kusk, der var de unge Menneskers gode Ven, foreslog dem at sælge deres Vers, for at de paa denne Maade kunde faa de nødvendige Ressourcer. Hvorledes nu end dette forholder sig, udkom *Poems by Two Brothers* i 1826. [2]. Det var en lille Bog paa 228 Sider, der indeholdt en Samling af 102 Digte, skrevne i de mest forskellige Versemaal og forfattede af Charles og Alfred, nogle allerede i deres femtende Aar. Et Boghandlerfirma i Louth, J. & J. Jackson, betalte de unge Mennesker £ 20 for den, [3] sandsynligvis i Haab om, at Familiens mange Venner og Bekendte nok vilde holde dem skadesløse ved at købe Bogen. En lang Fortale indledede Værket, og paa Titelbladet stod som Motto de beskedne Ord: *Hæc nos novimus esse nihil*, et Citat fra Martial. Der var en overvældende Mængde Noter, og næsten hvert Digt var forsynet med et Motto af en klassisk eller moderne Digter. Horats var citeret

---

Gazette har indhentet en Del af sine Oplysninger om denne tidlige Periode i Digterens Liv.

[1]) J. C. Walters, S. 40.

[2]) Den er dateret 1827, men udkom efter Tennysons egen Oplysning i Virkeligheden Aaret i Forvejen. — H. van Dyke, S. 323.

[3]) J. C. Walters, S. 44. — *The Nineteenth Century*, Jan. 1893, S. 181: »£ 15 i Penge og £ 5 i Bøger«. Her meddeles tillige, efter Alfreds egen Opgivelse, at ogsaa den ældste Broder, Frederick, havde en ringe Del i Forfatterskabet.

ikke mindre end atten Gange og Byron seks. Et af Digtene var skrevet i Anledning af dennes Død, et andet indeholder en Hentydning til samme Begivenhed, og flere ere Efterligninger af *Hebrew Melodies*.[1]

Byron døde i 1824, da Alfred var femten Aar gammel, og hans Død gjorde et dybt Indtryk paa Drengen. Ogsaa herom har Mrs. Ritchie opbevaret Tennysons egen Beretning: »Byron var død! Jeg troede, Verdens Ende var kommen. Jeg troede, at alt var ovre og forbi for alle — at alt andet var ligegyldigt. Jeg kan huske, jeg gik ud alene og huggede i Sandstenen: 'Byron er død'.«[2]

Mr. R. H. Shepherd har i første Kapitel af *Tennysoniana* indgaaende behandlet disse »Skoledrengedigte«. Han anfører nogle Prøver, deriblandt tre Strofer af *Antonius til Kleopatra*, der upaatvivlelig er af Alfred Tennyson, og søger i det hele at afgøre, hvem af Brødrene der er Forfatter til hvert enkelt Digt. Dette er ogsaa i ikke faa Tilfælde lykkedes ham, især ved Opdagelsen af Parallelsteder i Brødrenes senere Værker, men ofte har det været aldeles umuligt. Mr. J. C. Walters har haft Lejlighed til at undersøge Originalmanuskriptet, men heller ikke ved Hjælp af dette interessante Dokument er det muligt at komme til fuld Klarhed over dette Spørgsmaal.

Bogen vakte, som rimeligt er, ikke megen Opmærksomhed. Kun en enkelt samtidig Kritik er opsporet: en venlig om end noget reserveret Anmeldelse i *The Literary Chronicle and Weekly Review* for den 19. Maj 1827.[3]

---

[1] *Tennysoniana*, S. 3—4.

[2] Mrs. Ritchie, S. 23.

[3] *Tennysoniana*, S. 4. — Den lille Bog er ogsaa indgaaende omtalt af Mr. *Henry van Dyke* i *The Poetry of Tennyson: The first Flight*.

II.

*Studenteraarene i Cambridge. — Omgangsvenner. — A. H. Hallam.
— Timbuctoo. — Poems, chiefly Lyrical og Sonnets and Fugitive
Pieces. — Ferieliv i Præstegaarden. — Dr. Tennysons Død. — Rejser
i Pyrenæerne og i Wales. — Poems by Alfred Tennyson. — Christopher North. — Hallams Død.*

I Oktober 1828 begyndte de to Brødre deres Studier ved Universitetet i Cambridge, Trinity College, hvor den ældste Broder, Frederick, der var opdraget i Eton, allerede havde været i et Aars Tid eller to. Ogsaa hans mere öffentlige litterære Virksomhed begyndte paa denne Tid, idet han i 1828 vandt Universitetets Pris for et græsk Digt om Ægypten.

I Cambridge stiftede Tennyson Bekendtskab med en sjælden Kreds af begavede unge Mænd — et Bekendtskab, der i mange Tilfælde blev et Venskab for hele Livet. Man samledes til Diskussioner og Samtaler, der have været af den største Betydning for alle Deltagerne. Ofte kommer Tennyson i sine Værker tilbage til disse Tider, og altid dvæler han derved med Glæde. Mange af disse Venner have skabt sig et Navn i Litteraturen. Der var Richard Chenevix Trench, der døde som Ærkebiskop af Dublin og Forfatter til poetiske, teologiske og sproglige Værker; Richard Monckton Milnes (senere Lord Houghton), hvis smukke Digte og Biografi af Keats endnu mindes; A. W. Kinglake, der har skrevet et fremragende historisk Arbejde om Krimkrigen og *Eothen*, en »henrivende« Bog, som Prof. Morley siger,[1] hvori han har skildret sine Rejser i Orienten, og John Mitchell Kemble, om hvem Tennyson skrev i en af sine. tidlige Sonetter: »Mit Haab og Hjerte er med dig — du vil blive en anden Luther — — fra en Trone oprejst

---

[1] English Literature in the Reign of Victoria, S. 398.

i Himmelen vil du skyde lynende Pile ind i Mørket«, men som opgav Teologien og helligede sig til angelsachsiske og oldnordiske Studier. Saa var der den tidligere omtalte James Spedding og W. H. Brookfield, en af Tennysons kæreste Venner, ved hvis Død i 1874 Digteren skrev den Sonet, som bærer Brookfields Navn; og der var den senere Diakon i Canterbury, Henry Alford, der har udgivet adskillige Digte og Prækensamlinger; E. Fitzgerald, hvis poetiske Oversættelse af orientalske Digte skattes højt, og hvem Tennyson i 1885 tilegnede en af sine Digtsamlinger, og frem for alle var der Arthur Henry Hallam. Ogsaa Thackeray, som var et Par Aar yngre end Alfred, var samtidig med ham i Cambridge, men synes ikke paa denne Tid at have tilhørt den snævrere Vennekreds; senere omgikkes de meget, og det er denne venskabelige Forbindelse gennem mange Aar, vi skylde hans begavede Datter, Mrs. Thackeray Ritchies smukke Afhandling om Tennyson. Ogsaa andre kendte Navne nævnes fra Digterens Studentertid i Cambridge, men de anførte vise tilstrækkeligt, af hvad Art de unge Brødres Omgang var. Disse Venskabsforbindelser give i Virkeligheden et betydningsfuldt Indblik i Tennysons Karakter: sig mig, hvem du omgaas, og jeg skal sige dig, hvem du er.

En af disse Venner fordrer en mere indgaaende Omtale: Arthur Hallam, en Søn af den berømte Historiker. Han var født den 1. Februar 1811. Allerede tidligt viste han fremragende Evner, der yderligere udvikledes ved en fortrinlig Opdragelse. Som syv Aars Dreng besøgte han Italien og Svejts, hvorved Lysten til at studere fremmede Sprog vaktes hos ham. Han kom først til Eton, hvor han læste Shakespeare, Byron, Wordsworth og Shelley med større Iver end Skolefagene, og inden han gik til Universitetet, besøgte han atter Italien, hvor han studerede Dante og Petrarca.

Sytten Aar gammel begyndte han sine Studier i

Cambridge ved samme Kollegium som Tennyson og i samme Aar. Matematikken interesserede ham kun lidet, og Græsk og Latin forsømtes for fransk Litteratur og Filosofi; men som Tænker og Kritiker var han fremragende. Ogsaa paa andre Omraader udmærkede han sig; han vandt Prisbelønninger for engelsk Deklamation og for en Afhandling om Cicero. Saa ung han var, havde hans Mening Vægt, og lige saa anset som han var for sine Kundskaber, lige saa afholdt var han for sin Elskværdighed.

> »The stern were mild when thou wert by,
> The flippant put himself to school
> And heard thee, and the brazen fool
> Was soften'd, and he knew not why« —

skrev Tennyson om ham mange Aar efter hans Død (*In Memoriam* CX), og alle Beretninger bekræfte Sandheden heraf. Venskabet mellem Tennyson og Hallam bidrog i høj Grad til at udvikle og modne dem begge. »De sympatiserede i poetisk Temperament og filosofisk Smag«, siger Dr. Gatty, en af Hallams Skolekammerater.[1] De læste deres Værker for hinanden og kritiserede hinanden. Tennyson skrev en poetisk Fortælling *The Lover's Tale* i 1828,[2] og i Sommeren det følgende Aar konkurrerede begge Venner til en Guldmedaille for et Digt om Timbukto. Tennyson vandt Prisen, skønt hans Arbejde mod al akademisk Skik var skrevet i rimfri Jamber; det udkom samme Aar med Forfatterens Navn paa Titelbladet. *Timbuctoo* blev rost i *Athenæum* (22. Juli 1829), endog i stærke Udtryk. Anmelderen, sandsynligvis John Sterling eller Frederick Maurice, Tidsskriftets daværende Redaktører, »tager ikke i Betænkning at

---

[1] *A Key to Lord Tennyson's „In Memoriam"*, S. XVIII. — Denne lille Bog indeholder et fint udført Billede af Hallam.
[2] Den blev først trykt 1833.

erklære«, at det lille Arbejde »vilde have gjort en hvilkensomhelst Forfatter Ære«, og efter at have anført et halvt Hundrede Vers til Prøve tilføjer han: »Hvor mange i de sidste hundrede Aar have kunnet skrive Magen til dette?« *Timbuctoo* gav Anledning til nogle burleske Vers af Thackeray, der paa den Tid var Udgiver af et lille Studenterblad i Cambridge, *The Snob.* Thackeray har ogsaa skrevet et »Digt« om hint mærkelige Land, men da hans Værk desværre ikke er blevet færdigt i rette Tid, fremkommer det i dette, »det mest udbredte Tidsskrift i Europa«, »da det vilde være en Ynk, om et saadant Digt skulde gaa tabt for Verden«.[1]

Til andre Tider spillede man Komedie, og det var ikke altid smaa Opgaver, hvorpaa de unge Mennesker prøvede deres Kræfter. Fredag den 19. Marts 1830 opførtes *Much Ado about Nothing*, ved hvilken Lejlighed Monckton Milnes, der i Regelen stod for disse Arrangementer spillede *Beatrice*, Kemble var *Dogberry* og Hallam *Verges.* Nu og da samledes man for at høre Tennyson læse sine nye Digte op, og tolv af de unge Mennesker stiftede et Selskab, *Apostlene*, der holdt ugentlige Diskussionsmøder.

I 1830 udgav baade Alfred og Charles en Digtsamling. Alfreds bar Titelen *Poems, chiefly Lyrical*, den ældre Broders hed *Sonnets and Fugitive Pieces.* Denne Gang vakte Brødrene mere Opmærksomhed. *Westminster Review* for Januar 1831 gav en meget udførlig Anmeldelse af Alfreds Digte, hvoraf jeg skal anføre Slutningen efter et Aftryk i *Tennysoniana* (S. 33—34). De første Linier ere af særlig Interesse i vore Dage, da vi dels gennem Tennysons egen senere Produktion, dels gennem Efterlignernes talrige Værker, næsten have mistet Blikket

---

[1] *Tennysoniana*, Kap. II. — Jennings, S. 34—37 (anden Udgave, S. 19—21). — Arthur Waugh, *Alfred Lord Tennyson*, S. 27—32, indeholder en ret udførlig Analyse af *Timbuctoo.*

for disse Digtes Oprindelighed og Friskhed, og den hele
Artikel er skreven med et sjældent Klarsyn:

»At disse Digte ville finde en meget hurtig og ud-
bredt Yndest, vente vi ikke. Selve deres Oprindelighed
vil hindre dem i at blive almindelig skattede, for en
Tid. Men denne Tid vil være forbi, haabe vi, inden
altfor længe. De vise Besiddelsen af Evner, hvis Ud-
vikling vi imødese med en vis Ængstelse. En ægte
Digter har et stort Ansvar lige over for sit Land og
hele Verden, over for nuværende og fremtidige Gene-
rationer, Jord og Himmel. Han skulde, frem for alle
Mænd, stille sig bestemte og ædle Formaal og indvie
sig til deres Fremme. Det er saaledes, at han bedst
tager Hensyn til sin Kunsts Ære og sin egen varige
Berømmelse. Mr. Tennyson har en farlig Egenskab i
den Lethed, vi have omtalt, hvormed han gaar op i en
fremmed Karakter, og ved Hjælp af hvilken han saa
fuldstændig sætter sig ind i andre Menneskers mest be-
synderlige og lunefulde Idiosynkrasier. Den maa ikke
degradere ham til en poetisk Harlekin. Han har et
højere Hverv at udføre end at forlyste sig imellem
»Mystikere« og »taagede Filosofer«. Han ved, at »Dig-
terens Tanke er hellig Jord«; han ved, at Digterens Lod
er at blive

> »Dower'd with the hate of hate, the scorn of scorn,
> The love of love«;[1]

han har i de Linier, hvorfra vi citere, vist sin egen
korrekte Opfattelse af Digterens store Bestemmelse, og
vi vente af ham, at han vil fuldbyrde den. Saadanne
Mænd maa ikke synke ned til at blive blotte Verse-
magere til Morskab for sig selv og andre. De kunne
paavirke utalte Aanders Idéassociationer; de kunne be-
herske utalte Hjerters Sympatier; de kunne udsaa Prin-

---

[1] Se Digtene *The Poet* og *The Poet's Mind*, *Works*, S. 13 & 14.

cipper; de kunne give disse Principper Magt over Menneskers Forestillinger; de kunne, i en god Sag, vække den stærke Begejstring, der sikkert vil føre til Sejr; de kunne bringe Tyrannernes Laurbær til at visne og hellige Minderne om Fædrelandskærlighedens Martyrer; de kunne virke med en Kraft, hvis Styrke det er vanskeligt at vurdere, paa en Nations Følelser og Karakter og følgelig paa en Nations Lykke. Hvis vor Vurdering af Mr. Tennyson er rigtig, er ogsaa han en Digter, og om mange Aar vil han maaske læse sin ungdommelige Beskrivelse af hin Karakter med den stolte Bevidsthed om, at den er bleven en Beskrivelse og historisk Fremstilling af hans eget Værk«.

Leigh Hunt skrev en venlig Anmeldelse af begge Digtsamlinger i *The Tatler* Nr. 149—55 (24. Februar til 3. Marts 1831), Arthur Hallam gav en meget begejstret Kritik af Alfreds Bog i *The Englishman's Magazine* for August 1831, og Wordsworth udtalte sig anerkendende om begge Brødre.

I Ferierne besøgte Hallam Tennysons i Præstegaarden, og *In Memoriam* giver os Billeder af det ungdommelige Liv, der herskede her ved saadanne Lejligheder:

>»O bliss, when all in circle drawn
> About him, heart and ear were fed
> To hear him, as he lay and read
>The Tuscan poets on the lawn:
>
>Or in the all-golden afternoon
> A guest, or happy sister, sung,
> Or here she brought the harp and flung
>A ballad to the brightening moon«.   (LXXXIX).

Til andre Tider holdt man Gilde i det grønne eller gennemstrejfede Egnen til sent om Aftenen, under fængslende Samtaler om Kunst, Litteratur og de store Livsog Samfundsspørgsmaal. Det er særligt disse Samtaler om fælles Interesser, der knyttede Vennerne sammen. Det var ikke almindelige Menneskers almindelige Tale. Det hverdagsagtige, det filistrøse, var fjernt fra deres Tanke. Man betragte blot Hallams Portræt: det noble Ansigt lyser af Intelligens. Panden er ualmindelig høj og kraftig; Haaret er skilt ved venstre Side og falder skraat ned derover i korte, bløde Lokker. Underansigtet er næsten kvindeligt, fint og klogt. »Han havde Øje for alt, hvad han saa«, skriver Tennyson i det ovenfor citerede Digt af *In Memoriam*. Hans Skikkelse var mandig og ejede Ynde, en Egenskab, der er saa sjælden hos unge Mænd. Allerede fra Barnealderen var hans Helbred desværre sart, og Døden bortrev ham tidligt: før han var tre og tyve Aar gammel. Men ingen har paavirket Tennyson som han — i de unge Aar og længe, længe efter.

Søsteren Emily blev forlovet med Hallam, hvorved Vennen knyttedes endnu nærmere til Familien. Hallam skrev ogsaa Vers, og der eksisterer endnu en smuk Sonet, som han digtede til sin Forlovede, da han begyndte at undervise hende i Italiensk. I Februar 1831 forlod Tennyson Cambridge uden at tage nogen Eksamen. Kort efter, den 16. Marts, døde Faderen, 52 Aar gammel, men Mrs. Tennyson vedblev ogsaa derefter i nogen Tid at bo sammen med Børnene i det gamle Hjem. Senere paa Aaret rejste Alfred og Hallam i Pyrenæerne, hvor de skulle have støttet Kampen mod Ferdinand VII ved at bringe Penge og hemmelige Breve til nogle af Oprørernes Førere. Hjemkommen herfra foretog han en Fodtur i Wales. Ogsaa fra disse Ture har Mrs. Ritchie bevaret et Par Træk. Tennyson var paa den Tid en rank og kraftig ung Mand, hvis ydre Person nok kunde vække Opmærksomhed. Da han vandrede igennem Wales, kom han en Dag til en lille Landevejskro, hvor en gammel Mand sad ved Ilden. »Kommer De fra Armeen?« spurgte han, og da Svaret lød benægtende, fortsatte han: »Ikke fra Armeen? Hvor kommer De da fra?« — »Jeg er lige kommen fra Pyrenæerne«, sagde Alfred. »Ja, jeg kunde jo nok se, der var noget særligt«, svarede den gamle Mand.[1])

Ogsaa Edward Fitzgerald har skildret os Tennysons ydre Person fra de Dage; han sammenligner ham med den noble og kraftige unge Junker hos Chaucer.

Efter at Tennyson havde udgivet nogle enkelte Smaadigte i forskellige Tidsskrifter, udkom i Vinteren 1832 et nyt Bind: *Poems by Alfred Tennyson*, som indeholdt flere af de mest yndede af hans Arbejder, deriblandt *Møllerens Datter*, *Oenone*, *Majdronningen* og *En Drøm om skønne Kvinder*. Disse ville senere blive omtalte; andre Digte bleve ikke optrykte i de følgende Udgaver og ere nu kun lidet kendte. Et enkelt af disse var et Svar paa en Artikel af Christopher North alias Professor Wilson. Denne havde i Februar Heftet af *Blackwood's Magazine* (1832) udtalt sig ret rosende om Tennysons første Samling, men i en senere Artikel (i Maj) gik han løs paa den unge Digter og hans Beundrere med skaanselløs Strenghed og spottende Haan. At der har været nogen Berettigelse i den haarde Dom, har Tennyson selv stiltiende indrømmet ved senere at tilbageholde alle de af Wilson særlig haardt medtagne Digte paa to nær; men Lektionen var utilbørlig drøj, og Tennysons Ærgrelse gav sig da Luft i følgende lille Vers: *Til Christopher North.*

> »You did late review my lays,
>   Crusty Christopher;
> You did mingle blame and praise,
>   Rusty Christopher.
> When I learnt from whom it came,

---

[1]) Mrs. Ritchie, S. 28.

I forgave you all the blame,
   Musty Christopher;
I could *not* forgive the praise,
   Fusty Christopher«.[1]

Nu er baade Wilsons voldsomme Angreb og Tennysons lidt tarvelige Svar kun litterære Kuriositeter.

Den nye Samling slap heller ikke fra det uden haard Medfart. Juli Heftet af *The Quaterly Review* (1833) — hvis strenge Kritik under John Gibson Lockharts Redaktion havde skaffet Tidsskriftet Øgenavnet »The hang, draw, and Quaterly« — bragte en ubarmhjertig ironiserende Artikel. I en helt anden Tone talte Samuel Taylor Coleridge. Men om han end i Tennysons Digte »fandt Ting af ikke ringe Skønhed«, klager han over Forfatterens Synder mod Metrikken: »Som det er, kan jeg næppe skandere hans Vers«.[2]

To Aar efter (Juli 1835) gav John Stuart Mill Digteren nogen Revanche i en rosende Anmeldelse i *Westminster Review.*

Men inden den Tid havde en stor Sorg ramt Tennyson. I Januar 1832 havde Arthur Hallam taget sin Eksamen i Cambridge og opholdt sig derefter i London hos sin Fader, medens han studerede Jura i *The Inner Temple.* I August næste Aar rejste han med sin Fader til Tyskland, til Dels for at rekreere sig efter et Anfald af Influenza. Paa Turen fra Pesth til Wien forkølede han sig og fik Feber. Ingen ansaa Sygdommen for farlig. En Dag kom Faderen hjem og troede, at han sov. Han var død: allerede som Barn havde han lidt af Kongestioner til Hovedet; nu havde et Anfald af hans gamle Sygdom gjort Ende paa hans Liv. Det var den 15. September 1833. Hans Lig førtes til England, hvor

---

[1] Efter et Aftryk hos Jennings, der giver et langt Uddrag af Wilsons Artikel. S. 49—56. (2den Udgave S. 27—31).

[2] *Tennysoniana*, S. 44—45.

han blev begravet i Clevedon Kirke — en afsides stille Plet ved Bristolkanalen. [1])

Hallams Død vakte Sorg i mange Hjerter. For Vennen var Slaget næsten mere, end han kunde bære. *In Memoriam* bærer Vidne derom.

III.

Ti Aars Tavshed. — Det gamle Hjem opløses. — Mrs. Carlyle og Tennyson. — Carlyles Beskrivelse af Digteren. — Andre Portrætter af ham. — Hans Oplæsninger. — *Poems*, 1842. — *Bon Gaultier Ballads*. — *The New Timon*. — *Prinsessen*. — *In Memoriam*. — Tennysons Ægteskab. — Poet laureate. — Rejse i Frankrig og Italien. — Farringford House. — Nye Værker. — Stigende Berømmelse. — Moderens Død. — Aldworth. — Charles Tennysons Død. — Rejse til Norge og Danmark. — Baron. — Digterens Død.

I den følgende halve Snes Aar udkom der intet større Værk af Tennyson. Enkelte mindre Digte bleve trykte, men hvad han ellers frembragte, beholdt han foreløbig for sig selv. I 1835 opløstes det gamle Hjem i Somersby »paa Grund af Giftermaal og andre Familiebegivenheder«, siger Mrs. Ritchie. I nogen Tid opholdt Alfred sig hos en Onkel i Caistor, til andre Tider var han i London, hvor han boede i The Temple, i Lincoln's Inn Fields og andre Steder, men oftest levede han sammen med sin Moder og sine Søstre. Tidt

---

[1]) Gatty, S. XVIII—XXV. — Mrs. Ritchie, S. 27—28. — Jennings, S. 71—76 (2den Udgave S. 40—42). — Alex. H. Japp, *Arthur Henry Hallam* (*The Poets and the Poetry of the Century*, S. 103—108). — Hallams efterladte Skrifter, *Remains in Verse and Prose of Arthur Henry Hallam*, bleve udgivne af hans Fader i 1834 og ere senere optrykte et Par Gange.

strejfede han om paa lange ensomme Ture; han var tilbageholdende lige over for den store Verden, men de, der lærte ham at kende, forstode at skatte ham. En af disse Venner, Digteren Richard Hengist Horne, fortæller om ham fra hine Dage, at han undgik de manges Selskab: »ofte foretrak han at sidde oppe hele Natten med en Ven eller ogsaa sidde og tænke alene. Man mødte ham aldrig udenfor en lille Kreds«.[1])

I 1838 var han Medlem af *den anonyme Klub* eller *Sterling-Klubben*, som den senere kaldtes, hvor man diskuterede litterære og filosofiske Spørgsmaal, og hvor han mødtes med Carlyle, Stuart Mill, Sterling, Thackeray, Forster, Macready, Landor og andre. Han sluttede sig især nøje til Carlyle, og baade den store Historiker og hans begavede Hustru have givet os karakteristiske Billeder af Tennyson fra Begyndelsen af Fyrrerne. Dickens og Forster havde arrangeret en af de Dilettantforestillinger, for hvilke de interesserede sig saa meget, og ved denne traf Mrs. Carlyle sammen med Tennyson. »Da jeg gik igennem en lang mørk Gang«, skriver hun i et Brev til Carlyle, »stødte jeg paa en høj Mand, der stod lænet mod Væggen, med Hovedet imod Loftet ligesom en Karyatide — saa vidt man kunde se, sovende eller standhaftig prøvende derpaa under de mest ugunstige Forhold. »Alfred Tennyson!« raabte jeg glad overrasket. »Ja,« sagde han og tog Haanden, som jeg rakte ham, og glemte at slippe den igen. »Jeg vidste ikke, at De var her i Byen,« sagde jeg. »Jeg vilde gerne vide, hvem De er,« sagde han; »jeg ved, at jeg kender Dem, men jeg kan ikke huske Deres Navn« — og jeg maatte virkelig til at præsentere mig for ham. Saa vaagnede han for ramme Alvor og sagde, at han havde tænkt paa at besøge os i Chelsea. »Men Carlyle er i Skotland«, sagde jeg med skyldig Beskedenhed. »Ja, det har jeg

---

[1]) Citeret af Jennings, S. 79 (2den Udgave, S. 48).

allerede hørt af Spedding, men jeg bad ham tage mig
med hen for at besøge Mrs. Carlyle, og det har han
lovet««. Tennyson modtager nu en Indbydelse til at
drikke Te hos Fruen. Næste Aften da hun ligger paa
Sofaen og har Hovedpine, kommer en Droske kørende
— Alfred Tennyson selv, og alene! Mrs. Carlyle er
henrykt ved Tanken: han har forladt et Middagsselskab
for at komme og ryge i hendes Stue og snakke med
hende! Anstrengelsen med at sørge for Te til ham
drev Hovedpinen paa Flugt, og hun tilføjer med Lune:
»Maaske var det ogsaa lidt kvindelig Forfængelighed
over at have indgydt en saadan Mand Kraft til at tage
en Droske paa eget Ansvar og i Tillid til, at Forsynet
nok vilde hjælpe ham hjem igen!«[1])

Carlyle skriver om ham et Aars Tid derefter: »Han
undlader tidt at komme hen til mig paa disse korte Be-
søg her i Byen — han kommer i Virkeligheden ikke til
nogen. Han er ensom og melankolsk, som visse Mænd
ere, og lever i et Element af skummelt Mørke — han
fører, kort sagt, et Stykke Kaos om med sig, som han
forvandler til Kosmos.« Efter en Skildring af Tenny-
sons Familieforhold giver han saa en Beskrivelse af
hans Person. »Han er en af de skønneste Mænd i
Verden. Stort, busket, graasort Haar; straalende, leende,
nøddebrune Øjne; massivt Ørneansigt, i høj Grad mas-
sivt, og dog overordentlig fint formet; gusten-brun Teint,
næsten indianeragtig; han lader Klæderne hænge løst
om sig, med kynisk Ligegyldighed, frit og ugenert; han
ryger en Uendelighed af Tobak. Hans Stemme er musi-
kalsk metalagtig — skikket til høj Latter og skærende

---

[1]) Brev til Carlyle, citeret af Jennings S. 94—95 (2den Udgave
S. 56—57); det næste er fra Carlyle til den amerikanske For-
fatter Emerson, August 1844, citeret sammesteds S. 97—99
(2den Udgave S. 58—59). Desværre gengiver Oversættelsen
kun højst ufuldkomment Carlyles karakteristiske Stil.

Klage og alt, hvad der kan ligge derimellem. Han taler og tænker frit og meget: jeg har ikke i de sidste Tiaar truffet saadant Selskab ved en Pibe!.. Han er ofte upasselig; meget kaotisk — hans Vej gaar gennem Kaos og det bundløse og ubanede, hvor man ikke let vandrer mange Mil.«

Det var for Resten ikke altid, at de just *talte* saa meget: undertiden nøjedes de med at *tænke*. En Historie fortæller, hvorledes Tennyson og Carlyle en Aften gik ind i dennes Studereværelse for at tale sammen mere uforstyrret. De fik Piberne tændte og satte sig til Rette hver ved sin Side af Kaminen. Og saaledes bleve de siddende i to Timer, hensunkne i Tanker, uden at sige et Ord. Da Tennyson efter denne »stumme Samtale« rejste sig for at tage Afsked med sin Vært, tog Carlyle ham i Haanden og sagde: »Ja, Alfred, vi have haft en storartet Aften. Kom snart igen.« — Begge vare aabenbart lige tilfredse med Underholdningen. [1]

Maaske jeg tør tilføje et Par andre Beskrivelser af Tennyson fra senere Aar. Der eksisterer mange virkelige Portrætter af Digteren, næsten enhver Bog eller Artikel om ham indeholder hans Billede, [2] men disse Billeder i Ord stille Manden i ganske anden Grad lyslevende frem for os. Carlyle taler om hans Stemme; ogsaa Mrs. Ritchie søger at beskrive denne. Hun har ofte hørt ham læse op og giver os en Forestilling om, hvilken Virkning han øvede paa sine Tilhørere. Hun ved knap, om hun kan kalde det Læsning. »Det er en Slags mystisk Besværgelse, en Sang, hvori hver Tone

---

[1] Max O'Rell, citeret af Jennings, 2den Udgave, S. 49.

[2] Jeg skal særlig henlede Opmærksomheden paa *The Illustrated London News* for 15. Oktober 1892, der indeholder en hel Række Portrætter af Digteren, fra hans unge Aar til umiddelbart før hans Død, ligesom ogsaa en Mængde Billeder af Personer og Steder, der ere knyttede til hans Historie.

stiger og synker og klinger igen«. Hun sammenligner den med Lyden af Havet. »Den fylder Værelset; den ebber og flyder bort; og naar vi forlade Stuen, er det med en besynderlig Musik i vort Øre, med en Følelse af, at det maaske er første Gang, vi høre, hvad vi kunne have læst de hundrede Gange før.«

Det er interessant hermed at sammenligne Mr. Camerons Beskrivelse[1]) af Tennysons Oplæsning af *Rizpah* i Digterens høje Alderdom. »Jeg var saa heldig«, skriver han, »at komme til Aldworth sammen med Madame Modjeska, og efter Middagen tog Digteren os med til sit Studerekammer og læste *Rizpah* for os. Modjeska var fuldstændig overvældet, kastede sig for Digterens Fødder, greb hans Haand og kyssede den atter og atter.« Den, der har set Madame Modjeska spille Komedie, har i den store Skuespillerindes Begejstring en Maalestok til Bedømmelse af Tennysons Læsning.

I 1857 saa den amerikanske Forfatter Nathaniel Hawthorne Tennyson paa en Maleriudstilling i Manchester. Han var ikke præsenteret for ham og talte ikke med ham, men han følte sig paa en ejendommelig Maade tiltrukken af Tennysons ydre Person. »Han er saa uengelsk som vel muligt,« siger han. — Dog ligner han heller ikke nogen Amerikaner: »Jeg kan ikke rigtig beskrive Forskellen, men der er noget mere mildt over ham — han er blødere, blidere, mere aaben og naturlig, end vi ere tilbøjelige til at være. At leve adskilt fra Mennesker, som han gør, vilde skade enhver af os, mere end det skader ham.« Og han tilføjer: »Jeg kan lige saa godt forlade ham her, for jeg kan ikke faa fat paa det centrale hos ham.«[2])

Det er ikke meget, der kendes til Tennysons Liv i hine ti Aar efter Udgivelsen af hans Digte (1832).

---

[1]) Ovennævnte Nummer af *Ill. London News*, S. 492.
[2]) *Tennysoniana*, S. 161—163.

Trods Kritikken trængte hans Poesi igennem. Bogen blev udsolgt; Blade og Tidsskrifter indeholdt nu og da Artikler om ham, men selv var han tavs. Tennyson hørte ikke til de Digtere, der have travlt med Udgivelsen af deres Værker; han forstod den Kunst at vente, til Tiden var moden til deres Offentliggørelse. Endelig i 1842 udkom *Poems by Alfred Tennyson* i to Bind. Første Bind indeholdt, hvad Digteren havde bibeholdt fra tidligere Samlinger, adskilligt i en ændret, mere afsleben Form. Andet Bind bragte næsten udelukkende nye Arbejder: de senere saa berømte *English Idylls*. Det ene nye Oplag fulgte efter det andet; fra 1848 (femte Udgave) udkom Digtene samlede i eet Bind; i 1853 naaede Samlingen ottende Oplag.

Straks efter deres Udgivelse læste Margaret Fuller dem med Begejstring — særlig *Ulysses*; og i *Dora, Locksley Hall, The Two Voices* og *Morte d'Arthur* finder hun meget af sit eget Liv. Ogsaa andre amerikanske Forfattere ydede ham deres Hyldest. Emerson og Lowell udtalte deres Beundring, og Edgar Allan Poe skrev i *The Democratic Review* for August 1844: »Jeg er ikke vis paa, at Tennyson ikke er den største af alle Digtere«, Ord, der Aaret efter komme igen, om end med en væsentlig Indskrænkning, i et Brev fra Wordsworth til Professor Henry Reed i Philadelphia: »Tennyson er afgjort den første af vore nulevende Digtere«. [1] Dickens udtalte sig med ikke mindre Begejstring, og Blade og Tidsskrifter bragte rosende Anmeldelser. I *The Quarterly Review* blev Bogen omtalt af John Sterling; og andre Venner, James Spedding og Monckton Milnes, kritiserede den henholdsvis i *The Edinburgh* og i *Westminster Review* i indgaaende og forstaaende Artikler.

---

[1] Jennings, S. 90—91 & 93 (2den Udgave S. 55 & 56); Henry van Dyke, S. 327; *Tennysoniana*, S. 95—98.

Men heller ikke ved denne Lejlighed undgik Tennyson den Art af spottende Kritik, der havde ramt hans tidligere Digtsamling. Theodore Martin og W. E. Aytoun, der begge senere have vundet et Navn i Litteraturen, men som den Gang vare lystige unge Mænd, der ikke toge det saa nøje, skrev nogle — særdeles morsomme — Parodier, der først bleve trykte i et Par kendte Tidsskrifter og senere udkom i Bogform under Navnet *Bon Gaultier Ballads.* Satiren gik i ikke ringe Grad ud over Tennyson, men ramte for Resten ogsaa andre kendte Digtere. Blandt andet drøftes Spørgsmaalet om, hvem der skal være Wordsworths Efterfølger som poet laureate; men Forfatterne have næppe tænkt sig, hvor snart deres ironiske Hentydninger til Tennysons Muligheder i denne Retning skulde falde til Jorden.

Langt skarpere var et Digt af Bulwer Lytton: *The New Timon; a Romance of London.* Sir Robert Peel havde udvirket, at der tilstodes Tennyson, som hidtil havde levet under meget indskrænkede pekuniære Forhold, en Statsunderstøttelse paa £ 200 om Aaret. Bulwer saa en Uretfærdighed heri, og Vreden gjorde ham selv uretfærdig. »Den nye Timon« raaber spottende:

> »Not mine, not mine (O muse forbid) the boon
> Of borrowed notes, the mock-bird's modish tune,
> The jingling medley of purloined conceits,
> Out-babying Wordsworth and out-glittering Keats;
> Where all the airs of patchwork-pastoral chime
> To drowsy ears in Tennysonian rhyme!« —[1])

og karakteriserer Tennyson som »Skolefrøkenen Alfred«, der bliver »rost af Kritikere og tilbedt af Blaastrømper«, og klager over, at Tennyson »i sin bedste Alder, uden Hustru og Børn« skal leve paa Statens Pung.

---

[1]) Citeret af Jennings, S. 107 (2den Udgave S. 64). Sammenlign ogsaa *Tennysoniana*, 98—102).

Tennyson svarede i *Punch* — ogsaa han tog haardt fat, saa haardt, at han fortrød det igen. I det følgende Nummer af Bladet indrykkede han under Titelen *After-thought* de fortræffelige Vers, der nu findes i Digterens Værker (S. 237) under Overskriften *Literary Squabbles*: han indser det taabelige i en Strid af denne Art; han indrømmer, at han har fejlet, idet han har svaret: det nobleste Svar er fuldstændig Tavshed. Derved kom en Forsoning i Stand. Det første Digt blev ikke optrykt igen, og Bulwer Lytton udelod senere de fornærmelige Linier af sin Satire. I 1877 tilegnede Tennyson Bulwers Søn, Lord Lytton, sit Skuespil *Harold*.

Det var gennem Monckton Milnes, at Peel blev bragt til at interessere sig for Digtergagen til Tennyson. I Wemyss Reids *Life of Lord Houghton* fortælles herom en for Carlyle karakteristisk Anekdote: »Richard Milnes,« sagde Carlyle en Dag, idet han tog Piben ud af Munden, medens de sade sammen i det lille Hus i Cheyne Row, »naar skaffer De saa Tennyson den Understøttelse?« — »Min kære Carlyle,« svarede Milnes, »den Sag er ikke saa let, som De synes at formode. Hvad ville mine Vælgere sige, hvis jeg virkelig faar Understøttelsen til Tennyson? De kende intet til ham eller hans Poesi og ville sandsynligvis tro, at han er en eller anden fattig Slægtning af mig, og at det hele er en god Forretning for mig selv.« — Højtideligt og med Eftertryk kom Carlyles Svar: »Richard Milnes, paa Dommedag, naar Herren spørger Dem, hvorfor skaffede De ikke Tennyson den Statsunderstøttelse, saa vil det ikke hjælpe Dem noget at lægge Skylden paa Deres Vælgere; saa er det *Dem*, der vil blive fordømt.« [1]

Efter Udgivelsen af *Poems* hengik der atter lang Tid, før Tennyson udgav noget større Værk. Da udkom i 1847 *Prinsessen*, et romantisk-skønt, halvt even-

---

[1] Citeret af Jennings, 2den Udgave S. 62.

tyrligt Digt, der, som Mrs. Ritchie fortæller os, »blev
født i London i Lincoln's Inns Taage og Smuds;« men
Tennyson opholdt sig sjælden længe paa eet Sted, og
enkelte Dele af Digtet ere da ogsaa blevne til i andre
Omgivelser. Hun har saaledes hørt Digteren selv sige,
at han blev inspireret til »Tears, idle Tears« (IV) ved
Tintern Abbey. — Anden Udgave kom allerede Aaret
efter, tilegnet Henry Lushington, med hvem Tennyson
havde stiftet Bekendtskab nogle Aar tidligere, og paa
hvis Kritik han satte særlig Pris.[1] Tredie Udgave ud-
kom 1850 med mange Forandringer; i denne Udgave
fandtes for første Gang den Cyklus af dejlige Sange,
der indleder Digtets forskellige Afsnit. Det næste Aar
maatte Digtet oplægges igen, og i 1853 naaede det femte
Udgave; begge disse Oplag indeholde atter nye Tilføj-
elser.

I 1850 udkom *In Memoriam* og fandt straks en
saa stor Læsekreds, at tredie Oplag maatte trykkes endnu
i samme Aar og fjerde Aaret efter. Det var ogsaa i
andre Henseender et betydningsfuldt Aar for Digteren.
Den trettende Juni blev han viet til Emily Sellwood i
Shiplake Kirke, Oxfordshire. Hans Brud hørte hjemme
i Horncastle, den lille By, hvor Tennyson i sine Barne-
aar havde faaet Musikundervisning. Hendes Søster Louisa
havde tretten Aar tidligere ægtet Charles Tennyson,
Alfreds kæreste Broder. Faderen Henry Sellwood var
en velhavende Prokurator af god Familie; Mrs. Sellwood
var en Søster til den berømte Ishavsfarer Sir John
Franklin. Faderens Slægt skal have været Ejendoms-
besiddere i Berkshire allerede paa Karl den Førstes Tid,
og endnu tidligere — i den angelsachsiske Periode —

---

[1] Digterens Søster, Cecilia Tennyson, ægtede senere Mr. Lushing-
tons Broder, Edmund Law Lushington, Prof. i Græsk ved Uni-
versitetet i Glasgow. Slutningsdigtet i *In Memoriam* sigter
til deres Bryllup.

vare de indflydelsesrige Folk i den Skov, hvis Navn de bære. [1])

Hvor lykkeligt Tennysons Ægteskab var, har han selv fortalt os i det Digt, hvormed han tilegnede sin Hustru *Enoch Arden*:

> »Dear, near and true — no truer Time himself
> Can prove you, tho' he make you evermore
> Dearer and nearer, as the rapid of life
> Shoots to the fall —«   (*Works*, 240).

Ogsaa *Locksley Hall Sixty Years after* er tilegnet hende, og *The Daisy* er skrevet til hende. »Lady Tennysons svage Helbred,« skriver Mr. J. C. Walters, [2]) »har været den eneste Skygge i Digterens lange og lykkelige ægteskabelige Liv. Hun er utvivlsomt *Edith* i *Sixty Years after*.« Nogle Maaneder efter Brylluppet, den 19. November, blev Tennyson udnævnt til poet laureate. Der havde været flere Kandidater til Posten, men Dronningen og Prins Albert vare stemte for Tennyson. Der fortælles, at man blandt andre ogsaa raadførte sig med Sir Robert Peel, der erklærede, at han aldrig havde læst noget af Digterens Værker — men saa læste han *Ulysses* og anerkendte hans Ret til at være poet laureate.

Med sin Hustru foretog Tennyson Aaret efter deres Bryllup en Rejse til Frankrig og Italien og bosatte sig derefter i Twickenham, berømt i den engelske Litteraturs Historie fra Popes Ophold her. I 1852 fødtes hans ældste Søn, Hallam. [3]) Næste Aar købte han den

---

[1]) Mrs. Ritchie, S. 34.

[2]) *In Tennyson Land*, S. 29.

[3]) De havde mistet et lille Barn, før Hallam blev født. Mr. Jennings citerer (S. 137, 2den Udgave S. 81) et Brev fra Carlyle til Emerson: »De har maaske hørt, at Alfred Tennyson er rejst til Italien med sin Hustru; deres lille døde; de befandt sig ilde i England.«

smukke Ejendom Farringford House ved Freshwater paa Øen Wight, og her blev den anden Søn, Lionel, født 1854.[1]   Aaret efter skænkede Universitetet i Oxford ham Doktorgraden.

I August 1859 rejste han et Par Uger i Portugal sammen med Francis Turner Palgrave, der paa den Tid forberedte Udgivelsen af *The Golden Treasury of English Songs and Lyrics*, og et Par Aar senere besøgte han atter Pyrenæerne, hvor han opfriskede Minderne om Ungdomsdagene, da han færdedes her med Hallam.[2]   Imidlertid voksede hans Berømmelse ved Udgivelsen af *Maud, Idylls of the King, Enoch Arden* og andre Værker, som ville blive omtalte senere.   Hans Digte bleve oversatte paa fremmede Sprog; engelske og udenlandske Kritikere skreve Afhandlinger og hele Bøger om hans Arbejder,[3] og Farringford blev et Valfartssted for berømte Mænd i Ind- og Udland.   Blandt disse var ogsaa Garibaldi, der efter Mrs. Ritchies Beretning en Gang plantede et Træ i Haven — og inden fire og tyve Timer brækkede en alt for ivrig Republikaner en Gren deraf.[4]   Blandt Digterens Venner i Omegnen, nævner hun særlig Mrs. Cameron, hvem vi skylde mange fortræffelige Fotografier af Familien Tennyson, og Sir John Simeon, ved hvis Død Tennyson skrev de smukke Vers *In the Garden at Swainston* (*Works*, S. 235).

I 1865 tilbød Dronningen ham Baronettitelen, som han imidlertid vægrede sig ved at modtage, og samme

---

[1] Død d. 20. April 1886 paa Hjemvejen fra Indien.

[2] Se Digtet *In the Valley of Cauteretz* (*Works*, 235).

[3] Alfred Tennysons Navn fordrer for Øjeblikket 52 Sider i Britisk Musæums Katalog. Det er den største Plads i Katalogen, nogen Berømthed i vor Tid indtager.   Mr. Gladstone kommer nærmest efter ham med 22 Sider. — *Tit-Bits*, 29. Oktober 1892, S. 69, Sp. 3.

[4] Mrs. Ritchie S. 85. — Se ogsaa Beretningen i *The World*, 12. Okt. 1892, S. 24—25.

Aar blev han valgt til Medlem af Royal Society.   Det var ogsaa i dette Aar, den 21. Februar, at hans Moder døde, 84 Aar gammel.   Tennysons Kærlighed til hende kommer kønt til Orde i et Par Udtalelser fra denne Lejlighed, der ere meddelte af Biskoppen af Exeter i et Brev til *The Times.*[1])   Hun døde i Hampstead, og Digteren kom for sent til at træffe hende i Live.   Han vægrede sig ved at se Liget, idet han sagde: »Mine sidste Forestillinger om min Moder skulle være, som jeg saa hende for to eller tre Uger siden, da hun sad i den Stol — det Billede er indgravet i min Sjæl for bestandig.«   Efter Begravelsen bemærkede han: »Mr. Bickersteth, jeg haaber, De ikke vil synes, at jeg har talt i overdrevne Udtryk om min Moder; men hun var virkelig det skønneste, den almægtige Gud nogensinde har skabt.«

Da hans Hustrus Helbredstilstand fordrede en Forandring, købte han i 1867 et lille Gods i Surrey, ikke langt fra den lille By Haslemere, hvor han opførte den smukke Ejendom Aldworth, paa hvilket Sted Familien derefter tilbragte Sommermaanederne.   I 1879 døde hans Broder Charles, og da dennes samlede Sonetter senere udkom, indlededes de med et Digt af Alfred, dateret Midnat, den 30. Juni dette Aar (*Works*, 573), hvori han betegner Charles som en ægte Digter og trofast Broder, og mindes deres Barndoms Dage:

> »And thro' this midnight breaks the sun
> Of sixty years away,
> The light of days when life begun,
> The days that seem to-day,
>
> When all my griefs were shared with thee,
> As all my hopes were thine —
> As all thou wert was one with me,
> May all thou art be mine!«

---

[1]) Dette Nummer af Bladet er ikke kommet mig i Hænde.   Jeg citerer efter *The Globe*, den 12. Okt. 1892, S. 4, Sp. 4.

Samme Aar var det ogsaa, at Tennyson afslog at modtage Udnævnelse som Lord Rektor for Universitetet i Glasgow. Han havde først sagt ja, men da han forstod, at det blot var de konservative Studenter, fra hvem Indbydelsen var udgaaet, trak han sig tilbage, ligesom han allerede tidligere havde afslaaet at være de liberales Kandidat; han ønskede ikke at blande sig i politisk Strid.

Endnu en Udenlandsrejse foretog Tennyson, denne Gang i Selskab med Mr. Gladstone, der paa den Tid var Premierminister. I Efteraaret 1883 besøgte de Norge og Danmark og modtoges med megen Ære ved Hoffet i Fredensborg. Gladstone og Tennyson havde kendt hinanden fra Midten af Fyrrerne, da de første Gang traf sammen hos Samuel Rogers, og trods forskellige Meninger om mangt og meget satte de stor Pris paa hinanden. Ved en højtidelig Lejlighed udtalte Gladstone om Digteren, at han »havde skrevet sin udødelige Sang i sine Landsmænds Hjerter ... Tiden var magtesløs imod ham«; og i sit sidste Leveaar, da det gjaldt om, hvorvidt Gladstone skulde faa Majoritet i det nye Parlament, afløse Lord Salisbury som Regeringens Leder og bringe sin irske Politik til Udførelse, tillod Tennyson Offentliggørelsen af følgende karakteristiske Brev:

»Sir,   June 26.

I love Mr. Gladstone, but hate his present Irish policy.

I am, yours faithfully,

Tennyson.« [1]

Henimod Slutningen af Aaret 1883 tilbød Dronning Victoria Tennyson Pairsværdigheden, og Digteren modtog den. Tennyson er den første engelske Digter, der er bleven adlet for sin poetiske Virksomhed. Den 18. Januar 1884 udnævntes han til Baron af Aldworth

---

[1] Citeret af Jennings, 2den Udgave S. 176.

og Farringford. Der har været delte Meninger om, hvorvidt han burde have modtaget denne Ære eller ikke — et Spørgsmaal vi ikke her behøve at diskutere. Kun ved meget faa Lejligheder har han givet Møde i Overhuset for at afgive sin Stemme. — Samme Aar udnævntes han til Præsident for *The incorporated Society of Authors*.

Tennyson døde Natten til den 6. Oktober 1892, et Par Maaneder efter at han havde fyldt sit tre og firsindstyvende Aar. Han blev begravet i Westminster Abbedi, i »Digternes Krog«, ved Siden af sin Ven, den victorianske Periodes anden store Sanger, Robert Browning.

FØRSTE AFSNIT.

Juvenilia. The Lady of Shalott, and other Poems. English Idylls, and other Poems.

I.

Tilegnelsesdigt. — *Juvenilia.* — Kvindeportrætter. — Beslægtede Digte. — Tidlig Tilbøjelighed til at filosofere. — *Supposed Confessions of a Second-rate Sensitive Mind.* — *Ode til Erindringen.* — Tennysons Evne til at beskrive. — Paavirkning af andre Forfattere.

De nyere Udgaver af Tennysons Værker ere tilegnede Dronning Victoria med et Digt, dateret Marts 1851, fire Maaneder efter Forfatterens Udnævnelse til poet laureate. Det er skrevet i det samme karakteristiske Versemaal som *In Memoriam*, der udkom Aaret i Forvejen, og er saa vel Dronningen som Digteren fuldt ud værdigt.

Derefter følge de mindre Arbejder fra Forfatterens tidlige Ungdom, som hans strenge Selvkritik ikke har unddraget Læseverdenen. Overskriften *Juvenilia* antyder Digterens senere Standpunkt over for disse Poesier: om han end ikke har overgivet dem til Glemselen, ønsker han dem dog heller ikke betragtede som ligestillede med de senere Værker, og det uagtet den ydre Form, hvori de nu fremtræde for os, er forandret og affilet for at tilfredsstille den modne Forfatters kræsne Smag.

Det første af disse Digte bærer Overskriften *Claribel* og betegnes som »en Melodi«, en Betegnelse, der kunde passe paa adskillige af Tennysons Ungdomsarbejder. Det rent musikalske i Versets Bygning, de vekslende Rim, de bløde, klangfulde Ord, har fortryllet den unge Digter. Men det er ogsaa *kun* en Melodi, en klagende Tone, der lyder over en elsket Kvindes Grav: »Hvor Claribel hviler, — standse Vindene og dø — og lade Rosenbladene falde . . .«

Ikke mindre end ni andre af Digtene i denne lille Samling bære et lignende romantisk Kvindenavn til Overskrift. I hvert af dem har Digteren malet et Kvindeportræt, fint og yndefuldt, med skønne Farver, men ogsaa ulegemligt, uvirkeligt som en Drøm. *Lilian*, der ler af hans ømme Elskovsord, *Isabel,* »paa hvis Hjertes hvide Tavler Ægteskabets Love ere skrevne i Guld«, og *Mariana*, der henlever sit triste Liv paa den øde Herregaard, medens hun forgæves venter paa den elskede, udgøre den første lille Gruppe af disse Billeder. Omkvædet i det sidst nævnte:

> »She only said, 'My life is dreary,
>   He cometh not,' she said;
> She said, 'I am aweary, aweary,
>   I would that I were dead!'«

er melodisk og ualmindelig fint formet, men taber maaske ved den hyppige Gentagelse. Det følgende Billede er et Portræt af den lunefulde »evig omskiftende« *Madeline*. I *Balladen om Oriana* synger Digteren om den elskede, der, medens Slaget rasede rundt om Borgen, traadte frem paa Muren og faldt ved et Vaadeskud, ramt af sin Bejlers Pil. Medens den melodiske Klang i disse Ungdomsdigte oftest beror paa Gentagelsen af visse Linier eller af enkelte Adjektiver med et ejendom-

meligt musikalsk Tonefald, er det i *Oriana* den elskedes
Navn, der giver det hele Digt dets karakteristiske Stem-
ning. Den »skyggeagtige, drømmende« *Adeline* og hen-
des »Tvillingsøster« *Margaret* ere maaske de mest ule-
gemlige af disse Kvindeskikkelser; dog gør Digteren selv
opmærksom paa, at Margaret er »mere menneskelig i
sine Sindsstemninger« skønt ikke »mindre guddommelig«
end Madeline. Allerede i disse tidlige Frembringelser
viser Tennyson Evne til at give træffende poetiske Sam-
menligninger, især i Billeder, hentede fra Naturen. *Mar-
garet* begynder saaledes med de skønne Linier:

>   »O sweet pale Margaret,
>   O rare pale Margaret,
>   What lit your eyes with tearful power,
>   Like moonlight on a falling shower?«

Portrætterne af *Rosalind*, »min muntre Falk med straa-
lende Øjne«, og af den »majestætiske *Eleänore*« ere de
sidste i Rækken.

Men det er ikke blot i disse Poesier, at den tyve-
aarige Ynglings Elskovsdrømme have fundet et Udtryk.
Digte som *Havmanden* og *Havfruen* udtale de samme
Længsler. Hvis Digteren var en »Havmand«, da vilde
han »sidde hele Dagen og synge, og fylde Havets Haller
med mægtig Røst«; men om Natten vilde han »strejfe
om og lege med Havfruerne« : . . . »Jeg vilde kysse dem
ofte under Havet — og kysse dem igen, til de kyssede
mig — leende, leende; — og saa vilde vi vandre bort,
bort — til de lysegrønne Lunde i Havet . . . . og jage
hinanden lystigt.« Dette er ikke den klagende Havmand,
som svigtes af sin jordiske Elskerinde, og som Matthew
Arnold har malet for os i et med Tennysons Ungdoms-
arbejder beslægtet Digt — ligesom hine ved sin musi-
kalske Ordpragt vidt forskelligt fra Folkesangens rørende
Toner, men mere episk i sit Form: her er dog en An-

tydning af Handlingen i det skønne Sagn.[1]) Heller ikke i
The Mermaid har Tennyson brudt sig om at benytte
mere af de gamle Viser end det blotte Billede af Hav-
fruen, der synger ved Strandens Bred og kæmmer sit
gyldne Haar med en Kam af Perler — hun lokker intet
Menneske, det er de muntre Havmænd, mod hvem hun
længes. Hverken det tragiske i den forladte Havmands
Klage eller det romantiske Billede paa Havets dragende
Magt eller det religiøse Element i de gamle Sange, hvor
Kirkeklokken kalder den jordiske Kvinde tilbage, har
Tennyson ønsket at benytte. Overnaturlige Væsener fore-
komme i det hele kun sjældent i hans Digtning, og naar
han benytter dem, som i *The Kraken* (Navnet paa et fanta-
stisk Søuhyre) eller i *The Sea-Fairies* i denne Samling, da er
det ligesom i *Havmanden* og *Havfruen* mere for den roman-
tiske Beskrivelses end for den romantiske Tankes Skyld.

Dette er saa meget mærkeligere, som Tennyson alle-
rede paa denne Tid gerne fordybede sig i filosofiske
Undersøgelser. De to sammenhørende Digte *Intet vil
dø* og *Alt vil dø* vise i deres blotte Titler Digterens Til-
bøjelighed i denne Retning, og straks efter skildrer han
i *Supposed Confessions of a Second-rate Sensitive Mind*
den religiøse Tvivler, der ønsker at have samme Tro
som de andre for sammen med dem at kunne se Døden
i Møde:

>»How sweet to have a common faith!
>To hold a common scorn of death!«

der forbander sin Vaklen uden dog at kunne tro og be-
tragter det spæde Barn som trefold lykkelig, fordi det
ikke kender til Grublerier over Liv og Død — »Det lader
sine rosenrøde Fingre lege om Moderens Hals og kender
intet uden sin Moders Øjne«. Dette Digt var i mange

---

[1]) *The Forsaken Merman. Poems by Matthew Arnold. I. Early
Poems, Narrative Poems, and Sonnets*, S. 241. — Paa Dansk i
Oversatte engelske Digte ved Adolf Hansen, S. 62.

Aar blandt dem, Forfatteren havde dømt til evig Glem-
sel; men i de nyere Udgaver har han atter taget det til
Naade. Ogsaa *Ode til Erindringen* bør maaske henreg-
nes til disse Poesier af en mere spekulativ Natur. Dig-
teren kommer heri til det Resultat, at Mindernes Skat
er mere værd end al jordisk Magt — en mærkelig An-
skuelse for en tyveaarig ung Mand. Det første skønne
Billede, hvori han tiltaler Erindringen: »Du, som stjæler
Ild fra Fortidens Kilder for at kaste Straaler over Nuti-
den«, lover mere, end Fortsættelsen holder. Men om
end saaledes Digterens Tanker eller Tankeudviklinger i
disse tidlige Frembringelser ikke ere dybe, er hans Evne
til at beskrive saa meget mærkeligere. Tennyson er i
sine første Arbejder næsten mere Maler end Digter.
Hver lille Enkelthed udpensles. med den kærligste Omhyg-
gelighed, og hans Malerier straale i de reneste Farver,
baade naar han skildrer den virkelige Natur, og naar
han maler sine fantastiske Drømmebilleder. Det har
været ham selv en Nydelse at forme alle disse pragt-
fulde Ord, disse farverige Vers, som i det melankolske
lille Digt, der bærer Overskriften *Sang*:

> »Heavily hangs the broad sunflower
>   Over its grave i' the earth so chilly;
> Heavily hangs the hollyhock,
>   Heavily hangs the tiger-lily.«

Men ofte trættes Læseren; Digteren taler mere til vort
Øje og Øre end til vort Hjerte. Vi føle dette, selv i saa
smukke Digte som *Erindringer om 1001 Nat* og *Den
døende Svane*, og det er en ren Vederkvægelse i *Ode
til Erindringen* at træffe de faa simple Linier, hvori
han maler sit Barndomshjems fredelige Omgivelser, eller
at læse den anden og tredje Strofe af *Det forladte Hus*
— det er som Glimt af den Naturlighed og Sandhed, vi
kende fra de bedste af hans Manddoms Værker.
   Vilde man imidlertid søge efter nogen Handling i

disse Digte, da vilde man søge forgæves; ofte er det umuligt blot at forbinde nogen Tanke med dem. De to Sange *Til Uglen* tilhøre denne Kategori. Tonen genkalder Lyden af enkelte Shakespeareske Sange — især Slutningssangen af *Love's Labour's Lost* — men om nogen virkelig Efterligning kan der næppe være Tale. De tidlige italienske Digtere synes derimod at have øvet nogen Indflydelse: baade *Juvenilia* og *The Lady of Shalott, and other Poems* bære Vidnesbyrd derom, og ved Digte som *Mariana, Madeline, The Ballad of Oriana, The Lady of Shalott* og deres nærbeslægtede Søskende — ligesom ogsaa ved de trofaste Naturbeskrivelser i andre Digte — viste han Vejen for den præ-Raphaelitiske Skole, der senere under Dante Gabriel Rossettis Ledelse skulde faa saa stor Indflydelse paa den engelske Litteratur og Kunst.[1]) Det er maaske ogsaa italiensk Indflydelse, der bringer Digteren til saa ofte at forme sine Tanker og Stemninger i Sonetter, af hvilke *Juvenilia* har opbevaret ikke mindre end elleve. Men ligesom Tennyson i det hele snart kom bort fra hin italienske Paavirkning, saaledes opgiver han ogsaa med det samme og næsten for bestandig Sonetten, der laa mindre godt for hans Evner; foruden disse tidlige Forsøg findes der i hans samlede Værker kun ganske enkelte Digte i denne Form, skrevne mange Aar efter. Stærk Paavirkning af Datidens herskende engelske Forfattere finde vi ikke i disse *Juvenilia*. Ganske vist: Keats synes at have øvet nogen Indflydelse, idet Tennyson ligesom denne Digter skriver med et bevidst kunstnerisk Maal for Øje i formel Henseende, medens Fortællingens Indhold er mere underordnet, og vi kunne maaske i enkelte Digte høre en svag Efterklang af Wordsworths Naturskildringer —

---

[1]) Malerne af denne Skole vælge hyppigt Tennysons Digte som Emner for deres Billeder. — Se *The Æsthetic Movement in England. By Walter Hamilton*, S. 41.

sammenlign f. Eks. *Leonine Elegiacs* med den ældre Digters *The cock is crowing*[1] — men dette er vist ogsaa alt. Byron, hvis Død gjorde et saa dybt Indtryk paa ham, og hvem han sikkert har efterlignet i *Poems by Two Brothers*, staar hans Poesi, som den her fremtræder, saa fjernt som vel muligt, og man vil lige saa lidt finde noget Spor af Shelley, af Robert Burns eller Walter Scott.

Det lille Digt *Amor og Døden* er oversat paa Dansk af Caralis i hans smukke Samling *Hundrede Digte efter det engelske.*

II.

The Lady of Shalott, and other Poems. — Udvikling i formel Henseende. — Nye Kvindeportrætter. — *De to Stemmer.* — *Majdronningen.* — Engelske Lokaliteter. — *En Drøm om skønne Kvinder.* — Emner fra Oldtiden: *Oenone, Lotos-Spiserne.* — *The Palace of Art. — Gaasen.*

Man kan næppe blot løseligt gennemblade det næste lille Afsnit af Tennysons Værker, der bærer Overskriften *The Lady of Shalott og andre Digte,* uden at blive opmærksom paa en Forskel i rent ydre Henseende imellem disse Digte og *Juvenilia.* De uregelmæssigt byggede, ulige lange Strofer ere næsten forsvundne, og kun undtagelsesvis genfinde vi Digterens tidligere Forkærlighed for overdaadig Ordpragt. Strengere, knappere Former gøre sig mere gældende, og i *Oenone* samt i Indledningsdigtet til *The Palace af Art* har Rimet veget Pladsen for den rimfri femfodede Jambe (det engelske *blank verse*),

---

[1] *The Poetical Works of William Wordsworth,* S. 152.

en Verseform, han havde benyttet allerede i *The Lover's Tale* og *Timbuctoo*, og med hvilken han senere skulde opnaa saa store Triumfer. Men ikke blot i Form, ogsaa i Stof indeholder denne Samling Spirer til Tennysons modne Manddomsværker. For første Gang knytter han her sit Navn til Sagnet om Kong Arthur, og for første Gang forsøger han sig i den idylliske Fortælling: fra den blaa Himmel stiger han ned til Jorden — og han vinder uendeligt derved.

Det er i *The Lady of Shalott*, at vi finde den første Antydning af Historien om Lancelot og Elaine, som vil blive indgaaende omtalt i det følgende (*Fjerde Afsnit*, III). *Mariana i Syden* slutter sig i Form og Indhold til det med samme Kvindenavn betegnede Digt i *Juvenilia*. I *De to Stemmer* har Forfatteren stillet sig et større Maal. En svag Stemme hvisker til ham: »Du er saa ulykkelig, var det ikke bedre ikke at være?«, og nu udvikler der sig en Samtale om, hvorvidt det er Mennesket tilladt med egen Haand at gøre Ende paa sit Liv. Der er i dette Digt meget, som er smukt og sandt, men vi trættes ved denne teologisk-filosofiske Disputats gennem 154 trelinede Strofer, trods den klare, faste Form, hvori den er skreven. Digteren overvinder den fristende Stemme i den lærde Disput, og en anden Røst tilhvisker ham nu Trøst og Opmuntring. Det skønneste i dette Arbejde synes mig at være den nydelige og træffende Beskrivelse af Guldsmeden, der kaster Puppehylsteret: »Straalende Plader af safirblaat Malm kom frem. Den tørrede Vingerne, de bleve klare som Flor, og som et levende Lysglimt fløj den bort over dugvaade Tofter og Græsgange«, og henimod Slutningen· den fornøjelige Skildring af Søndag Morgen paa Landet, medens Klokkerne ringe Folk til Kirke: især Billedet af Forældrene, der komme gaaende med deres lille Pige — det er fuldendt; her er ikke et overflødigt Ord. Men det er kun nogle faa Linier, ligesom i enkelte af Digtene i *Juveni-*

lia. I det følgende Digt, *Møllerens Datter* (der for Resten er skrevet før *De to Stemmer*), er det store Skridt gjort: Tennyson forlader for en Stund Fantasiens og Spekulationens uvirkelige Verden. I jævne Ord fortæller han sin lille Historie; med munter Elskværdighed tegner han den gemytlige Møller og hans »halv listige, halv undselige« Datter. Og ligesom de lette Omrids af disse Skikkelser vise os virkelige Mennesker, saaledes give ogsaa de yndefulde Landskabsbeskrivelser virkelige Billeder af engelsk Natur, med Reminiscenser fra Digterens Barndomsegn. Og lidt længere henne i denne Samling træffe vi i *Majdronningen*, det mest populære maaske af alle Tennysons mindre Digte, lignende Billeder af ikke ringere Værd.

Det er delt i tre Afsnit — tre Monologer. Først den unge Piges Jubel over, at hun skal være Majdronning; al hendes Tanke drejer sig om dette ene. Den stakkels Robin elsker hende, men hvad agter hun derpaa? Blot hendes Moder vil kalde tidligt nok paa hende næste Morgen, kan han gerne dø af Kærlighed — »for jeg skal være Majdronning, Moder, jeg skal være Majdronning!« Saa følger Nytaarsaftenen: hun ligger paa sit Dødsleje. Atter beder hun sin Moder kalde paa hende, for at hun kan se Solen staa op over det nye Aar — det sidste, hun skal opleve. »I Aften saa jeg Solen gaa ned: den gik bort og efterlod bag ved sig det gode gamle Aar, den kære gamle Tid og al min Fred. Og det nye Aar stiger frem, Moder, men jeg skal aldrig se Blomsterne paa Slaaentornen, Bladene paa Træet.« Ligesaa betagende frisk som den unge Piges Jubel er malet i første Afsnit, ligesaa rørende har Digteren her skildret hendes Sorg over, at hun skal dø bort fra Hjemmet og den skønne Natur, som hun elsker saa højt. Og det er Vinter — blot hun kunde leve til Foraaret kommer tilbage! »Der er ikke en Blomst paa alle Højene, og Ruderne ere frosne; jeg ønsker blot at leve, til Vintergæk-

kene komme igen; jeg ønsker, at Sneen vilde smelte
og Solen komme frem paa Himmelen, jeg længes saa
meget efter at se en Blomst, forinden jeg dør. Raagen
vil bygge Rede og skrige fra det susende høje Elmetræ
og den toppede Brokfugl pibe i Brakmarken, og Svalen
vil komme tilbage med Sommer over Bølgen, men jeg
skal ligge alene, Moder, og smuldre hen i min Grav.«

Hendes inderlige Ønske bliver opfyldt; hun lever,
til hun »alt i den vilde Martsmorgen hører Englene
kalde«; men nu har Døden tabt sin Rædsel for hende,
og hun velsigner den gode gamle Præst, som har for-
sonet hende med Tanken derom. Hun har fundet Fred
og tænker mildt paa alle: »Og sig Robin et venligt Ord
og bed ham ikke at sørge«; ·hun kunde maaske være
bleven hans Hustru, hvis hun havde levet — hun ved
det ikke — »men alle disse Ting havde ophørt at være«.
— »O, herligt og besynderligt synes det mig, at før
denne Dag er forbi, er den Stemme, som nu taler, maa-
ske hinsides Solen — for evigt sammen med hine ret-
færdige og trofaste Sjæle — Og hvad er Livet, at vi
skulde jamre? hvorfor opløfte vi Klageraab?«

Dette sidste Afsnit af Digtet (*Conclusion*) synes mig
ikke at staa helt paa Højde med de to foregaaende.
Det forekommer mig at være mindre ægte — ikke i
Tanken, men i Tankens Udformning. Vi røres ikke ved
Fortællingen om det natlige Varsel, hvori den unge Pige
ser et Tegn paa sin forestaaende Død, og dog findes
her saa dejlig en Strofe som denne:

>»All in the wild March-morning I heard the angels call;
>It was when the moon was setting, and the dark was over all;
>The trees began to whisper, and the wind began to roll,
>And in the wild March-morning I heard them call my soul.«

Ligesom Forfatteren i disse sidste Digte har sat
Foden paa engelsk Grund, saaledes finde vi ogsaa
engelske Lokaliteter, engelske Tanker og Følelser, i en

hel Række andre Digte i denne Samling, som f. Eks. i *Søstrene*, det berømte *Lady Clara Vere de Vere*, den smukke Sang *Det gamle Aars Død*[1]) og et Par Digte, der ikke bære nogen Overskrift. Det, der begynder med Linien: »You ask me, why, tho' ill at ease« indeholder de ofte citerede Vers, i hvilke England prises som

> »The land, where girt with friends or foes
> A man may speak the thing he will;
>
> A land of settled government,
>   A land of just and old renown,
>   Where Freedom slowly broadens down
> From precedent to precedent.«

En Drøm om skønne Kvinder, med den smukke Hyldest til Chaucer, er et Slags Sidestykke — under langt mindre Former — til den gamle Mesters *Legenden om gode Kvinder*. Før Digteren har lagt sig til Hvile, har han læst i denne Bog, og nu ser han i Drømme, hvorledes i alle Lande »Skønhed og Sjæleangst gaa Haand i Haand nedad den stejle Skrænt til Døden«. Skønne Kvinder, om hvis Lidelser og sørgelige Død Sagn og Historie fortæller, vise sig for ham, og alt som den lange Række drager forbi, høre vi Fortællingen om dem. I dette Digt berører Tennyson allerede Historien om Rosamond og Dronning Eleanor, der har fristet saa mangen Digter, og hvortil han to og halvtresindstyve Aar senere skulde komme tilbage i sit store Skuespil *Becket*.

Stoffet til enkelte Dele af *En Drøm om skønne Kvinder* er hentet fra den klassiske Oldtid; et hermed beslægtet Emne har han valgt i *Oenone*, et af hans ypperste Værker, ægte menneskeligt i Indhold, rent og skønt i Form. Det er Sagnet om den unge Nymfe, som Paris elskede og forlod, da han paa Bjerget Ida havde dømt Gudinderne imellem, og Venus til Løn havde lovet

---

[1]) Oversat paa Dansk af Caralis i *Digte og Sange*, S. 105.

ham den skønneste Kvinde i Grækenland. Kærlighed og Skinsyge kæmper om Magten i hendes Hjerte. Der er en Energi over hendes Tale, som vi kun sjældent træffe i Værkerne fra Digterens tidlige Ungdom. Hendes stadigt tilbagevendende Raab: »O, Moder Ida, kilderige Ida, — kære Moder Ida, hør mig, før jeg dør!« lyder i vort Øre, længe efter at vi have lukket Bogen.

Dr. Georg Brandes har i *Studier over Chr. Winther*[1]) paapeget, med hvor stor Virkning Gentagelsen af en Linie eller blot af enkelte Ord kan benyttes i Poesien. Den Adskillelse, den fremragende Kritiker her har gjort mellem de to forskellige Maader, hvorpaa dette Virkemiddel kan anvendes, passer fortræffeligt paa Tennysons Værker, hvor vi finde det benyttet atter og atter. I hans tidligere Arbejder har det oftest en blot musikalsk Betydning, og da Gentagelsen ikke staar i nogen logisk Forbindelse med Tanken i Digtet, er den for saa vidt meningsløs. Helt anderledes i *Majdronningen* og *Oenone*. Den bestandig gentagne Bøn til Moderen giver den unge Kvindes Tale Liv og Kraft og belyser hendes Sjælstilstand.

Sagnet om *Oenone* er allerede benyttet poetisk af Ovid (*Heroidum* V), og man fejler næppe, naar man gør den gamle Forfatters Vers[2])

implevique sacram querulis ululatibus Iden

til Tennysons Udgangspunkt. Den latinske Digters klare Stil og naturlige Portrættegning har maaske ogsaa paavirket Tennyson. Med hvilken Sandhed ere ikke Oenones skiftende Stemninger udtrykte, fra hendes rørende Klage: »Og jeg blev ladt alene tilbage i Løvhytten — og fra den Tid til nu har jeg været alene — og jeg skal være ene, til jeg dør,« — til de vilde Smertens Skrig: »Jeg

---

[1]) *Det nittende Aarhundrede*, April 1876, S. 60 og flg.
[2]) Vers 73. Rieses Udgave S. 16.

vil ikke dø alene, — at ikke deres skingrende, lykkelige Latter skal naa mig, — medens jeg vandrer uden Trøst ad den kolde og stjerneløse Vej til Døden . . . . Hvor jeg er ved Nat og Dag, — synes Jord og Luft at brænde mig som Ild.«

Det er i dette Digt, de ofte anførte Linier findes, som Forfatteren lader Pallas Athene sige:

> »Self-reverence, self-knowledge, self-control,
> These three alone lead life to sovereign power.«   .

Man standser uvilkaarligt, naar man mindes, at det er en treogtyveaarig Digter, der taler.[1])

Ogsaa i Lotos-Spiserne bevæger Forfatteren sig paa klassisk Grund. Homer fortæller i niende Sang af *Odysseen* om Lotofagernes Land: da den omflakkende Konge kom hertil, sendte han nogle af sine Mænd ud for at se, »hvad Slags Folk her leved' og Markernes Grøde fortæred'«, og de traf da ogsaa snart Landets Beboere.

> »Og Lotofagerne gjorde de Mænd, jeg skikkede til dem,
> ingen Fortræd, nej Lotos endog de gav dem at smage.
> Hver af disse, som aad af den Frugt, der var liflig som
> Honning,
> lystedes ej at bringe Besked eller komme tilbage;
> hos Lotofagernes Folk, hvor de var, de vilde forblive,
> der vilde Lotos de plukke, og ej de tænkte paa Hjemfærd[2]).«

Ud fra denne lille Antydning skildrer Tennyson de rejsendes Ankomst til dette Land, »hvor det syntes, som om det altid var Eftermiddag«.

---

[1]) Den anden Linie er forandret i senere Udgaver; oprindelig stod der:
> »Self-reverence, self-knowledge, self-control,
> Are the three hinges of the gate of life.«

Se en Artikel af Herbert Paul, M. P., i *The Nineteenth Century*. Marts 1893. S. 438.

[2]) Wilsters Oversættelse, S. 108.

»Bestandig syntes alt det samme her!
Om Kølen Lotofagers blege Rækker,
mørkladent-blege mod hint Rosenskær,
med mildt-tungsindigt Blik sig samled stille der[1]).«

Ligesom hos Homer nyde Sømændene den søde Frugt. Da lyder Bølgens Brænding for dem som klagende Toner fra fjerne Kyster, og deres Stemmer blive klangløse som Røster fra Graven. Trætte af Søen, trætte af at flakke om, sætte de sig paa det gule Sand »paa Kysten, mellem Sol og Maane«, for at drømme om Hjem og Slægt; men de fortrylles af den milde Fred rundt om dem: »Blomster med lange Blade græde i Aaen, og Valmuen hænger sovende paa Klipperanden«. Hvorfor skulle de forlade dette Sted? Deres Arner ere kolde, deres Sønner have arvet dem. De vilde komme som Spøgelser og forstyrre Glæden. Vokser ikke Lotosblomsten alle Vegne rundt om dem? Her er Fred og Hvile. De have haft nok af Kamp og farlige Sejladser paa det vilde Hav, og de sværge en Ed: »at leve i det hule Lotos-Land og ligge paa Højene ligesom Guder uden at ænse Menneskene.« Mennesket træller for at leve, han kæmper og lider, men Guderne nyde deres Nektar og slynge deres Tordenkiler ned i Dalen,

»og de smile, mens de skue paa det øde Land,
skue ned paa Pest og Jordskælv, Afgrundssvælg og glødhedt Sand,
knuste Skibe, Bøn og Taarer, Kiv og Kampe, Mord og Brand.«

De ville gøre som Guderne, hvile i drømmende Stilhed og aldrig kæmpe mere. »Søvn er sødere end Slid, og Kysten bedre end det vilde Hav — o, hvil eder, Brødre, vi ville ikke vandre mere.« Man vil se, hvilken Udvidelse Tennyson har givet den Homeriske Fabel. Mennesket flakker om paa Livets

----

[1]) I dette og det følgende versificerede Citat har jeg benyttet Dr. Ad. Hansens Oversættelse (*Oversatte engelske Digte*, S. 19 & 26).

stormfulde Hav — vor Tilværelse er Kamp: hvert lille Skridt frem maa købes med Lidelse,′med Sjæleangst og uophørligt Arbejde. Men bestandig staar Maalet fjernt og uopnaaeligt. Hvem har ikke ligesom hine Sømænd følt denne Længsel efter Fred og evig Stilhed, hvem har ikke kendt Selvopgivelsens bitre Timer og spurgt: hvad kan det hele nytte? Men er Livet Kamp, da er Kampen ogsaa Liv: Nyd ikke den lokkende Lotosfrugt, opgiv ikke Kampen! Sorgfulde og blege vare de Mænd, der levede i hint tavse Land, hvor Solen aldrig staar op, hvor der syntes at være »evig Eftermiddag«. Der høres ingen munter Latter eller frejdig Tale; Haabet er flygtet bort og Glæden død. Men ude paa Havet blæser den friske Vind, og Solen giver Kinderne Farve.

Den amerikanske Kritiker Edmund C. Stedman har i sin Bog om de Victorianske Digtere helliget et helt Kapitel (VI) til en indgaaende Undersøgelse af Tennysons Forhold til Theokritos og paavist, i hvor høj Grad den engelske Digter i sine Idyller har støttet sig til den gamle sicilianske Sanger. Ved Sammenstilling af Versene hos de to Digtere viser han, hvorledes Tennyson i Fortællemaade, Form og Sprog har taget meget fra Theokritos[1]). Særligt gælder dette for Digte som *Oenone* og *Lotos-Spiserne*. Men han viser ogsaa, hvorledes Tennyson i disse Efterligninger »har været sit poetiske Instinkt tro«, og mener, at Landors Ord om Shakespeare: »Han var mere original end dem, han efterlignede. Han aandede paa døde Legemer og gav dem Liv«, til en vis Grad kan anvendes paa Tennyson.[2])

I *The Palace of Art* have vi atter et dybsindigt filosofisk Værk, hvis Grundtanke Forfatteren selv har forklaret i nogle Vers til en unævnt Person, hvem han sendte sit Arbejde; de ere trykte umiddelbart foran det

---

[1]) *Victorian Poets*,　S. 220.
[2]) S. 232.

større Digt. Dette betegnes som en allegorisk Fortælling om »en syndig Sjæl«, der var i Besiddelse af mange Aandsgaver, og som elskede Skønhed alene og Kundskab for dens Skønheds Skyld, og hvis den elskede det gode, da var det ogsaa kun, fordi det gode er skønt. Den forstod ikke, »at Skønhed, Godhed og Kundskab ere tre Søstre, der elske hverandre og ere Menneskets Venner, der leve sammen under samme Tag og aldrig kunne adskilles uden Taarer. Den, der lukker Kærlighed ude, skal til Gengæld lukkes ude fra Kærlighed.« Beskrivelsen af det pragtfulde Slot, hvor Sjælen bor, er udført med rig Fantasi og en vidunderlig teknisk Dygtighed. Digteren beskriver alle dets Kunstskatte; i syv Strofer, hver paa fire korte Linier, maler han lige saa mange Landskabsbilleder, hvert saa tydeligt, som om vi saa Maleriet for os.

Det sidste lille Digt i dette Afsnit, *Gaasen*, er det eneste Forsøg i komisk Retning fra Digterens Ungdom, der er bibeholdt i de nyere Udgaver. Der findes heri Glimt af den Humor, som senere skulde komme til saa høj Udvikling i Forfatterens Dialektdigte; men ved sin allegoriske Form er det ikke uden Slægtskab med mange af de bedste af Tennysons alvorlige Ungdomsdigte. Ligesom Historien i sig selv er morsom, er den litterært set ikke uden Interesse.

III.

English Idylls, and other Poems. — Tennysons Digterpersonlighed.
— *Morte d'Arthur.* — Andre tidlige Bearbejdelser af Arthursagnet.
— *St. Agnes' Eve.* — *St. Simeon Stylites.* — *Ulysses.* — *Tithonus.*
Filosofiske Digte. — Tennysons Syn paa Digtere og deres Biogra-
fer. — *Engelske Idyller.* — Fælles Karaktertræk. — *Gartnerens
Datter.* — *Dora.* — *Locksley Hall.* — *Den talende Eg.* — *Det
gyldne Aar.* — *Godiva.* — *En Drøm ved Dag.* — Ballader. —
Edward Gray. — Tennysons Navne. — *Lady Clare.* — *Kaptajnen.*
— *The Lord of Burleigh.* — *Tiggersken.* — Tennysons Sange. —
Will Waterproof.

Vi have set, hvorledes de forskellige Sider af Ten-
nysons Digterpersonlighed lidt efter lidt have udviklet
sig. Den Renhed, den ædle Aand, den ideale Stræben,
der hviler over hans allerførste Arbejder, bevarer han
igennem hele Livet. Lidenskaben, der sprænger alle
Baand og tilsidesætter alle Hensyn, kender han ikke;
selv i de stærkest bevægede Scener overskrider han
aldrig Grænsen for det skønne. Han dyrker Skønheden;
men for ham er den uadskillelig fra Kundskab og God-
hed. Han er religiøst bevæget, han har tvivlet og grub-
let — men han filosoferer i skønne Vers, naar Tvivlen
lister sig ind i hans Sjæl, og Troen vender tilbage. Han
er ingen oprørsk Natur; han bøjer sig villigt under de
herskende Former og Englands faste Love. Ikke af
Fejghed eller Svaghed, men fordi han anser dem for
gode og retfærdige. Han elsker Friheden; men ikke den
lovløse Frihed: han ser ingen Frelse for Menneskeslægten
i omstyrtede Troner eller brændende Byer. Og han
elsker sit Fædreland, dets Folk og Historie, fremfor alt
dets fredelige, skønne Natur. Han vandrer gennem
Skoven eller langs den gule Mark og beskriver, hvad
han ser, med den kyndige, opmærksomme Iagttagers
Korrekthed, med Digterens levende Anskuelighed. Ero-
tiske Digte forekomme forholdsvist sparsomt; de ere fint

formede, beherskede, skrevne med et kunstnerisk Maal for Øje snarere end som Udtryk for virkelige Følelser. Den forsmaaede Kærlighed kommer kraftigere til Orde, men maaske kun paa Grund af det valgte Forbilledes kraftigere Karakter. Hans tekniske Færdighed er uddannet til Virtuositet, og han benytter en Rigdom af Verseformer, som næppe nogen engelsk Digter før ham. Idyllen er den Kunstform, hvori han hidtil er naaet højest, og det er ogsaa inden for denne, at han vinder sine største Sejre i sin næste Digtsamling, *Engelske Idyller og andre Digte*; men samtidig viser han i Digte som *St. Simeon Stylites* og *Ulysses* Evner, der pege langt ud over Idyllens snævre Omraade.

Det første af disse Digte, *The Epic*, er blot en Indledning til det følgende *Morte d'Arthur* og danner i Forening med dettes Slutning en moderne Ramme om den gamle Fortælling, hvortil Stoffet er taget fra Sir Thomas Malorys engelske Bearbejdelse af middelalderlige franske romantiske Digtninge. Malorys Bog blev trykt første Gang af Caxton i Westminster 1485. Det er Slutningen af 21. Bog, Tennyson har benyttet i sit Digt, og han følger den gamle Forfatter i næsten alle Enkeltheder, saa at Professor Skeat endog i sine Noter til den gamle Tekst kan henvise til Tennysons Gengivelse af et vanskeligt Sted:

Capitulum V, 44—45:

»I sawe no thynge but *the waters wappe and wawes wanne*«

Tennyson:

>»I heard *the water lapping on the crag,*
>And *the long ripple washing in the reeds*[1].«

---

[1] Skeat, *Specimens of English Literature,* 1394—1579, VIII, S. 83 & 404. Professor Skeat har citeret Sir Bediveres første Svar i Stedet for det andet, hvad der for øvrigt for Forklaringens Skyld kommer ud paa eet. I det første er Bogstavrimet stærkere fremtrædende;

Jeg skal komme tilbage til dette ejendommelige og smukke Digt ved Omtalen af *The Passing of Arthur*, i hvilket det senere blev inddraget. Ogsaa i et Par andre af disse Digte, *Sir Galahad* samt *Sir Launcelot og Dronning Guinevere* kommer Tennyson ind paa Behandlingen af Arthursagnet. Den førstes Historie blev senere behandlet i *Den hellige Gral*, medens Fortællingen om Sir Launcelots Kærlighed til Dronningen er den Akse, hvorom hele Handlingen i *Idylls of the King* drejer sig. *Sir Galahad* og *Sir Launcelot og Dronning Guinevere* ere i Form og Tone nærmest beslægtede med Digterens tidligere »præ-Raphaelitiske« Studier. Til samme Kategori kan ogsaa henregnes *St. Agnes' Eve*, et af hans skønneste, mest fejlfri Forsøg i denne Retning. Paa St. Agnes's Dag (21. Januar) fastede de unge Piger under visse Ceremonier; de vilde da i Drømme faa deres tilkommende Brudgom at se. I det lille Digt er denne Tanke ført videre: den fromme, døende Nonne ser i Aanden sin himmelske Brudgom, for hvem hun paa denne Dag skal træde frem. I rent kunstnerisk Henseende er Digtet, ligesom enkelte andre af Tennysons Ungdomsarbejder, ikke uden Slægtskab med *The Eve of St. Agnes* af John Keats, men Fabelen i denne skønne Fortælling er en ganske anden: den unge Mand skjuler sig paa den betydningsfulde Aften i den elskedes Kammer; hun gaar til Hvile i Haabet om at se ham i Drømme, og hendes Drøm bliver til Virkelighed.[1]

I *St. Simeon Stylites* har Digteren valgt et med *St. Agnes' Eve* beslægtet Emne: en Askets sidste Øjeblikke.

    I heard the ripple washing in the reeds,
      And the wild water lapping on the crag.«
Baade hos Tennyson og i en gammel Folkevise om samme Emne (Percy's *Reliques of Ancient English Poetry*, Serie III, 1. S. 397—98) finde vi de to Svar lidt varierede ligesom hos Malory — saa nøje ere Originalens Detailler fulgte.

[1] *The Poetical Works of John Keats*, S. 170.

Men ligesom det i ydre Form afviger fra dette Digt — det er meget længere og skrevet i urimede femfodede Jamber med et kraftigt og ejendommeligt Tonefald — saaledes er ogsaa den mærkelige Søjlehelgens Tanker i Dødens Time et direkte Modstykke til den døende Nonnes overjordiske, skønne Sværmeri. Tennyson har i *St. Simeon* taget mere haandfast paa sin Opgave, end han plejer, og givet os et Karakterbillede af sjælden Rang. Hvert lille Træk er ægte menneskeligt. Og medens Digteren staar satirisk overlegen over for denne Søjleboer, der vil købe Helgenglorien med et Livs frivillige Lidelser, og dog i sidste Øjeblik frygter, at han maaske ikke har pint sig nok, lyder den tragiske Patos igennem Skildringen af al denne Tomhed og Forfængelighed. Fra Time til Time, fra Aar til Aar, har Simeon pint sig paa Toppen af sin Søjle; og han nævner alle de Sygdomme, han har paadraget sig, alle de Kvaler, han har døjet, med det ene Maal for Øje: at blive Helgen, naar han dør. »Vis mig en Mand, der har lidt mere end jeg«, raaber han; »hvem skulde vel blive Helgen, naar det mislykkes for mig?« Han har døjet mere, end mange retfærdige og hellige Mænd, »hvis Navne ere indregistrerede i Kalenderen«, og dog kan han ikke befri sig fra Tvivlen. Folket bringer ham Ofre af Frugt og Blomster, og med salig Fryd hører han dem kalde paa *St.* Simeon Stylites — de fortælle, at han har helbredet lamme, værkbrudne og kræftsyge ved sin blotte Berøring — og dog — naar nu alligevel alt var forgæves? »Aa, hold mig ikke for Nar, I søde Helgener!« raaber han endnu, da han tror at føle Straalekransen om sit Hoved. Han har været ydmyg for Lønnens Skyld; for hver Smerte, han har tilføjet sig, har han haabet paa Lønnen, hele Livet har han givet hen i Forventning om Belønning hist oppe — og Digteren viser os hans Tankes og hans Handlingers hemmeligste Drivfjeder — vanitas vanitatum!

I *Ulysses* har Forfatteren paa en Maade givet os et Sidestykke til *Lotos-Spiserne*. Tanken er ens i begge Digte: Hvilen er Død; Livet bestaar i Virken. Men bortset herfra ere de i enhver Henseende forskellige, i Form som i Indhold. Udgangspunktet for *Ulysses* er laant fra Dante (*Helvede*, 26. Sang), som lader den omflakkende Konge fortælle om den Længsel efter nye Rejser, der griber ham efter det lange Ophold hos Kirke:

>»Da mægted ej den Søn, jeg lod tilbage,
> og ej den Kærlighed, som skulde fryde
> Penelope, ej Medynk med min svage,
>min alderstegne Fader at nedbryde
> min Længsel efter Verden at forfare
> og kende hver en Dyd og hver en Lyde.«
>   (Molbechs Oversættelse, S. 165).

Han drager da ud paa nye Rejser til fjerne Lande hinsides Herkules's Støtter, til han finder Døden i Havet.

Hos Tennyson er det den hjemvendte Ulysses, som ikke kan finde sig i det rolige Liv paa Ithaka; ligesom hos Dante drives han af en uimodstaaelig Higen efter Farer og Eventyr. Han vil tømme Livets Bæger til Bærmen. Han kan ikke hvile fra sine Rejser — meget har han set og lært, men mere staar tilbage:

>»How dull it is to pause, to make an end,
>To rust unburnish'd, not to shine in use!«

Det, det gælder om i Livet, er at stræbe, søge, finde og aldrig give tabt — i Hjemmet kan han ikke blive.

Om alt dette finde vi intet hos Homer. I Begyndelsen af 11. Sang af *Odysseen* fortælles (efter Afskeden med Kirke) om hans Rejse til Hades, hvor Teiresias's Sjæl endda spaar ham, at han skal dø som Gubbe, »dog ej paa det bølgende Havdyb«, men »i velsignede Kaar«, naar hans Kraft er svunden, og medens Folket trives og blomstrer omkring ham.[1])

Den samme Tankerigdom som i *Ulysses* og *St. Simeon Stylites,* den samme skønne, for hvert enkelt Digt karakteristiske Benyttelse af det jambiske Vers, finde vi ogsaa i *Tithonus.* Det er Sagnet om hin trojanske Kongesøn, der vakte Auroras Elskov og til Belønning modtog Udødelighedens Gave af Gudinden. Men hun har tilstaaet hans Bøn »som rige Mænd, der ikke ænse, hvorledes de give.« Evindelig maa han leve i Morgenrødens Land — en Olding blandt evig unge Guder. Han kan ikke dø, men hans Legeme vil ældes. Hans Natur kan ikke forenes med hendes; hans eneste Bøn er, at hun vil gengive ham til Jorden og skænke ham Døden. Fortvivlelsen knuger ham, og Gudinden sørger ved hans Sorg. Men »selv Guderne kunne ikke tage deres Gaver tilbage«[2]).

Sagnet er behandlet paa Dansk af Fr. Paludan-Müller i hans Drama *Tithon* (1844). Med dette store Værks

---

[1]) Wilsters Oversættelse, S. 137, Vers 134—137.

[2]) Vi træffe dette klassiske Citat oftere i engelsk Litteratur; f. Eks. i *Balder Dead*:

> »Odin, thou whirlwind, what a threat is this!
> Thou threatenest what transcends thy might, even thine.
> For of all powers the mightiest far art thou,
> Lord over men on earth, and Gods in Heaven;
> Yet even from thee thyself hath been withheld
> One thing — to undo what thou thyself hast ruled.«

Matthew Arnold, *Early Poems, Narrative Poems, and Sonnets,* S. 182. — Se ogsaa Keats: *Hyperion,* første Bog, S. 193:

> »— — the dazzling globe maintain'd eclipse,
> Awaiting for Hyperion's command.
> Fain would he have commanded, fain took throne
> And bid the day begin, if but for change.
> He might not: — No, though a primeval God:
> The sacred seasons might not be disturb'd.«

rige Karaktertegning og afvekslende Scener kan Tennysons Digt ganske vist ikke sammenlignes; men begge Forfattere have opfattet Sagnet fra samme Synspunkt. Den centrale Tanke hos Tennyson, at hvert Brud paa Naturens Love maa drage Straffen efter sig, træder frem med større Kraft gennem den hele Handling, om end næppe saa bestemt formuleret i nogen enkelt Sætning, i Paludan-Müllers Skuespil.[1]) Men her er det ikke Tithon, der bønfalder om Udødeligheden; det er Gudinden, som daaret af hans Skønhed kaster sit Rosenslør over ham og fører ham til Morgenrødens Rige, hvor hun skænker ham den farlige Gave. Straffen rammer da ogsaa hende haardere end ham: Selv over Guderne er der en Skæbne.[2])

Det store Digt *The Vision of Sin* synes mig at savne den Klarhed, som er saa karakteristisk for de fleste af Tennysons Arbejder; i fantastiske Billeder antyder det Tanker, snarere end det udtaler dem. Sammen med disse Digte af en didaktisk eller filosoferende Karakter kan maaske ogsaa nævnes *Kærlighed og Pligt* og *Sørejsen*. De Vers, der bære Overskriften *Til —, efter at have læst en Levnedsskildring og Breve*, ere saa ejendommelige for Forfatteren, at de ikke kunne forbigaas. Som Motto har Tennyson sat en Linie fra Shakespeares Gravskrift: »Forbandet være den, der flytter mine Ben.« Med Indignationens Patos viser han, hvor-

---

[1]) Ogsaa gennem samme Forfatters dybsindige Fortælling *Ungdomskilden* lyder denne Lære. Don Diego de Herrera, der drak af Foryngelsens Væld, kunde i Angerens Time have klaget som Tithonus:

> »Why should a man desire in any way
> To vary from the kindly race of men,
> Or pass beyond the goal of ordinance
> Where all should pause, as is most meet for all?«

[2]) *Tithonus* blev trykt første Gang i Februar Heftet af *Cornhill Magazine* 1860, som den Gang redigeredes af Thackeray.

ledes en Digter i vor Tid næppe kan dø i Fred; endnu
inden han er kold begynder Skriget og Skandalen: »For-
kynd de Fejl, han ikke vilde røbe, bryd Laas og Segl,
forraad den Tillid han har vist dig! Hold intet helligt:
det er jo ikke mere end billigt, at »det mangehovedede
Dyr« skal vide Besked!« Dette er ikke Heibergs skarpe
Satire i *En Sjæl efter Døden*, hvor han spotter det
Publikum, hvis Interesse mere gælder Digterens Person
end hans Værker, der kun stræber efter

> »At vide, hvordan han spiser og drikker,
> hvordan han nyser, hvordan han hikker,
> kort sagt, at kende ham ret privat«[1]) —

Spot og Satire er ikke Tennysons Styrke; han hader
denne »aadselædende Grib, der blot venter for at søn-
derrive Digterens Hjerte til Moro for den store Hob«,
og han knuser sin Fjende med tunge Kølleslag. Men
hvor ere de skønne disse Vers:

> »Ah shameless! for he did but sing
> A song that pleased us from its worth;
> No public life was his on earth,
> No blazon'd statesman he, nor king.
>
> He gave the people of his best:
> His worst he kept, his best he gave.
> My Shakespeare's curse on clown and knave
> Who will not let his ashes rest!
>
> Who make it seem more sweet to be
> The little life of bank and brier,
> The bird that pipes his lone desire
> And dies unheard within his tree,
>
> Than he that warbles long and loud
> And drops at Glory's temple-gates,
> For whom the carrion vulture waits
> To tear his heart before the crowd!«

---

[1]) 3. Akt. — Poetiske Skrifter, vol. X, S. 231.

Jeg skal nu gaa over til den Gruppe af disse Poesier, som Forfatteren har betegnet med Navnet *Engelske Idyller*. Det vil være vanskeligt at drage en skarp Grænse mellem disse og andre dermed beslægtede Former; men en saadan vil heller ikke være nødvendig. Fælles for dem er en ejendommelig mild Ynde, en Stemning, der er beslægtet med den fredelige engelske Natur, en undertiden noget sødladen men altid klar og ren Tone. Handlingen er enkel, Fortællemaaden rolig, lidt bred. Med en elskværdig Kammerat vandrer den unge Digter en Foraarsdag — eller maaske en fornøjelig Sommermorgen — mellem blomstrende Hegn eller langs en rislende Bæk, og medens han fortæller sin lille Historie, standser han for at lytte til Gøgens Kuk eller plukke en Blomst ved Grøftekanten. Beskrivelsen er her som overalt hans Styrke: den, der har vandret i de Egne, hvor Digteren færdes, synes at genkende hver Vej og Sti. Mangt et Billede er laant fra klassiske Mønstre, ofte er selve Handlingen et Laan — men alt er paatrykt Digterens eget Mærke. Hans Mennesker ere idealiserede; men det er ikke luftige Fantasibilleder som *Adeline* eller *Margaret*.

Gartnerens Datter eller Billederne fortæller om to unge Kunstnere, der i Kærlighedens Begejstring male deres elskedes Portrætter. Beskrivelsen af Gartnerhaven og de unge Mænds Vandring derud hører til Digterens smukkeste, og Billedet af Gartnerens Datter Rose, som hun staar ved sit Arbejde imellem Blomsterne, er kønt og levende. *Dora* er maaske endnu mere berømt og sættes overordentlig højt af den engelske Kritik.[1]) For-

---

[1]) J. H. Stirling, der ellers taler om Tennyson med stor Begejstring er, mærkeligt nok, en af de faa engelske Kritikere, der taler nedsættende om *Dora*. Se *Jerrold, Tennyson and Macaulay with other critical essays* by James Hutchison Stirling, S. 72—73.

tællingen er laant fra Miss Mitfords lille Skitse *Dora Creswell*[1]), og det synes mig, at Tennysons Digt ikke, som ellers, er en Forbedring af Originalen. Hele Begyndelsen er fuldendt. Den gamle Forpagter Allan har adopteret sin forældreløse Broderdatter Dora, og hans inderligste Ønske er et Ægteskab mellem denne unge Pige og hans Søn, William. Men Sønnen vægrer sig ved at opfylde hans Begæring og ægter en Arbejdsmands Datter, Mary Morrison. Efter Ægteskabet kommer Sygdom og Nød over det unge Par; der gaar et Aars Tid; William dør, og Mary staar ene i Verden med et lille Barn. Allan har nægtet dem al Hjælp i deres Elendighed og forbudt Dora at tale med dem. Hun har adlydt sin Onkel, om hun end i Hemmelighed har søgt at hjælpe dem, uden at de vidste, hvorfra Hjælpen kom. Men efter Williams Død gaar hun til Mary for at trøste hende og lover at bringe Barnet til Bedstefaderen, i Haab om at han vil forsones, naar han ser den lille. Hun tager Drengen med sig ud i Marken og sætter ham paa en lille Høj, »der var ubesaaet, og hvor der voksede mange Valmuer«. Til dette Punkt følger Tennyson temmelig nøje Miss Mitford; men medens denne straks lader den gamle Mand forsones, lader Tennyson Dora tabe Modet i det afgørende Øjeblik, og først den næste Dag gaar hun ud igen til det samme Sted og taler med Bedstefaderen. Han forbitres over hendes Dristighed og forjager hende fra sit Hus, men tager Barnet til sig. I den følgende Beskrivelse af Dora, efter at Allan er gaaet bort, faa vi et af disse skønne Billeder, hvori Tennyson maaske staar uopnaaet i engelsk Litteratur, og hvori han netop giver det, hans Landsmænd ønske. Hun gaar til Mary, der bryder ud i Jubel, da hun ser, at Barnet ikke er med Dora. Men, da hun hører, hvorledes alt er gaaet til, beslutter hun at forlange sit Barn tilbage

---

[1]) Mary Russell Mitford, *Our Village*, vol III.

og bede Allan om atter at optage Dora i sit Hus. De gaa sammen til ham og komme, netop medens han sidder og leger med Barnet — ogsaa et Træk, der er laant fra Miss Mitford — og nu kommer Forsoningen i Stand. Det er her, henimod Slutningen, at det synes mig, Tennyson ikke helt tilfredsstiller os. Jeg maa citere Stedet:

>I have been to blame — to blame. I have kill'd my son.
I have kill'd him — but I loved him — my dear son.
May God forgive me! — I have been to blame.
Kiss me, my children.<

Og lidt efter: »Og i tre Timer hulkede han over Williams Barn og tænkte paa William«. Det er den bratte Overgang fra den gamle Mands Udbrud af Anger til Ordene »Kys mig mine Børn« og Tidsbestemmelsen »tre Timer«, der forstyrrer mig i Nydelsen af Digtet. Jeg kan ikke tage dette helt alvorligt. Men maaske det er Forskellen i Nationalitet, der bevirker en forskellig Opfattelse. Englændernes Følelse finder ofte et Udtryk, der er fremmed for os; og den engelske Kritik har, som sagt, fuldt ud godkendt *Dora.* De fleste danske, tror jeg, ville foretrække Miss Mitfords Original. Digtet er oversat af Caralis under Titelen *Karen,* men de danske Navne klæde ikke rigtig Fortællingen, og Gengivelsen er i det hele næppe saa vellykket som sædvanligt hos denne smagfulde Oversætter.[1])

---

[1]) De »tre Timer« synes ogsaa at have stødt Caralis; han erstatter denne nøjagtige Tidsangivelse med det mindre bestemte »lang Tid«. Tennyson har for øvrigt en vis Tilbøjelighed for saadanne Tidsbestemmelser, f. Eks.:

Godiva. »So left alone, the passions of her mind,
As winds from all the compass shift and blow,
Made war upon each other *for an hour,*
Till pity won.«

Edward Gray. »To-day I sat *for an hour* and wept,
By Ellen's grave, on the windy hill.«

I *Audley Court,* der synes mig ret ubetydeligt, beskrives en Frokost i det fri. *Paa Vejen til Postvognen (Walking to the Mail),* der er i Dialogform, indeholder blandt andet Historien om Spøgelset (*a jolly ghost*) — i vore Fortællinger *Nissen* — der »flytter med«. I *Edwin Morris eller Søen* fortæller Digteren om en ung Pige, der svigter sin Elskede, og lader sig vie »til tresindstyve tusind Pund«, et Emne, til hvilket han kommer tilbage i det langt betydeligere Arbejde *Locksley Hall.* Dette er en Monolog. Helten i Digtet vender efter lang Tids Fraværelse tilbage til Stedet, hvor han mødte sin Ungdomselskede, og medens han dvæler alene ved den gamle Borg, strømme Minderne ind paa ham. Digtet kan næppe i sin Helhed betegnes som en Idyl, om det end f. Eks. i Beskrivelsen af Vaaren og i den lille Scene, i hvilken de to unge tilstaa hinanden deres Kærlighed, indeholder idylliske Skønheder af meget høj Rang. Men da Amy giver efter for Faderens Trusler, svigter sin Ungdoms Kærlighed og ægter en anden, en i aandelig Henseende lav Person, skifter Tonen til lidenskabelig Patos. Først den bidende Haan:[1)

»Dommen er der: du skal synke mod hans Aandskreds mer og
mer,
hvad du har af skønt skal sløves, blive koldt og dødt som Ler.

Thi som Manden er hans Hustru: du i Valgets Time gled,
og hans plumpe Sjælesløvhed trækker dig i Støvet ned.

Naar den første Nyhedsglans er svunden fra hans Elskovsfest,
vil han ej dig agte mere, end han agter Hund og Hest.

Se, hans Blik er tungt og døsigt: tro ej, det er slukt af Vin; —
gaa til ham, det byder Pligten, — kys ham, tag hans Haand i din!

Han er træt maaske, hans Naade, træt og mat paa Sjæl og Sind, —
hvisk ham lette Tanker, klap ham paa hans blege, gustne Kind!«

[1) Dr. Ad. Hansens Oversættelse: *Anna og Locksley Slot,* hvorfra ogsaa de følgende versificerede Citater af dette Digt ere laante.

Og dog, det er jo ikke hendes Skyld alene. Fra alle Sider paavirkedes hun, for at hun skulde svige Idealet: langt bedre var det, om han havde dræbt hende med egen Haand, langt bedre, om de hvilte sammen i Graven. Og han udraaber Forbandelsen mod dette Samfund, der indsnævrer Aanden og kaster sig i Støvet for Guldkalven:

»Jeg forbander Samfundstvangen mod den unges varme Sind!
Jeg forbander Samfundsløgnen, der for Sandhed gør os blind!

Jeg forbander alle kolde, gustne Former uden Tal!
Jeg forbander Guldets Glans om Taabens snævre Pandeskal!«

Men hun har fornedret sig, da hun svigtede sin Kærlighed og knælede for dette Samfund. Hun vil synke dybere og dybere. Hendes Barn vil engang føle Vægten af hendes Brøde:

»O, jeg ser dig, stiv og gammel, snæverhjertet, sjæleblind,
præke bort hver fyldig Længsel fra din unge Datters Sind:

'Imod Følelsernes Snarer maa man stadig staa paa Vagt; —
se, selv jeg blev hildet i dem'.«

Og i skaanselløs Vrede tilføjer han:

»Dø nu i din Selvforagt!«

Selv maa han søge Frelse i Handling, at ikke Hjertet skal visne i hans Bryst. Men hvor skal han drage hen i et Samfund, i hvilket hver Port er stænget med Guld:

»Folk med myge Tiggerminer spærre hver en Plads og Vej;
jeg har kun en harmfuld Tanke, — hvor er der vel Rum for mig?«

Helst vilde han dø i Slagets Larm, i Kamp mod sit Fædrelands Fjender; men ogsaa Nationerne lade klingre Guldstykker helbrede den saarede Ære. Og han drømmer sig tilbage til sin Ungdom, da han længtes imod

Livet og dets Bedrifter; da han i stolte Syner saa Videnskabens mægtige Sejre i en Fremtid, i hvilken alle Folkeslag efter vældige Krige forenes under fælles Lov. Nu ere disse Drømme forbi; hans Hjerte er lammet og hans Øje sygt, og han raaber med Hamlet: Tiden er af Led!

Da hører han Kammeraterne kalde. For dem er hans taabelige Kærlighed kun en Skive for Foragt. Men er den det ikke med Rette? Er det ikke foragteligt saaledes bestandig at spille paa den samme Streng? For et Øjeblik synes det ham, som om han maatte flygte bort fra Verden — sp; og søge Lykken blandt de vilde, paa en af hine paradisiske Øer i det mørkeblaa Hav, hvor Løvhytten sænker sine blomstertunge Grene, og Træet bøjes under Frugtens Vægt: der indsnævres Lidenskaben ikke; der vil han tage en indfødt Kvinde, som skal føde ham Børn med stærke Ledemod og smidige Scener — men han afbryder selv sine vilde Fantasier. Aldrig kunde han synke saa dybt:

»Jeg blandt snævre Hjerner færdes, uden Del i Aandens Høst!
Som et Dyr med stumpe Smerter, som et Dyr med sløvet Lyst!

Med en smudsig vild til Hustru, — hvad var da vel Solens Skin? —
Jeg, der staar som Tidens Arving højt paa Slægtens første Trin!«

Nej, Vejen gaar fremad. Det var ikke usandt, alt hvad hans Ungdom lovede; Nutiden stiller Krav til Arbejde, hvori ogsaa han kan tage Del. Lad Lynet saa ramme Locksley Slot — lad kun dets Skove visne: han byder den gamle Borg et langt Farvel! Stormen blæser op — ud over Havet, bort fra sygelige Drømme at kæmpe Aandens Kampe i det virkelige Liv!

Jeg har allerede bemærket, at dette Emne ogsaa er behandlet i *Edwin Morris;* men her finder lille Letty Tilgivelse. Ganske vist, maaske, ikke for hendes egen Skyld, men, som Digteren siger i *Gartnerens Datter,* hun har været ham:

> »— — for some three careless moons
> The summer pilot of an empty heart
> Unto the shores of nothing.«

I det hede, støvede London blander hun sig imellem hans Erindringer om hine friske Dage i den fri Natur. Han mindes hende med Glæde, ligesom han mindes Blomsterne og Fuglene. — Men nu Amy? Hvorfor denne uendelige Foragt, denne forfærdelige Forbandelse mod Samfundet? Tennyson anlægger en forskellig moralsk Maalestok for Personerne i de to Fortællinger: Amy er en ædlere Natur end Letty; derfor er hendes Brøde større, hendes Fald dybere. Hun fornedrer sig, idet hun indgaar dette Ægteskab. »Som Manden er, saaledes er ogsaa Hustruen«, siger Tennyson, — hvis Anskuelser vi for øvrigt ikke i al Almindelighed kunne identificere med Heltens i *Locksley Hall* — og denne Mand er uden Aandens Adel, hans Liv er som Dyrets. Derfor staar hendes Handling for Forfatteren som et Brud paa Naturens Lov. Det er Modstykket til *Tithonus: han* nedriver Skranken, der danner Grænsen mellem Guder og Mennesker; *hun* krænker den Menneskets Højhed, Naturen har nedlagt i hendes Sjæl, og synker mod Dyret. Og ligesom i hint Digt Gudinden selv maa fælde Taarer for sin Brøde, saaledes rammer Forbandelsen her det Samfund, hvis slappe Moral drager os bort fra »den levende Sandhed«. Men selve dette Samfund ejer ogsaa rene og ideale Elementer; for et Øjeblik er det, som om Amys Fald skulde drage hans med sig: da viser Digteren os, at der ogsaa rører sig andre Kræfter rundt om, at der er Mænd og Kvinder, som uden at fæste Blikket paa smaalig Fordel, uden at lokkes af Glimmer eller daares af Løgn, arbejde mod høje Maal til Menneskeslægtens Lykke. Blandt dem er Frelsen.

I formel Henseende er dette Digt sikkert fuldendt. De skønne Tanker ere formede i beundringsværdige Vers — uden Plet eller Lyde. I sin høje Alderdom skrev

Tennyson en Art Fortsættelse deraf, *Locksley Hall,
Sixty Years after*, hvortil jeg senere skal komme tilbage.

Den talende Eg er en Dialog imellem en ung Mand
og et mægtigt, knudret Egetræ, som i fem Hundrede Aar
har set Slægt efter Slægt samles under sine Grene; ved
dets Fod har mangen Mø tilsvoret sin Elskede Trofast-
hed, men ingen saa skøn som *hans* udkaarne. Det
elskværdige Lune, der gennemtrænger denne Idyl, bringer
os til at læse den med et fornøjet Smil, men Ideen
er lidt spinkel i Forhold til Digtets Længde. I *Det
gyldne Aar* synger den unge Sanger om hin kommende
Guldalder, paa hvilken Mennesket haaber, da der hersker
evig Fred, og alle ere lykkelige. Men »gamle James«
afbryder ham i Vrede: »Dette er tom Tale! fordum
henførte Digteren Guldalderen til en fjern Fortid, nu
henlægge vi den til en taaget Fremtid — Drømmere
begge. Men især dog du«, siger han til Sangeren, »der
i en Arbejdets Tid som vor,

> »— — in an age, when every hour
> Must sweat her sixty minutes to the death,«

bærer dig ad som Sædemanden, der hensunken i
Drømme om den rige Høst, han venter, glemmer at
stikke Haanden i Posen. Men vel ved jeg«, tilføjer han,
»at for det Menneske, der arbejder og føler, at han
arbejder, staar hin store Tid bestandig nær«:

> »— — but well I know
> That unto him who works, and feels he works,
> This same grand year is ever at the doors.«

Det er ikke uden Interesse hermed at sammenligne
Longfellows lidt ældre Digt *The Psalm of Life* (1839),
med det karakteristiske Vers:

> »Trust no Future, howe'er pleasant!
> Let the dead Past bury its dead!

> Act, — act in the living Present!
> Heart within, and God o'erhead.‹
>
> (*Poetical Works*, S. 3.).

The Golden Year blev trykt første Gang i fjerde Udgave af *Poems*, 1846.

Godiva er et af de Digte, jeg sætter højest af alle Tennysons mindre Arbejder — fuldlødigt af Indhold, rent og skært i Form: Der levede »for tusind Somre siden« en Kvinde ved Navn Godiva, som var gift med den barske Jarl af Coventry. Og da Jarlen paalagde haarde Skatter, kom Mødre til hende med deres Børn og klagede og raabte: »Hvis vi betale, maa vi sulte ihjel«. Saa gik hun til sin Herre, hvor han stod alene i Hallen blandt sine Hunde, og fortalte ham om de fattiges Nød. Men han stirrede halv forbavset paa hende og svarede: »Du vilde ikke vove din lille Finger for Folk som dem.« — »Jeg vilde dø for dem«, svarede hun. Saa lo han haanligt, men hun bad ham prøve hende.

> »Og af et Hjerte, raat, som Esaus Haand,
> han svared: »Rid da nøgen gennem Byen,
> og straks genkalder jeg mit Bud!« — Saa slog han
> med Nakken spodsk, og gik med sine Hunde.«[1]

Da han var gaaet, stod hun i nogen Tid overvældet af Sindsbevægelse, i Kamp med sig selv. Og den ene Tanke jog den anden, til Medlidenheden sejrede. Saa sendte hun en Herold ud og lod ham forkynde den haarde Betingelse — men hun vilde frelse Folket. Derfor, saa sandt de elskede hende, bad hun dem alle blive inde den Dag til Middag; og Dørene skulde lukkes og Vinduerne stænges, at intet Øje skulde se hende ride forbi.

---

[1] Jeg benytter i dette Digt Caralis's Oversættelse i *Digte og Sange*. S. 152.

>Saa fløj hun til sit inderste Gemak
og hægted op sit Bæltes Tvillingørne,
— — — og dog
ved hvert et Aandedræt hun ængstelig tøved,
lig Sommernatten, halv i Skyer svøbt;
nu rysted hun sit Hoved, og en Strøm
af Lokker bølged ned til hendes Knæ;
i Hast hun afklædt var, og ned ad Trappen
sig stjal, idet fra Søjle og til Søjle,
som en Solstraale frem hun gled, indtil
hun naaede Slottets Port, hvor hendes Ganger
stod purpursmykt, med gyldent Vaabenmærke.
    Da red hun frem i Kyskheds Klædebon,
og Luften lytted rundtom, mens hun red,
det sagte Vindpust aanded knap af Frygt.
Men hvide Hoveder smaa fra Murens Krans
med skælmske Øjne saa, og hver en Køter,
som bjæffed, Blodet jog til hendes Kind;
ved Hestens Fodtrin, gennem hendes Aarer
en Gysen for; de blinde Mure vare
af Sprækker fulde, og fra høje Gavle
fantastiske Figurer stirred — dog,
trods alt, holdt kækt hun Stand, indtil omsider
hun gennem Voldens Buer, langs med Marken
saa Hyldekrattets hvide Blomster skinne.
    Da red hun hjem i Kyskheds Klædebon — —<

Men en utaknemmelig Usling borede skælvende et lille Hul og bøjede sig ned for at se; men, før han kunde naa sin Hensigt, berøvede Himmelen ham den Sans, han vilde misbruge. Og hun red forbi og vidste ikke, hvad der var sket. Da lød de tolv Slag, der forkyndte Middagstimen; et efter et klang de fra hundrede Taarne, men netop i det samme naaede hun sit Fruerbur. Og snart traadte hun frem for sin Herre, klædt i Purpurkaabe og Krone: hun befriede sit Folk fra Skatten og vandt et Navn, der vil mindes til alle Tider.

I *En Drøm ved Dag* (*The Day Dream*) maler Tennyson i en Række yndefulde smaa Billeder Historien om Prinsessen i det slumrende Slot. Det muntre Genrestykke

Opvaagningen er maaske det bedste af dem. Digteren har ikke villet lægge nogen Moral ind i denne Fortælling — som f. Eks. Chr. Richardt i hans smukke Bearbejdelse af samme Emne, det dramatiske Digt *Tornerose* —

> »Oh, to what uses shall we put
> The wild weed-flower that simply blows?
> And is there any moral shut ,
> Within the bosom of the rose?«

Disse Smaadigte ere som Blomster; naar de blot ere kønne, hvad mere kan man da forlange? Saa forskellig denne Poesi er fra Aarestrups, kommer jeg til at tænke paa den sidste af Ritornellerne (*Samlede Digte*, S. 99):

> »I ere smaa og ubetydelige,
> men det gør ej til Sagen, Ritorneller!
> var I blot vingede og nydelige.«

Idet jeg gaar over til at omtale den lille Samling Ballader, der findes i dette Afsnit af Tennysons Værker, skal jeg begynde med *Brevene*, hvori Digteren har behandlet det samme Emne som Aarestrup i de tre smaa Strofer, han har kaldet *Det overstaaede* (S. 146): amantium irae, amoris integratio. Men medens den danske Digters skælmske Vers fortælle, hvorledes de to tage »den fromme Beslutning« ikke mere at elske hinanden og med Angst — »det Gud skal kende!« — vogte paa sig selv:

> »Som to Draaber Dug, der glide
> paa en Flade glat og jevn —
> som to Øjelaag, der stride
> bittert med den søde Søvn« —

tager Tennyson de elskendes Misforstaaelse alvorligt og indleder Digtet med tragisk Patos. Forsoningen, efter at den unge Pige har givet de modtagne Breve og Foræringer tilbage, har da ogsaa en tilsvarende højtidelig Karakter.

De andre Ballader ere: *Edward Gray, Lady Clare, The Captain* og *The Lord of Burleigh.* I den første fortæller Edward Gray »sweet Emma Morland« sin sørgelige Kærlighedshistorie. I en enkelt Strofe kommer Digteren Folkevisen nær i rørende Simpelhed:

> »Love may come, and love may go,
>   And fly, like a bird, from tree to tree;
> But I will love no more, no more,
>   Till Ellen Adair come back to me.«

Man ser, med hvilken Omhyggelighed Tennyson vælger musikalske Navne for sine Personer. I *Dora* »poetiserer« han Miss Mitfords lidet klangfulde *Creswell* til *Allan; Mary Hay* bliver til *Mary Morrison*, hvor Bogstavrimet giver Verset en ejendommelig Skønhed, og han ombytter *Walter* med *William*, fordi i-Lyden i dette Navn lyder smukkere sammen med o'et i *Dora* end det aabne *aa* i *Walter*. I *Lady Clare* genfinder vi den samme fine Sans for Klangfarven i det blotte Valg af et Navn. Stoffet er taget fra en Roman af Miss Ferrier, *The Inheritance*, der for øvrigt er meget frit behandlet, og Tennysons Heltinde er opkaldt efter Hovedpersonen i denne Bog, Gertrude St. Clair. Miss Ferriers brede Skildring med dens skarpt tegnede Karakterer og skotske Humor synes at staa Tennysons Digtning saa fjern som vel muligt, og Historien om det fattige Barn, der udgives for at være Arving til et stort Gods, uden at hun aner sin simple Byrd og det Bedrageri, hvortil hun er bleven benyttet, er vel fortalt de hundrede Gange før. Men Tennyson forlener den med en bedaarende Friskhed og Ynde: *Lady Clare* er maaske den skønneste Ballade i det engelske Sprog. — Den unge Pige er forlovet med Lord Ronald,[1] der er den virkelige Ar-

---

[1] Hos Miss Ferrier arver hun Jarlen af Rossville og forlover sig med Oberst Delmour; denne forlader hende imidlertid, da hen-

ving til Godset. Dagen før Brylluppet kommer hendes
gamle Amme til hende, og da denne hører, at alt nu
falder saa lykkeligt ud, at den bedragne ved sit Ægte-
skab atter vil komme i Besiddelse af sin lovlige Ejen-
dom, letter hun sin Samvittighed ved at skrifte sin Synd
for hende. *Lady Clare* er et af de Digte, der ikke lade
sig fortælle; Fortryllelsen ligger ikke i Historien selv,
men i Maaden hvorpaa den er fortalt:

> »'If I'm a beggar born', she said,
> 'I will speak out, for I dare not lie.
> Pull off, pull off, the brooch of gold,
> And fling the diamond necklace by.'«

Og senere:

> »She clad herself in a russet gown,
>   She was no longer Lady Clare:
> She went by dale, and she went by down,
>   With a single rose in her hair.«

Man kunde fristes til at citere det hele Digt. Jeg maa
nøjes med de tre sidste Strofer:

> »O and proudly stood she up!
>   Her heart within her did not fail:
> She look'd into Lord Ronald's eyes,
>   And told him all her nurse's tale.
>
> He laugh'd a laugh of merry scorn:
>   He turn'd and kiss'd her where she stood:
> 'If you are not the heiress born,
>   And I,' said he, 'the next in blood —
>
> 'If you are not the heiress born,
>   And I', said he, 'the lawful heir,
> We two will wed to-morrow morn,
>   And you shall still be Lady Clare'.«

---

des virkelige Herkomst oplyses, medens hans Broder **Edward
Lyndsay** trofast beskytter hende og til sidst bliver hendes
Mand. Det er da snarest Lyndsay, der er det fjerne Forbillede
for Lord Ronald.

Kaptajnen er et Digt af en helt anden Karakter. Det foregaar under Krigen med Frankrig og fortæller om en Søofficer, der behandlede sit Mandskab med en saa skaanselløs Haardhed, at Matroserne betragte ham med Had og Afsky. Hans Skib møder en fransk Orlogsmand; Fjenden fyrer, men de engelske løsne ikke et Skud. Tavs og trodsig staar hver Mand paa sin Post, med foldede Arme og et Smil om Munden. Master og Ræer splintres, døde og saarede ligge rundt om — ingen lyder Kaptajnens Befaling, ingen rører sig. Side om Side synke Fører og Mandskab hæderløst i Havet. Det var deres Hævn.

The Lord of Burleigh grunder sig paa en virkelig Begivenhed. Miss Mitford hentyder til denne i sin elskværdige Skitse *Hannah* (Our Village, vol. I, S. 25), der beretter en noget lignende Historie under mere beskedne Forhold og med en lykkeligere Udgang. De virkelige Personer vare Sarah Hoggins og Jarlen af Exeter. De ægtede hinanden, uden at hun kendte hans fornemme Stand, og i Aaret 1797 døde hun, fortælles der, »under Byrden af en Ære, hvortil hun ikke var født«[1]). Poetisk var denne mærkelige Mesalliance allerede bleven behandlet af Tom Moore i en af hans kønneste Sange: *You remember Ellen;*[2]) men ligesom Miss Mitford foretrækker han at udelade den sørgelige Slutning. Tennyson holder sig til Virkeligheden, der i dette Tilfælde er mere romantisk end de fleste Digte. *The Lord af Burleigh* har altid været et af hans mest yndede Arbejder; Mrs. Craik omtaler det udførligt i en af sine Romaner.[3])

---

[1]) Churton Collins, *Illustrations of Tennyson* S. 65; det benyttede Citat er fra Tennysons Digt. Mr. Collins henviser til en Artikel i *The Times* for den 22. August 1844, der indeholder nærmere Enkeltheder.

[2]) *Irish Melodies*, No. V. — *Poetical Works*, S. 447.

[3]) *The Head of the Family*, vol. I, Kap. X. (Tauchn. Ed., S. 158 ff). Tennyson omtales og citeres ofte i denne Roman; den udkom i 1851.

Beslægtet med disse Ballader er den lille Sang *Tiggersken* (*The Beggar Maid*) — Fortællingen om Kong Cophetua, hvortil Shakespeare hentyder i *Romeo og Julie* (II, 1),[1]) og som er fortalt i en gammel Folkevise, der er opbevaret i Percys *Reliques of ancient English Poetry*.[2]) Tennysons Digt er en Hyldest til Skønheden uden saadanne dybsindige moralske Overvejelser som i *The Palace of Art*: Kongen ægter Tiggerpigen; hendes Skønhed alene gør hende værdig til at bære Kronen. I Tennysons elegante lille Digt er der selvfølgelig ikke Plads for en saadan pudsig Realisme som i Folkevisen, hvor Kongen siger til Tiggersken: »Thou shalt go shift thee cleane«, eller for et Raisonnement som den gamle Forfatters, da han beskriver hende paa Bryllupsdagen:

> »And she behaved herself that day,
> As if she had never walkt the way; (ɔ: løbet og tig-
> get paa Gaden.)
> She had forgot her gowne of gray,
>   Which she did weare of late.
> The proverbe old is come to passe,
> The priest, when he begins his masse,
> Forgets that ever clerke he was;
>   He knowth not his estate.«

Hun vedbliver for øvrigt at være saa mild og god, at baade fornemme og ringe græde ved hendes Død. Saa morsom og naturlig som Hentydningen er, faar man en Fornemmelse af, at den gamle Forfatter blot har villet give Præsterne et lille Hib. Da Kongen første Gang omfavner den unge Pige, beskriver Digteren hende i Ord saa smukke, som de næppe findes i Tennysons Digt:

> »The begger blusheth scarlet red,
> And straight againe as pale as lead,

---

[1]) Ligeledes i *Love's Labour's Lost*, I, 2 & IV. 1. og *King Richard the Second*, V, 3.
[2]) Første Serie, anden Bog, S. 93.

But not a word at all she said,
  She was in such amaze.
At last she spake with trembling voyce,
And said, O king, I doe rejoyce
That you wil take me for your choyce,
  And my degree's so base.«

Tiggersken hører til en lille Gruppe af Sange, af hvilke *Et Farvel*: »Flow down, cold rivulet, to the Sea« og den navnløse Sang, der begynder med Linierne:

»Break, break, break,
  On thy cold gray stones, O Sea!«

med Rette ere de berømteste. Disse rørende Vers fortælle ikke nogen Begivenhed; som et ufrivilligt Suk, en stille Taare, røbe de Hjertets tavse Sorg. Vi læse imellem de malende Linier. En Kunstner som Frank Dicksee finder Stof deri til et Billede. Ord som:

»— O for the touch of a vanish'd hand,
  And the sound of a voice that is still!«

give Genlyd i hans Sjæl, og Digterens næppe udtalte Tanke faar Form og Farve. Det er ikke en Illustration til Sangen, han maler, men han inspireres deraf.[1]) Paa Dansk er den smukt oversat af Caralis (*Hundrede Digte*, S. 62).

De andre af disse Sange ere »*Move eastward, happy earth*«, »*Come not, when I am dead*« og *Digterens Sang*. Foruden disse indeholder dette Afsnit et lille Fragment *Ørnen*, nogle smukke Vers *Til E. L.* (Landskabsmaleren og Forfatteren Edward Lear) samt et Par komiske Digte:

---

[1]) Billedet, der kaldtes *Memories*, var udstillet paa *Academy* 1886 (Kat. No. 874); de anførte Linier havde Kunstneren sat som Motto. I et andet, større og betydeligere Maleri, udstillet sammesteds 1883 (Kat. No. 232) har Mr. Dicksee ladet sig inspirere af Tennysons Vers: »Too late, too late! ye cannot enter now«. (*Idylls of the King: Guinevere*, S. 458, Sp. 2).

Amphion, der falder lidt ubetydeligt, og det med rette ansete *Will Waterproofs lyriske Monolog*, inspireret af Tennysons Besøg i den (nu nedrevne) berømte Restauration i Fleet Street *The Cock Tavern*.

Jeg har gjennemgaaet *English Idylls and other Poems* saa udførligt, dels fordi det har været mig en Glæde at dvæle ved disse Digte, der efter et halvt Aarhundredes Forløb endnu næppe have mistet noget af deres friske Skønhed, dels fordi de synes mig at give et mere fuldstændigt Billede af Tennysons Forfatterpersonlighed end nogen af de andre Samlinger.

ANDET AFSNIT.

***

Enoch Arden, and other Poems. Lucretius. The Princess.

I.

Enoch Arden. — Omrids af Handlingen. — En Skildring af den tavse Sorg. — Teknisk Fuldkommenhed. — *Bækken.* — *Aylmer's Field.* — Analyse af Digtet. — Forfatterens Vilkaarlighed. — Landskabsbilleder. — *Kystdrømme.* — Dissenter-Præsten. — *Lucretius.* — Laan fra klassiske Forfattere.

***

Idet jeg følger den Orden, som Digteren har fulgt i eet-Binds Udgaven af sine Værker, skal jeg i dette Afsnit omtale *Enoch Arden, Bækken, Aylmer's Field, Kystdrømme, Lucretius* og *Prinsessen.* Det vil dog være nødvendigt at bemærke, at Tennyson her fuldstændig har brudt den kronologiske Orden, og at disse Digte tilhøre højst forskellige Perioder i hans Liv. Det sidstnævnte er det ældste og udkom i 1847, medens det yngste, *Lucretius,* er fra 1868.

Enoch Arden udkom 1864, da Digteren var 55 Aar gammel. Det er en Idyl, som i vor Tid kun Tennyson kunde skrive den. Handlingen, der skal grunde sig paa en virkelig Begivenhed, er saa lidet indviklet som vel muligt; de faa Personer, der omtales, staa ikke højt paa Samfundets Rangstige, og deres Historie er fortalt jævnt og simpelt. Men hvor fængsles vi ikke, alt som Fortællingen skrider frem!

For hundrede Aar siden levede der i en lille Havnestad tre unge Mennesker, som havde kendt hinanden fra de vare smaa: den raske Sømand Enoch Arden, Philip Ray, Møllerens eneste Søn, og den unge Pige Annie Lee. De to Venner elskede begge deres Barndoms Legekammerat, og Enoch talte, men Philip elskede i Tavshed. Saa bleve Enoch og Annie Mand og Hustru, da han var en og tyve Aar gammel, og de levede sammen i syv lykkelige Aar. De fik en lille Pige og to Aar efter en Dreng, og Enoch arbejdede tidligt og silde, for at han kunde give sine Børn en bedre Opdragelse, end den han eller hans Hustru havde kunnet faa. Saa skete det en Dag, at han faldt ned fra Masten og brækkede Benet. Han laa længe syg, og Fattigdommen stjal sig ind i deres Bo. Paa denne Tid fødte Annie atter en Søn, et lille sygeligt Barn, og Enoch saa med Rædsel dem, der vare hans Hjerte nærmest, udsatte for Nød. Nat og Dag, medens han laa bunden uvirksom til sit Leje, tyngede dette paa ham. Saa kom en Skibsfører, der kendte ham og vidste, hvad han var værd, og tilbød ham Plads som Baadsmand om Bord i sit Skib, der nogle Uger senere skulde rejse til Kina. Til den Tid vilde Enoch være rask, og han tog straks imod det gode Tilbud: al Udsigt til Fattigdom var jo dermed forsvunden. Han vilde sælge sin Baad, og for de indkomne Penge vilde han etablere Annie i en lille Forretning, hvor hun kunde sælge alle Slags Smaating, som Søfolk bruge. For første Gang siden deres Bryllup satte Annie sig imod hans Villie og søgte at holde ham tilbage, men Enoch, der saa Frelse for dem alle, naar blot han rejste bort, vilde ikke opgive sin Plan. Og

Skilsmissen var jo kun saa kort — han vilde komme tilbage, før hun tænkte det.

Saa drog han bort, og Annie skulde sørge for sig og Børnene saa længe. Men hun forstod sig kun slet paa Forretninger, og Sorgen tyngede bestandigt paa hendes Sind. Hendes yngste Dreng blev svagere for hver Dag, og efter en lille Tids Forløb døde Barnet. Saa kom Philip til hende i hendes store Nød, og ved ethvert Middel søgte han at trøste og hjælpe hende. Han talte til hende om, hvorledes Enochs Ønske altid havde været at give Børnene en god Opdragelse, og bad, om han maatte sende dem i Skole. Efter nogen Vaklen tog Annie imod hans Tilbud, og lidt efter lidt lykkedes det Philip ved saadanne Gaver, som ikke kunde saare hendes Stolthed, ved betænksom Omhu paa alle Maader, at hjælpe hende i hendes ulykkelige Stilling. Men der gik lange Tider hen, og hun hørte intet fra Enoch. Philip kom kun sjældent til hende, for at Folk ikke skulde finde noget at tale om, men Børnene kom hyppigt til Møllen og elskede Philip som deres Fader.

Paa denne Maade gik ti Aar, og alt Haab om Enochs Tilbagekomst var svundet bort. Saa talte Philip til Annie og fortalte hende om sit Livs tavse Kærlighed. Og hun svarede: »Kan man elske to Gange? Kan du nogensinde blive elsket som Enoch?« — »Jeg er tilfreds,« lød Philips Svar, »med at blive elsket lidt mindre end Enoch.« Saa græd hun, halv angst, og bad ham vente. Om nu dog Enoch kom tilbage! Et Aar var ikke saa lang Tid — om et Aar vilde hun ægte ham. Men da det Aar var gaaet, bad hun ham atter vente, og Maaned efter Maaned svandt hen. Men hans Sorg pinte hende; hendes unge Datter og hendes Søn hang ved Philip, og hvor var det muligt, at Enoch endnu skulde være i Live? Saa gav hun efter for hans Bøn, og de fejrede deres Bryllup. I Begyndelsen af deres Ægteskab pintes hun endnu ofte ved Mindet om Enoch, men da hun atter blev Moder, tabte denne Følelse sig efterhaanden, og deres Hjem var lykkeligt.

Men Enoch var ikke død. Det Skib, med hvilket han sejlede, strandede, og kun han og to andre af Besætningen bleve frelste paa en øde Ø. Kammeraterne døde, og Aar efter Aar levede Enoch alene. Stedet var rigt, og han fandt let sin Føde; men han glemte næsten at tale, han levede som det vilde Dyr. Endelig lagde et Skib til for at søge Vand, og han blev funden og bragt om Bord. Man plejede ham og gav ham Klæder og førte ham til hans Hjem. Det Hus, hvor han havde boet, stod tomt, og han tænke: hun er død, eller død for mig.

Saa opsøgte han et Logi, der tidligere havde været søgt af Søfolk, men hvor nu kun faa toge ind. Den gamle Værtinde kendte ham ikke; ingen kendte ham. Lidt efter lidt ledte han Samtalen hen paa Annie og sig selv, og Konen fortalte ham alt — om Philips lange Kærlighed og hans Omsorg for Annie og Børnene, om hvorledes Annie havde hængt ved Enoch og holdt fast ved Haabet, til alt Haab var ude, og længe, længe efter. Og saa hørte han om deres Bryllup og den Lykke, de havde fundet efter de lange, sørgelige Aar. Men Enoch røbede ikke ved noget Ord, hvem han var. Blot, da hun sluttede og sagde: »Enoch, stakkels Mand, led Skibbrud og døde«, rystede han paa sit graa Hoved og gentog mumlende hendes sidste Ord: »led Skibbrud og døde.«

Men han længtes efter at se Annie — blot han kunde se hendes Ansigt endnu en Gang og vide, at hun var lykkelig! Og denne Tanke hjemsøgte ham atter og atter, og en trist November Aften listede han sig ned til Philips Hus. Bag ved Huset laa en lille Have, og der stod han i Mørket og saa ind. Philip sad med det lille Barn paa sine Knæ — hendes og Philips

Barn — og han saa sin egen Datter, lys og høj som
Annie, da hun var i hendes Alder, og hun bøjede sig
over sin anden Fader for at lege med den lille; og
Moderen saa glad fra den ene til den anden, medens
Sønnen stod ved Siden af, sund og stærk og munter.

Saa listede han sig sagte bort — uset, uhørt. Og
medens han vaklede tilbage, var der kun een Tanke,
der stod klart for ham i al hans Smerte: aldrig maatte
hun vide, at han var i Live. Og denne Tanke holdt
ham oppe. Han begyndte at arbejde for Fiskerne med
at gøre deres Net i Stand, han hjalp med at losse og
lade; men han arbejdede uden Haab, gammel før Tiden.
Saaledes gik et Aar. Sorgen tærede paa hans Liv.
Han kunde ikke mere forlade sin Bolig — saa sad han
hele Dagen i en Stol — til sidst var han bunden til
Sengen. Da tænkte han: Naar jeg er død, maa hun
faa at vide, at jeg har elsket hende til det sidste.

Saa betroede han sig til sin gamle Værtinde, og
da hun havde aflagt Tavshedsløfte, fortalte han hende
hele sin sørgelige Historie. Naar han var død, skulde
hun lade hans Børn komme til ham for at se ham,
hvis de vilde; men Annie maatte ikke komme, at ikke
Synet af ham skulde forfølge hende senere i Livet. Og
han velsignede hende og Børnene og Philip, »der aldrig
havde villet andet end det gode.«

Tre Dage efter var han død.

Saaledes omtrent er det tørre Omrids af Historien,
men hver lille Scene er af Digteren fortalt med den sar-
teste Kunst og dyb, ægte menneskelig Følelse. Ligesom
i hine Smaasange, jeg har omtalt i forrige Afsnit, saa-
ledes er det ogsaa her den tavse Sorg, han skildrer:
hos Philip, der lider gennem de mange Aar, hos Annie,
der venter og haaber imod alt Haab, og sidst og størst
hos Enoch. Og med hvilket teknisk Mesterskab er ikke
Historien fortalt: Til den idylliske Skildring af den lille
engelske Havnestad, hvor Børnene lege, svarer i den

anden Halvdel af Fortællingen Beskrivelsen af det jordiske Paradis, hvor Enoch henlever Aar efter Aar i Ensomhed. Til den Scene, hvor Philip i stum Smerte bliver Vidne til de elskendes Lykke, da de paa Nøddeturen have fundet hinanden, faa vi henimod Digtets Slutning det gribende Sidestykke, da Enoch udė fra den mørke Have ser Philips Hjem, bygget paa hans forspildte Lykke. I den første Halvdel af Digtet høre vi om Enochs ømme Omsorg for Annie, før han rejser; senere følger den tilsvarende Beskrivelse af Philips Besøg hos hende for at bringe hende Hjælp. Men vi trættes ikke derved som ved en Gentagelse; vi føle ikke dette som noget »lavet«; vi mærke næppe den Kunst, der ligger bag ved, uden gennem det Skønhedsindtryk, som det symmetriske altid efterlader.

Digtet er oversat paa Dansk af A. Munch (tredie Udgave 1882).

Bækken er fra 1855. Det er ogsaa en Idyl, men i Tone og Tanke er den vidt forskellig fra *Enoch Arden*:

Den midaldrende Laurence Aylmer sidder paa en Stænte nær ved den sladrende Bæk, og medens den muntre Rislen lyder i hans Øre, vækkes Minder hos ham om gamle Dage og gamle Venner, der have vandret paa dette Sted. Ungdomskammeraten Edmund, Digteren, hvis Støv nu hviler i Italien — Philip Willows, den snaksomme Forpagter,

> »Poor Philip, of all his lavish waste of words
> Remains the lean P. W. on his tomb« —

og Forpagterens Datter Katie — aah, hvor tydelig staar hun ikke for ham endnu! Og hendes Forlovede, James: der var en Gang en lille Kurre paa Traaden imellem dem, og Forsoningen kunde ikke komme i Stand, for hver Gang den unge Mand kom, begyndte Faderen en af sine lange Historier; det var umuligt for dem at blive alene! Og han mindes den hele Scene, hvorledes Katie rødmende fortalte ham Sagen og bad ham gaa til den gamle — en Time — blot en halv — og lade ham tale, medens hun og James bleve gode Venner igen. — Nu er hun langt borte; hun rejste med sin James til en af de australske Øer. Og Bækkens Rislen former sig i Ord, lette og melodiske, og dens sagte Nynnen slynger sig ind imellem hans Tanker: Slægter komme, og Slægter gaa, men den vandrer sin evige Vej mod Floden —

> »— men may come and men may go,
> But I go on for ever.«

Den lille Idyl slutter med Aylmers uventede Møde med Katies Datter. Han har intet hørt om deres Tilbagekomst til Hjemmet. Nu er hun i samme Alder som Moderen, da de droge bort, og Tennyson maler hende for os med al den friske Ynde, hans fine Pensel ejer — saa levende og saa kønt.

Dette Digt er en Ubetydelighed, sammenlignet f. Eks. med *Enoch Arden.* Men det er af den Slags Ubetydeligheder, som kun den store Kunstner kan skabe. Det vækker hos os den samme Følelse af umiddelbar Glæde, den samme milde Stemning, som den virkelige Bæk ude i Skoven, naar vi sidde halvt drømmende og lytte til dens Rislen.

Det er da ogsaa en virkelig Bæk i Digterens Fødeegn, der har inspireret ham, og hvis melodiske Sladren lyder gennem flere af hans Arbejder (*The Miller's Daughter, Maud,* osv.). »Philips Forpagtergaard« eksisterer endnu; men om der nogensinde har været en Philip eller Katie vides ikke. [1])

Den tragiske Fortælling *Aylmer's Field* blev trykt

---

[1]) Mr. John Cuming Walters helliger *Bækken* et helt Kapitel (VI) i sin Bog *In Tennyson Land.* Se ogsaa P. Anderson Graham: *Lord Tennyson's Childhood (The Art Journal* 1891, S. 16—17) og nærværende Afhandling S. 7—8.

første Gang i samme Bind som *Enoch Arden* og skal
lige som denne grunde sig paa en virkelig Begivenhed.[1]
Forfatteren henlægger Handlingen til 1793. Det er en
Kærlighedshistorie mellem to unge Mennesker af forskel-
lig Stand: *hun*, adelig, af den fornemme Slægt Aylmer,
den gamle Stammes sidste Skud; *han*, af borgerlig Fa-
milie, Jurist og Broder til Sognepræsten, den unge
Piges Legekammerat i Barndomsaarene, hendes bestan-
dige Ledsager gennem deres første Ungdom, naar han
i Ferierne besøgte Præstegaarden. Og nu elskede
Leolin Averill og Edith hinanden.

Aldrig var det faldet hendes Forældre ind, at denne
frie og uhindrede Omgang kunde lede til et saadant
Resultat. I tredie Slægtled havde Averill fulgt Averill
i Præstegaarden, som Aylmer fulgte Aylmer paa Herre-
sædet, og bestandig havde de to Familier været knyttede
til hinanden ved Venskabets Baand. Der skete ingen
Forandringer i denne Egn —

> »En Egn med Humle, valmublandet Korn,
> en søvnig Egn, hvor samme Hjul fordybed
> Aar efter Aar det samme gamle Vognspor,
> hvor intet uden Bækken havde travlt,
> hvor fast den hele Landsby bar eet Navn —«[2]

og Haarene vilde have rejst sig paa den mægtige Mands
Hoved ved Tanken om en Forbindelse mellem hans
Datter og Præstens Broder — »saa søvnig var Egnen«.

---

[1] Det var Billedhuggeren Mr. Woolner, der fortalte Tennyson
Historien. »Det er karakteristisk for den Maade, hvorpaa han
arbejdede, at han ikke var tilfreds med det nøgne Omrids,
men forlangte, at Vennen skulde give ham en omstændelig
Beretning om alle Enkeltheder.« Arthur Waugh: *Alfred Lord
Tennyson*, S. 190.

[2] F. L. Mynsters Oversættelse: *Alfred Tennysons Kystdrømme
og Aylmersfield*, S. 33. Det følgende Citat sammesteds S. 66.

De unge vidste næppe selv, at de elskede hinanden;
men hele Omegnen vidste fuld Besked, og da en Nabo
en Dag besøgte Sir Aylmer, fik ogsaa han Underretning
derom. Han afviste fornemt enhver Tanke om en saa-
dan Mulighed, men da den fremmede var borte, brød al
hans Lidenskab løs over Datteren og Leolin: den unge
Mand forvises fra Herregaarden paa den plumpeste
Maade; hun indespærres og bevogtes, tvinges til at
modtage den ene fornemme Frier efter den anden og
behandles med stedse større Haardhed. Det lykkes
Leolin at veksle nogle Breve med hende ved Hjælp af
en lille fattig Krøbling, men Drengen bliver greben og
truet til at bringe Brevene til Sir Aylmer.

Til sidst synker hun sammen under Byrden:

> »— hvor hun gik og stod, blev hun bevogtet,
> og der var sat en Spejder til at vogte
> den spejdende, og Baronetten selv,
> hvis Vrede tiltog med hvert Brev, han læste,
> bevogtede — — dem alle.«

Aldrig hører hun et venligt Ord; man forbyder hende
at besøge de fattige; i tyve Maaneder faar hun ingen
Efterretning fra Leolin. Saa tæres hun hen af Feber
og dør med hans Navn paa Læben.

Paa dette Punkt støtter Tennyson sig til Mulig-
heden af en sympatetisk Forbindelse mellem Sjælene,
uden Hensyn til Afstand. Om Natten, i det Øjeblik
Edith dør, vaagner Leolin i London med et skingrende
Skrig: Ja, Edith, ja! — Og da man næste Dag kommer
for at bringe ham den sørgelige Efterretning fra Hjem-
met, ligger han død, dræbt med egen Haand.

Præsten rejser til London for at drage Omsorg for
den døde og vender tilbage, ældet af Sorg. Han er
ugift, femten Aar ældre end Broderen; han havde været
som en Fader for Leolin. Ediths Moder sender Bud til
ham — nedbøjet som han er ved de to uhyggelige Døds-

fald — og beder ham tale den næste Søndag over hendes
Barn. Dagen oprinder mørk og trist. Kirken er fuld
af sortklædte Tilhørere, og Præsten staar paa Præke-
stolen, højt over Menigheden; det grønlige Skær gennem
de høje, smalle Vinduer gør hans blege Aasyn endnu
blegere; saa dækker han Ansigtet med sine Hænder og
staar længe tavs. Endelig oplæser han Teksten: »Se,
eders Hus skal lades eder øde.« (*Matth.* 23, 38). Under
den gribende Tale besvimer Ediths Moder med et højt
Skrig og maa bæres ud af Kirken. Baronetten følger
hende, stolt og stiv, men i Kirkegangen vakler han og
maa holde sig fast ved Stolene, til han naar Døren.

Den barnløse Moder døde en Maaned efter.
Sir Aylmer levede endnu i to Aar, nedbrudt paa Aand
og Legeme; det eneste, han kunde sige, var Ordet:
øde! — Han vandrede om som en levende Død. Da den
anden Jul kom, fulgte han Hustru og Barn i Graven.
Og snart efter blev den gamle Herregaard reven ned;
Skovene bleve udstykkede til Forpagtergaarde — og
hvor de to lagde Planer til deres Datters Lykke, færdes
nu kun de vilde Dyr: alt er aaben Mark.

Tennyson bevæger sig i denne Fortælling paa et
noget andet Omraade end i de tidligere omtalte Ar-
bejder. Der hviler en tung Stemning over hele Digtet;
det virker paa os ved sin Uhygge, men vækker ikke vor
Sympati: vi tro ikke rigtig paa Historien. Digteren an-
tyder i Indledningen, at den graahaarede Krøbling, hvem
Historien skyldes, er identisk med den stakkels Dreng i
Digtet, som bar Bud imellem de elskende. Men For-
tællingen mangler Virkelighedspræget — det poetiske
Virkelighedspræg. Disse Forældre, der i tomt Hovmod
hellere se deres eget Barn dø end tillade hende at gifte
sig med en borgerlig Mand, som de selv agte og holde
af, og som er hendes Lige i enhver Henseende undtagen
i fornem Fødsel, ere muligvis historiske Personer, men
i Fortællingen staa de ikke for os som saadanne. Det

er ikke lykkedes Digteren, at faa det menneskelige frem hos denne raa Fader og ynkelige Moder, og vi forstaa ikke, at Edith kan have saadanne Forældre. Vi føle Forfatterens Vilkaarlighed gennem Skildringen.

Det voldsomme i Fortællingen gør en ikke ringe Effekt, især i Beskrivelsen af den uhyggelige Guds- tjeneste. Helt ud fuldendt ere de to smaa Landskabs- billeder, som Digtet indeholder, i Begyndelsen Beskri- velsen af den »søvnige« Egn rundt om Herresædet, og i Slutningen Billedet af det samme Sted, da Borgen er reven ned, og Landet rundt om ligger øde. Der er noget stort i Skildringen af Præstens Sorg, men den triste Historie evner ikke at løfte Sindet; trods de skønne Enkeltheder virker Helheden tungt.

Kystdrømme (*Sea Dreams*) blev trykt første Gang i *Macmillan's Magazine*, Januar 1860. Dette Digt fortæller om en Kontorist og hans Hustru, der med deres lille Datter rejse til Kysten, for at Barnet kan genvinde sit Helbred. Manden arbejder til daglig i en Forretning i City; hans Løn er ussel, og den lille Sum Penge, han har sparet sammen ved tolv Aars Slid, er fralokket ham af en hyklersk Svindler, der ved store Løfter har faaet ham til at købe værdiløse Aktier i en peruviansk Mine. Medens de opholde sig ved Kysten, hører Konen, at denne Person er død, og Digtet fortæller, hvorledes hun søger at faa Manden til at tilgive ham den Slethed, han har begaaet imod dem. Som saa ofte hos Tennyson er det mindre Historien selv end den Maade, hvorpaa den er fortalt, som vækker vor Interesse. I *Kystdrømme* er der ikke blot idylliske Scener af stor Skønhed — især den yndefulde Skildring, da Moderen om Natten søger at bringe det lille Barn til Ro, hvor dog Vuggevisen selv tiltaler mig mindre — men »Drømmene« ere fortalte med stor Fantasi, og der er en kraftig Satire i Billedet af Dissenter-Præsten, som i Stedet for at præke »den

simple Kristendom for simple Folk« tordner fra Præke-
stolen, medens Menigheden lytter angst og bange:

> »— — Voldsomt ud han slog,
> og skreg med hævet Arm og vældig Røst:
> »Saadan! Med saadan Vælde!« som om han
> med Aabenbaringsbogens Møllesteen
> var selv den Engel, hvorom skrevet staar:.
> »Med saadan Vælde Babylon skal kastes
> »i Havet ud! Og da! — da kommer Enden!«« [1]

Ogsaa *Lucretius* blev trykt første Gang i *Macmil-
lan's Magazine*, i Heftet for Maj 1868. T. Lucretius
Carus, som levede paa Ciceros Tid, var Forfatter til et
didaktisk Digt i seks Sange, der under Titelen *De Rerum
Natura* giver en Fremstilling af Epikurs Lære. Om
hans Liv gives der forskellige Beretninger; men hvad
der med Vished kan siges er saa lidt, at Meisling mener
at kunne sammenfatte det i de faa Ord: han levede,
digtede og døde. [2] Om hans Død ved man næppe mere
end om hans Liv. Een Beretning gaar ud paa, at hans
Hustru, Lucilia, for i højere Grad at vinde hans Kær-
lighed, gav ham en Elskovsdrik, der berøvede ham For-
standen og til sidst bragte ham til at begaa Selvmord.
Det er denne Fortælling, som danner Grundlaget for Ten-
nysons Arbejde, i hvilket Digteren i betydelig Udstræk-
ning støtter sig til klassiske Værker, først og fremmest
til selve *De Rerum Natura*. De direkte Laan ere sam-
lede af Mr. Churton Collins i hans *Illustrations of Ten-
nyson*, et Værk, der paa hver Side bærer Vidne om
Forfatterens omfattende Litteraturkundskab. I den sidste

---

[1] F. L. Mynsters Oversættelse, S. 7. (Sammenlign *Joh. Aabenb.*
18, 21).

[2] *Digte fra Oldtiden*, oversatte og oplyste ved S. Meisling, S. IV.
I dette Værk findes en poetisk Gengivelse af de første to
Sange af den gamle Forfatters Digt tilligemed en litteratur-
historisk Indledning og filologiske Anmærkninger.

af de paa dette Sted fremdragne Paralleller sammen-
stiller han en Linie af Tennysons Beskrivelse af Lukre-
tius's Selvmord:

> *Thus, thus*: the soul flies out and dies in the air‹

med Virgils Beskrivelse af Didos Selvmord (*Æneiden*,
IV, 660)

> *Sic, sic* juvat ire sub umbras —‹

med Tilføjelse af, at Tennysons Vers aabenbart er in-
·spireret heraf, og at det gentagne *thus* og *sic* antyder
de efter hinanden følgende Dolkestik.[1]) Det synes mig
imidlertid, at Tennysons gentagne *thus* er et saa natur-
ligt Udtryk paa dette Sted, at det næppe er nødvendigt
at betragte det som ›aabenbart inspireret‹ af Virgil.
Det forekommer for øvrigt ogsaa andensteds. I Beau-
mont og Fletchers *The Maid's Tragedy* (V, 2) bruges
det samme Udtryk ganske paa samme Maade. Da Evadne
borer Dolken i den bundne Konges Bryst, siger hun:

> ›— — *Thus, thus*, thou foul man,
> Thus I begin my vengeance! — —‹

Tennysons Digt , er et ejendommeligt Karakterbillede,
rigt paa dybe Tanker. Det er et kraftigt og imponerende
Arbejde, nærmest i Klasse med *St. Simeon Stylites* og
Ulysses; dog synes det mig, at disse staa over *Lucre-
tius*, hvis Emne i ikke ringe Grad virker frastødende,
trods den overlegne Kunst, hvormed Digteren har be-
handlet det.

---

[1]) *Illustrations of Tennyson*, S. 77.

II.

Prinsessen — Ideen om et Kvinderegimente. — Edmund Spenser. — Holberg og Stuart Mill. — *The Revolt of man*. — Disharmoni mellem det komiske og det romantiske. — Digtets Indledning. — Sangene. — Prinsens Sygdom. — Genfortælling af Indholdet. — Prinsessens Karakter. — Sir Artegall og Amazonernes Dronning Radigund.

Forestillingen om et Samfund, i hvilket Kvinden indtog Mandens Stilling og omvendt, eller hvor Manden endog var fuldstændig udelukket, kan følges tilbage til Oldtiden og spiller en stor Rolle i Litteraturen lige ned til vore Dage. Filosoffer og Digtere have ofte beskæftiget sig med dette Emne, og da disse Forfattere alle have været Mandfolk, har selvfølgelig Moralen med meget faa Undtagelser altid været den samme: det bestaaende Forhold imellem de to Køn er det eneste rette; ethvert Forsøg paa at gøre Kvinden til bydende i Stedet for lydende eller paa at stille hende lige med Manden er imod Naturens Orden. I den engelske Litteratur høre vi dette atter og atter. Spenser fortæller i *Faerie Queene* (Bog V, Canto IV—VII) om et Amazoneland, hvor Kvinderegimentet til sidst blev styrtet af Prinsesse Britomart, der forandrede hele Statsindretningen,

> »The liberty of women did repeale,
> Which they had long usurpt; and, them restoring
> To mens subjection, did true Justice deale,
> That all they, as a Goddesse her adoring,
> Her wisedome did admire, and hearkned to her loring.«
>
> (Stanze XLII).

Naar Shakespeares, rigtignok ikke synderlig elskværdige, Katharina ikke vil lade sig sige, saa maa hun »tæmmes«,

og »den arrige Kvinde« bliver et saadant Mønster paa
en engelsk Hustru, at hun erklærer:

>Den Lydighed, som Folket skylder Fyrsten,
den samme skylder Kvinden jo sin Husbond;
og er hun stridig, vrippen, tvær og sur,
ulydig mod, hvad han med Rette byder,
saa er hun kun en trodsende Rebel,
en Højforræder mod sin milde Herre.
Jeg blues ved, at Kvinder dumt vil stride,
hvor knælende de skulde søge Naade,
at de vil Magt og Herredom begære,
hvor kun de skulde elske, lyde, ære« — osv.

(V, 2. Lembckes Oversættelse, S. 125).

Og denne Opfattelse holder sig lige ned til vore Tider.
Af danske Forfattere synes Holberg at have haft et
aabent Øje for Misforholdet imellem de to Køns Stilling.
Han vil selvfølgelig ikke lade Kvinden indtage Mandens
Plads i Samfundet, men han har set, at hendes Stilling
ikke er den, som den burde være. I *Niels Klim* (Kap.
IX) skildrer han et Land, hvor Kvinderne i enhver Hen-
seende staa for Styret. »Lyksalige Europa«, lader han
med bidende Ironi den forbavsede rejsende udbryde,
»og især tre Gange lyksalige Frankrig og England, hvor
det svagere Køn svarer til sit Navn, hvor Konerne saa
ganske blindt adlyde deres Mænds Befalinger, at de
meget mere synes at være Maskiner eller Automater,
end med fri Villie begavede Skabninger!« Og straks
efter bruger han Udtryk, der næsten foregribe Stuart
Mills Raisonnement i hans Bog om »Kvindernes Under-
kuelse«. Holberg lader Niels Klim fortælle adskillige
Folk, at Tingenes Orden i dette mærkelige Land aldeles
stred imod Naturen. »Men de paastode, at jeg forvir-
rede Sædvane og Indretninger med Naturen, og at den
foregivne Skrøbelighed hos Kvindekønnet blot maatte
tilskrives Opdragelsen, hvilket dette Lands Tilstand især
viste, da man der fandt Dyder og Sindsgaver hos

Fruentimmerne, som Mandfolkene paa andre Steder alene tilegne sig.«[1])

Det er klart at den komiske Digter vil finde en vid Mark for Satiren i Skildringen af et saadant »bagvendt« Samfund. Men der er i vore Dage, og da især siden 1867, da Stuart Mill udgav sin ovennævnte berømte Afhandling, sket saa mange Forandringer, ligesom der jo ogsaa paa mange Punkter er vakt en saadan Sympati for »Kvindernes Frigørelse«, at den Forfatter, der vil behandle Emnet komisk, let vil gribe sig i at satirisere over et og andet, som han egentlig slet ikke finder latterligt. For at være morsom, maa en saadan Skildring drives ud i sine yderste Konsekvenser, men netop derved taber den let i Virkning. De komiske Midler, denne Overdrivelse fordrer, komme let til at staa i Misforhold til det Emne, der behandles, som i Walter Besants barokke Roman *The Revolt of Man*, hvor vi i Begyndelsen more os fortræffeligt over Skildringen af dette Kvinderegimente, men trættes, længe før »Mændenes Oprør« bringer alt tilbage i den rette Gænge. I Slutningen af *Prinsessen*, i hvilket Digt Tennyson har beskrevet et saadant Kvindesamfund, antyder Digteren, hvor vanskeligt det har været for ham at fortælle Historien: Mændene vilde have en burlesk Parodi, men Kvinderne fordrede, at Prinsessen skulde være ædel, »virkelig heroisk og virkelig ophøjet,« og saa søgte Fortælleren at tilfredsstille begge Parter, men opnaaede maaske derved hverken at tilfredsstille sig selv eller dem.

Der er næppe Tvivl om, at Forfatteren her har set rigtigt. Det kommer frem flere Gange i Løbet af Digtet. Han vil skrive en Satire, men gribes selv af det skønne i Prinsessens ideelle Stræben. Lad være, at hun fejler, hun er dog ikke en latterlig Person, men en højt begavet, ædel Kvinde. Ikke desto mindre høre hendes

---

[1]) Levins Udgave (1867), S. 138.

Ideer efter Tennysons Anskuelse hjemme i en bagvendt Verden: hun har kun været »Dronning i en Farce«. Dette Misforhold forstyrrer Nydelsen af Fortællingen i ikke ringe Grad, noget, der er saa meget mere at beklage, som den i andre Henseender maa regnes mellem Digterens mest fuldendte Frembringelser.

Prinsessen, der udkom 1847, betegnes af Forfatteren som »a medley«, en Blanding af uensartede Bestanddele. En Del unge Mennesker ere samlede paa en Herregaard i Anledning af en landlig Fest, og her fortælles Eventyret om »Prinsessen« af nogle Studenter. Det er altsaa en »Fortælling i Ramme«, en romantisk Historie om Riddere og Damer, omsluttet af en moderne idyllisk Skildring i Tennysons sædvanlige Stil. Imellem de forskellige Afsnit af Fortællingen synges der en Række smaa Sange, der give det hele Digt en stærkt lyrisk Karakter, men idet de i rent ydre Henseende bryde Formen, danne de et musikalsk Baand imellem de forskellige Scener, der forbereder og stemmer Sindet ligesom den indledende Musik til en Operas forskellige Akter. Disse Sange have vakt den engelske Kritiks højeste Beundring, og sikkert med Rette. Aldrig maaske har en lyrisk Stemning fundet et skønnere Udtryk end i disse betagende smaa Vers:

> »The splendour falls on castle walls.
> And snowy summits old in story:
> The long light shakes across the lakes,
> And the wild cataract leaps in glory.
> Blow, bugle, blow, set the wild echoes flying,
> Blow, bugle; answer, echoes, dying, dying, dying.«

Fortællingen begynder med en Beskrivelse af Helten, en ung Prins, der som Barn er bleven forlovet med Prinsesse Ida. Det eventyrlige i Digtet fremhæves straks ved en gammel Historie om en Troldmand, som var bleven brændt af en af Prinsens Forfædre, fordi han

Fruentimmerne, som ... spaaede Trold-
alene tilegne sig ... skulde kende Skyggen

Det er klart at ... denne Stamme engang
Mark for Satiren ... Den unge Prins
Samfund. Men ... Midt paa Dagen,
1867, da Stuart Mill ... beskæftiger sig med sit
handling, sket saa ... hyggelig Følelse: det
ogsaa paa mange ... i en Verden af Spøg-
for »Kvindernes ... Skyggen af en Drøm«.
behandle ... vivlsomt et ejendomme-
risere over ... med ikke ringe Virk-
finder latterlig... mig at Forfatteren kun
Skildring ... det er, ligesom dette
netop der... mennisk Forbindelse med Hi-
Midler, ... knytning til Digtets Tanke.
staa i Mis... begyndelse har det unge Par
Walter ... Bryllup skal fejres, og Kongen
hvor ... Gaver for at hente Prinsessen.
dringer... Prinsessen ikke vil gifte sig.
... beslutter ved Krig at tvinge
... til at holde sit givne Ord.
... han maa drage til det frem-
... Vej søge at vinde sin Brud.
... men om Natten lister
... Ledsagere, Cyril og Florian, af
... lystig ung Mand, hvis Fader
... medens Florian er Prinsens
... Broder til Prinsessens kæreste Hof-
... venligt, men mener, at de
... Foretagende. Hans Datter har
... hun digter og skriver og
... hvortil kun Kvinder have
... træffes indenfor hendes Ene-
... De unge Mænd ville
... og drage til hendes Borg
... Kongen.

Undervejs standse de ved et Herberge, hvor de iføre sig Kvindedragter, og saaledes forklædte skaffe de sig Adgang til Prinsessens Borg. Beskrivelsen af denne er et af Digtets Glanspunkter. Tennyson kaster et romantisk straalende Lysskær over Slottet og dets skønne Beboere, blandt hvilke den stolte Prinsesse Ida hæver sig højt over alle de andre ved Talent saa vel som ved Skønhed. Men bag Borgens Mure er ikke alt Fred og Samdrægtighed. De to ledende Professorer, Lady Blanche og Florians Søster, Lady Psyche, der begge ere Enker, kæmpe med hinanden om Magten, idet Lady Blanche, der kun er lidet afholdt af de unge studerende, misunder Psyche hendes store Indflydelse.

De unge Mænd faa en god Modtagelse, men Florian bliver trods Forklædningen snart genkendt af sin Søster. Hun forfærdes over deres Dristighed: ved sin Ed er hun forpligtet til at aabenbare deres Køn for Prinsessen og derved føre dem i Døden. Det lykkes dem at berolige hende, og hun gaar til sidst ind paa at bevare Hemmeligheden til den næste Dag, medens de til Gengæld love at flygte om Natten og gøre alt for ikke at blive opdagede af nogen anden. Men Lady Blanches unge Datter Melissa, en af disse sarte Kvindeskikkelser, halvt Barn, halvt Kvinde, som Tennyson tegner med saa stort Mesterskab, er tilfældig kommen ind og har hørt den skæbnesvangre Hemmelighed. Melissa er imidlertid Lady Psyche inderlig hengiven, trods Moderens Had til Rivalinden, og lover intet at røbe. Men de unge Mænd ere ikke saa forsigtige, som de skulde være. Prinsen opflammes stedse mere af Kærlighed til Prinsessen, Cyril forelsker sig i Lady Psyche, og Florian drages af den yndige Melissa. Lady Blanche kommer paa Sporet, og mod sin Villie røber Melissa den vigtige Hemmelighed for sin Moder, idet denne udspørger hende og let gennemskuer hendes frygtsomme Svar. Det lykkes imidlertid Cyril ved store Løfter at bestikke Lady Blanche til

ikke kastede nogen Skygge; paa Baalet spaaede Trold-
manden, at ingen af Fyrsteslægten skulde kende Skyggen
fra Virkeligheden, og at en af denne Stamme engang
skulde kæmpe med Skygger og falde. Den unge Prins
lider nu af en besynderlig Sygdom. Midt paa Dagen,
naar han taler med Folk eller beskæftiger sig med sit
Arbejde, overfaldes han af en uhyggelig Følelse: det
synes ham, at han bevæger sig i en Verden af Spøg-
elser, og at han selv er som »Skyggen af en Drøm«.
(Se *Hamlet*, Il, 2). Heri er der utvivlsomt et ejendomme-
ligt Element, der kunde benyttes med ikke ringe Virk-
ning; men det forekommer mig, at Forfatteren kun
meget uklart antyder Meningen: det er, ligesom dette
Træk kun staar i en rent mekanisk Forbindelse med Hi-
storien uden nogen dybere Tilknytning til Digtets Tanke.

Ved Fortællingens Begyndelse har det unge Par
naaet den Alder, da deres Bryllup skal fejres, og Kongen
sender Bud med kostbare Gaver for at hente Prinsessen.
Men de faa det Svar, at Prinsessen ikke vil gifte sig.
Kongen forbitres højlig og beslutter ved Krig at tvinge
hendes Fader, Kong Gama, til at holde sit givne Ord.
Men Prinsen bønfalder, om han maa drage til det frem-
mede Land og ad fredelig Vej søge at vinde sin Brud.
Kongen vil intet høre herom, men om Natten lister
Prinsen sig bort med to Ledsagere, Cyril og Florian, af
hvilke den første er en lystig ung Mand, hvis Fader
har sat sin Ejendom overstyr, medens Florian er Prinsens
bedste Ven og en Broder til Prinsessens kæreste Hof-
dame. Gama modtager dem venligt, men mener, at de
hellere maa opgive deres Foretagende. Hans Datter har
hengivet sig til Videnskaberne; hun digter og skriver og
har grundlagt et Akademi, hvortil kun Kvinder have
Adgang: hver Mand, der træffes indenfor hendes Ene-
mærker, straffes med Døden. De unge Mænd ville
imidlertid forsøge deres Lykke og drage til hendes Borg
forsynede med Breve fra Kongen.

Undervejs standse de ved et Herberge, hvor de iføre sig Kvindedragter, og saaledes forklædte skaffe de sig Adgang til Prinsessens Borg. Beskrivelsen af denne er et af Digtets Glanspunkter. Tennyson kaster et romantisk straalende Lysskær over Slottet og dets skønne Beboere, blandt hvilke den stolte Prinsesse Ida hæver sig højt over alle de andre ved Talent saa vel som ved Skønhed. Men bag Borgens Mure er ikke alt Fred og Samdrægtighed. De to ledende Professorer, Lady Blanche og Florians Søster, Lady Psyche, der begge ere Enker, kæmpe med hinanden om Magten, idet Lady Blanche, der kun er lidet afholdt af de unge studerende, misunder Psyche hendes store Indflydelse.

De unge Mænd faa en god Modtagelse, men Florian bliver trods Forklædningen snart genkendt af sin Søster. Hun forfærdes over deres Dristighed: ved sin Ed er hun forpligtet til at aabenbare deres Køn for Prinsessen og derved føre dem i Døden. Det lykkes dem at berolige hende, og hun gaar til sidst ind paa at bevare Hemmeligheden til den næste Dag, medens de til Gengæld love at flygte om Natten og gøre alt for ikke at blive opdagede af nogen anden. Men Lady Blanches unge Datter Melissa, en af disse sarte Kvindeskikkelser, halvt Barn, halvt Kvinde, som Tennyson tegner med saa stort Mesterskab, er tilfældig kommen ind og har hørt den skæbnesvangre Hemmelighed. Melissa er imidlertid Lady Psyche inderlig hengiven, trods Moderens Had til Rivalinden, og lover intet at røbe. Men de unge Mænd ere ikke saa forsigtige, som de skulde være. Prinsen opflammes stedse mere af Kærlighed til Prinsessen, Cyril forelsker sig i Lady Psyche, og Florian drages af den yndige Melissa. Lady Blanche kommer paa Sporet, og mod sin Villie røber Melissa den vigtige Hemmelighed for sin Moder, idet denne udspørger hende og let gennemskuer hendes frygtsomme Svar. Det lykkes imidlertid Cyril ved store Løfter at bestikke Lady Blanche til at tie, og de tre Eventyrere deltage med Prinsessen og alle Akademiets Lærere og Studenter i en videnskabelig Udflugt. Under denne røber Cyril sig imidlertid i. en kaad Sang, og i sin Harme forløber ogsaa Prinsen sig. Alle Damerne flygte forfærdede; Prinsessen styrter med sin Hest, idet hun i vildt Ridt vil sætte over en Bro, og frelses kun fra at drukne, ved at Prinsen, trods Kvindedragten, kaster sig i Vandet og bærer hende gennem den stærke Strøm.

Under Forvirringen se Cyril og Lady Psyche Lejlighed til at undkomme; de andre, der have forbrudt sig imod Højskolens strenge Love, føres frem for Prinsessen, og Lady Blanche fører et meget veltalende Forsvar for sig selv, i hvilket hun vælter al Skyld over paa den forsvundne Lady Psyche. Men den ubønhørlige Prinsesse forviser hende. Under Forhandlingerne kommer et kvindeligt Ilbud aandeløs ind i Salen med Breve til Prinsessen. Det ene er fra Kong Gama, der meddeler hende, at Prinsens Fader er draget ind i Landet med en stor Hær og har taget ham til Fange som Gissel for sin Søn. Det andet er fra den fjendtlige Konge selv, der i truende Ord fordrer, at hun skal overgive ham Prinsen uskadt og ægte ham. Ida lader ham læse Brevene, og i nogle af Digtets smukkeste Linier taler Prinsen nu til hende om sin Kærlighed. Rygtet om den fjendtlige Hærs Ankomst har imidlertid skræmt alle de unge Kvinder, og Angsten fremkalder en almindelig Tumult i Hallen.

Ida taler til dem. med Mod og Myndighed; derpaa vender hun sig imod sin Bejler, hvem hun i strenge Ord bebrejder hans Fremfærd. Hun skylder ham »bitter Tak«, fordi han har frelst hendes Liv: hellere vilde hun ligge død i Floden, end at dette skulde være sket. Han og hans Fæller have villet slukke det kommende Lys; de ere Barbarer, mere plumpe end deres Fædrelands Bjørne; de have vovet at bryde hendes Love, de have bedraget hendes Tjenere, løjet for hende selv, krænket og trodset hende — aldrig vil hun ægte ham, aldrig vil hun blive hans Slave. Han og hans Falskhed er hende forhadt. Opfyldt af Vrede lader hun Prinsen og hans Ledsagere med Magt føre udenfor Borgens Porte.

Her er et af de farlige Punkter for Digteren. De »otte mægtige Plovens Døtre«, der gøre Tjeneste hos Prinsessen som Ordenens Haandhævere, ere ikke fri for at virke noget forstyrrende: vi trække lidt paa Smilebaandet, hver Gang disse haandfaste Kvinder vise sig. Forfatteren har ikke magtet at frembringe Harmoni imellem det lavkomiske i denne Situation og Digtets lyrisk-romantiske Scener.

Da Prinsen og Florian naa Hæren, blive de selvfølgelig udlete paa Grund af deres mærkelige Dragt og det latterlige Eventyr, de have oplevet. Cyril har allerede fortalt det hele og befinder sig ved Hæren tilligemed Lady Psyche, der er fortvivlet af Sorg. Hun har brudt sin Ed til Prinsessen, og hendes lille Barn er blevet tilbage paa Slottet. Hun frygter, at hun aldrig skal finde Tilgivelse eller se nogen af dem mere.

De to Konger forhandle imidlertid om Fred eller Krig, og Prinsen gør alt for at give Forhandlingerne en fredelig Vending. Højlig mod sin Faders Ønske, men dog uden at denne vil forbyde det, rider han med Kong Gama og sine to tidligere Ledsagere til Gamas Lejr for at tale med Idas Broder, Prins Arac, der altid har øvet stor Indflydelse paa hende. Denne unge Mand er en drabelig Ridder, og skønt han ikke er synderlig bevandret i lærde Materier, staar han paa Søsterens Side i et og alt. Den Tale, hvori han tilkendegiver sin Mening om den hele Sag, er fortræffeligt skreven. Det lette komiske Skær, som Forfatteren spreder over hans Person, er af ikke ringe Virkning, og om Karaktertegningen end ikke er synderlig original, passer Figuren dog udmærket ind i Fortællingen.

Resultatet af Forhandlingerne bliver til sidst en Kamp mellem Prinsen og Arac: halvtredsindstyve Riddere skulle kæmpe paa hver Side, og Ida giver Tilsagn om at ville holde den gamle Kontrakt, hvis Arac taber; men hun er fast overbevist om, at han vil sejre, og fuld af Harme over Prinsens Adfærd. Den fine Ironi, hvormed Digteren skildrer Idas Had til alle Mænd og Foragt for dem — alene med Undtagelse af Broderen, hvem hun elsker fra Barndomstiden — kommer ypperligt frem igennem hele Digtet og især i det Brev til Arac, hvori hun gaar ind paa Kampens Betingelser. Men her som overalt forlener han hende med en betagende Skønhedsglans. Hendes, lyse, straalende Person fylder Bogen: hendes ægte Kvindelighed, hendes urokkelige Tro paa sin gode Sag og Tillid til, at hun vil være i Stand til at føre den igennem, hendes Mod, hendes Halsstarrighed, den friske Ungdom, der præger hendes Tale, gør denne Kvindeskikkelse til en af Tennysons mest levende og originale.

Kampen ender med, at Arac fælder Prinsen, og i begejstrede Vers synger Ida til Sejrherrens Pris. Og da Helligdommens Love dog ere brudte, giver hun Befaling til, at de Krigere, der ere saarede i Kampen for hendes og alle Kvinders Ret, skulle føres ind i Akademiets Sale og plejes af kvindelige Hænder. Paa sin Vandring over Kamppladsen faar hun ogsaa Øje paa Prinsen; hun standser, og da hun ser hans gamle Faders Sorg, skifter hun Farve og siger stille: »Han frelste mit Liv; min Broder dræbte ham til Gengæld.« Og i bitter Foragt tager Kongen hendes Billede og en Lok af hendes Haar, som hun havde givet Prinsen ved deres Barneforlovelse, fra hans Hals og viser dem til hende. Minder. fra gamle Dage, kære, glemte Minder stige frem for hende, og hun bøjer sig ned over Prinsen og lægger Haanden paa hans Pande. Hun føler, at han endnu ikke er død, og beder i rørende Ord Kongen, om hun maa føre ham til Slottet og pleje ham, som hun vil pleje dem, der kæmpede for hendes Sag.

Imidlertid har Lady Psyche nærmet sig. Prinsessen, der ikke har sluppet Venindens lille Datter et Øjeblik siden Psyches Flugt, lægger Barnet i Græsset, da hun bøjer sig ned over den saarede Prins, og under Idas sidste Ord, ser den lille sin Moder. Saa følger Forsoningen mellem Prinsessen og Psyche. Længe varer det, før Ida kan tilgive hende, der saa kort i Forvejen var hendes Hjerte nærmest; længe varer det, før hun kan give hende Barnet tilbage, det Barn, som hun i sine stolte Drømme havde set som Bæreren af sine ædle Tanker, som Forkæmperinde for Kvindens store Sag, naar hun selv ikke var mere. Den ene efter den anden gaar i Forbøn for den nedbøjede Moder, selv Arac kan ikke urørt være Vidne til hendes Sorg. Prinsessens Karakter træder her frem, skarpere og klarere end før. Vi føle først egentlig her, hvor højt hun har stilet, hvor dybt hun er bleven skuffet — og dog, hvor maa hun ikke kæmpe med sig selv for at modstaa Lady Psyches ydmyge Anger og sine Slægtninges Bønner. Og efter Forsoningen imellem de to skildrer Digteren den unge Prinsesses vaagnende Kærlighed; vi se hende vige Skridt for Skridt, alt som den stærke Følelse griber hende, til hun endelig er overvunden. Over denne Skildring er der en lyrisk Pragt, der næsten bringer os til at glemme alle Indvendinger. Disse vidunderlige Vers ere skønne som Kærligheden selv. Har Tennyson fejlet i Værkets Anlæg, staar end mange usympatetisk over for dets Moral, ingen, der har Sans for Poesi, kan forblive uberørt af den Skønhedsglans, han har spredt over saa mange af dets Enkeltheder.

Man har antydet forskellige ældre Værker, der maaske kunne have inspireret Tennyson til dette Arbejde, blandt andre det ovenfor nævnte Afsnit af *Faerie Queene*, i hvilket der fortælles om Amazonernes Dronning Radi-

gund, som hader alle Mænd, fordi hun er bleven skuffet
i Kærlighed. Hver Mand, hun med List eller Magt kan
overvinde, maa tjene hende som Træl og straffes med
Døden, hvis han er ulydig mod hendes Bud. Sir Artegal
kæmper med hende, men hun overvinder ham ved Svig,
og han maa til sin Forsmædelse, ligesom mange andre
brave Riddere, tjene hende som Slave, klædt i Kvinde-
klæder. Han tvinges til at spinde — som Herkules i det
græske Sagn — og faar kun den Kost, han selv kan
tjene ved sit nedværdigende Arbejde. Radigund bliver
imidlertid forelsket i ham og søger ved alle Midler at
vinde hans Kærlighed; men han modstaar hende tap-
pert og befries til sidst af sin trofaste Elskede, Britomart,
hvorefter, som alt omtalt, Kvinderegimentet ophører.
Her er ganske vist Lighedspunkter, især i de to Digteres
Standpunkt lige over for Sagens Realitet. Men ligesom
Fabelen i alt væsentligt vist maa betragtes som Tenny-
sons Opfindelse, saaledes er ikke blot Rammen om For-
tællingen, men først og fremmest Tegningen af Prinses-
sens Karakter og Digtets lyriske Skønhed ægte Tennysonsk
— og det er derpaa, at Digtets Værd beror.

TREDIE AFSNIT.

Ode ved Hertugen af Wellingtons Død og andre Digte. In Memoriam. Maud.

I.

Ode ved Hertugen af Wellingtons Død. — Andre nationale Digte.
— *Bedstemoderen.* — *Northern Farmer.* — Digte til Slægt og Venner.
— Filosofiske Digte og litterære Satirer. — *Matrosdrengen.* — *Offeret.*
— *Forsøg.* — *Vinduet.*

Vi komme nu til en Række mindre Arbejder af blandet Indhold, hvoraf den første lille Gruppe omfatter nogle Digte fra officielle Lejligheder. At bedømme Værker af denne Art er overordentlig vanskeligt for en Udlænding; jeg skal kun kortelig berøre dem. Det første, *Ode ved Hertugen af Wellingtons Død* (1852), er stort anlagt, og det synes mig en genial Ide at lade den forudgangne Nelson spørge (VI):

>»Who is he that cometh, like an honour'd guest,
>With banner and with music, with soldier and with priest,
>With a nation weeping, and breaking on my rest?«

Over disse Linier og Digterens Svar, hvori han priser de to nationale Helte som »den største Sømand«

og »den største Soldat«, er der noget af den Aand, der uvilkaarligt gennemtrænger os, naar vi i St. Pauls Kirkens Krypt staa ved de store Heltes Baare; og det er en berettiget Stolthed og ægte Følelse, der klinger igennem Digtet. Tennyson giver et fortræffeligt Portræt af »den sidste store Engelskmand«, »den store Verdensovervinders Overvinder« (*the great World-victor's victor*); vi ere saa blændede af den Glans, der omgiver Napoleons Navn, at vi næppe altid fuldt ud vurdere hans store Modstander.

Den samme nationale Stolthedsfølelse lyder ogsaa kraftigt igennem det næste Digt *Den tredie Februar 1852*: »Saa længe vi eksistere maa vi tale frit ... vi ere ikke alle Bomuldsspindere; der er endnu dem, der elske England og Englands Ære«. Det fremkom i Anledning af en Debat i Overhuset, under hvilken Lorderne efter Tennysons Mening havde udtalt Frygt for, at den engelske Presse skulde opirre Franskmændene til Krig, og er henvendt til Husets Medlemmer.[1] Det blev trykt i *The Examiner* den 7. Februar, under Mærket Merlin, sammen med et andet Digt *Hands all Round*, otte Dage efter at Tennyson sammesteds havde ladet trykke Digtet *Britons, guard your own*; dette er ikke optaget i hans samlede Skrifter, medens *Hands all Round* tredive Aar senere atter er blevet fremdraget (Se d. Afh. femte Afsnit, III). I *Den lette Brigades Angreb* forherliger Digteren en tapper Daad i Slaget ved Balaclava under Krimkrigen; de korte, knappe Linier og de mange Gentagelser give Digtet en egen Kraft. Mindre betydelige synes mig den følgende *Ode ved Aabningen af den internationale Udstilling* og de to Velkomsthilsener til Prinsesse Alexandra — »Sea-king's daughter from over

---

[1] Napoleons Statskup havde, som bekendt, fundet Sted to Maaneder i Forvejen, den 2. December 1851.

the sea, Alexandra!« — og til Hertuginden af Edinburgh, Marie Alexandrovna.

Bedstemoderen minder i Formen om *Majdronningen*, men har ikke dette Digts umiddelbart betagende lyriske Skønhed. Til Gengæld er det kraftigere, mere modent og langt dybere i Karaktertegningen. Den gamle Kone, der modtager Budskabet om sin ældste Søns Død og saa mindes om sit lange Livs Omskiftelser, er tegnet med stor Kunst. Hendes Ungdomshistorie er kønt fortalt, og Digtet indeholder mange karakteristiske Smaatræk, der gøre det hele saa levende for os, f. Eks. den gamle Bedstemoders skarpe Hukommelse for alle Smaating: hun har ikke glemt, at hun havde en lilla Kjole paa til sit Bryllup, og at hendes Brudgom gav Klokkeren en Krone, skønt det nu er halvfjerdsindstyve Aar siden. Derimod kan hun ikke rigtig holde de forskellige Generationer ud fra hverandre, og hun taler om sine Børn, som om de endnu stedse vare om hende. Hun ved dog, at de alle ere døde, og rørende er det Vers, hvori hun fortæller det til Sønnedatteren: »Harry døde, da han var tres, din Fader blev fem og tres, og Willy, min ældste, næsten halvfjerds,« og saa tilføjer: »Jeg har kendt dem alle fra smaa, og nu ere de ældre Mænd.«

Den samme skarpe Karaktertegning genfinde vi i de to næste Digte, der begge bære Titelen *Northern Farmer*, og af hvilke det første giver et Billede af en nordengelsk Forpagter i »gammel Stil«, det sidste i »ny«. De ere skrevne i Lincolnshire-Dialekt, og Tennyson viser i disse Dialektdigte en ny Side af sit store Talent: et bredt Lune, der hidtil kun yderst sparsomt er kommet til Orde i hans Digtning. Disse Arbejder have næppe haft mange Læsere herhjemme paa Grund af de sproglige Vanskeligheder. Men det vil lønne sig for Blichers Landsmænd at lære dem at kende; det er en virkelig Nydelse, og for dem, der kunne læse Engelsk, ere de ikke stort vanskeligere end *E Bindstouw* for en dannet Kjøbenhavner. [1])

Begge de foreliggende Digte ere Monologer, ligesom *Bedstemoderen* og mange andre af Tennysons Arbejder — for saa vidt man ved dette Ord kan betegne en »Samtale« mellem to Personer, af hvilke kun den ene faar Lov at komme til Orde. [2])   I det første af disse Arbejder skildrer Digteren en gammel Forpagter, der ligger for Døden.   Han er lige vred paa Lægen, der forbyder ham at drikke mere Øl — men han kan tro nej, han er ikke den Mand, der bryder gammel Vane! — og paa Præsten, som har krænket ham ved at fremdrage et og andet af hans tidligere Liv, der helst burde forblive uberørt.   Derimod er han udmærket fornøjet med sig selv: han har altid gjort sin Pligt — stemt for Herremanden, Kirken og Staten, og selv i de sletteste Tider har han aldrig talt imod Skatterne; han har altid betalt sin Tiende og har gaaet i Kirke, indtil hans Sally døde, skønt han ikke forstod et Ord af, hvad Præsten mente — og saa kommer samme Præst og taler til ham om »Bessy Marris's Barn«!   Det er dog for galt.

Den mere »nymodens« Forpagter i det andet Digt holder en alvorlig Præken for sin Søn, der har gaaet hen og forelsket sig i Kapellanens kønne Datter, skønt hun ikke ejer en Øre.   Han maa jo være en dum Æsel! Ganske vist skal man ikke gifte sig for Pengenes Skyld — men man skal blive forelsket, der hvor Pengene er:

>»Doänt thou marry for munny, but goä wheer munny is!«

---

[1]) Oplysninger om Tennysons egen Udtale af disse Dialektdigte findes i Ellis, **Early English Pronunciation**, vol. V, 302 ff.

[2]) I *Majdronningen* taler den unge Pige til sin Moder; i **Bedstemoderen** taler den gamle Kone til sin Sønnedatter; i *Northern Farmer* (*Old Style*) taler Forpagteren til Sygeplejersken, og i det andet Digt af samme Navn (*New Style*) præker den gamle Bonde for sin Søn — osv.

Nu kan Sønnen jo gøre, hvad han vil; men den Regel **gør** han bedst i at holde sig efterrettelig, hvis han da ellers vil have Haab om at arve Gaarden.

Det følgende Digt *The Daisy* (*Tusindfryden*) indeholder en smuk Beskrivelse af Forfatterens Rejse i Italien og er skrevet i et ejendommeligt melodisk Versemaal, firlinede Strofer i hvilke første, anden og fjerde Linie rime, et Versemaal, som vi finde igen i det næste Digt *To the Rev. F. D. Maurice. Tusindfryden* er skrevet til Digterens Hustru; det samme gælder det smukke Digt *Tilegnelse* (*Dedication*). Ogsaa andre af disse Poesier ere af en mere personlig eller privat Karakter: *I Dalen ved Cauteretz, I Haven ved Swainston,* maaske ogsaa *Øen* og de smaa Barnesange, af hvilke især den anden *Minnie og Winnie* er nydelig, om den end ikke kan maale sig med den lille Vuggevise, der indleder det tredie Afsnit af *Prinsessen.* Der er en sart Ynde over disse smaa Digte, som gør dem overordentlig tiltrækkende. I *Den højere Panteisme* og *Stemmen og Bjærgtoppen* former Tennyson i ædle, dybsindige Vers sine Tanker om Gud og Tilværelsen; i de seks Linier, der begynde: »*Flower in the crannied wall*«, viser han, hvorledes den fattigste lille Blomst rummer i sig hele Tilværelsens Gaade.[1]) *Det ondskabsfulde Brev* og *Litterære Stridigheder*, om hvilket jeg har talt foran (S. 29), ere Satirer af virkelig Rang.

Digtet om Matrosdrengen (*The Sailor Boy*), der trods alle Bønner følger sit farefulde Kald, fordi han føler, han vilde gaa til Grunde, hvis han blev hjemme, er ganske vist betydeligere end f. Eks. Eliza Cooks

---

[1]) »And what is the poet's confession? That the life of the least blossom in the most barren crevice is a portion of the great totality of being, that its roots are intertangled with the roots of humanity, that to give a full account of *it* would require a complete science of man, and a complete theology.« *Studies in Literature* by Edward Dowden, S. 100.

kønne Vers, *The First Voyage*, men det forekommer mig at mangle den Friskhed, der skulde give saadanne Digte deres særlige Karakter — det kan i den Henseende paa ingen Maade maale sig med Poul Møllers »*Farvel, min velsignede Fødeby!*« Den »vilde Havfrue«, der skriger advarende til Drengen, kommer ogsaa lidt overraskende i et Digt, der begynder:

> »He rose at dawn and, fired with hope,
> Shot o'er the seething harbour-bar,
> And reach'd the ship and caught the rope,
> And whistled to the morning star« —

her var man helst fri for alle Slags overnaturlige Væsener. De tre, fire Vers, der holde sig til Virkeligheden ere fortrinlige.

Den gribende Ballade *Offeret (The Victim)* er et ypperligt Arbejde. Sot og Sult hærge Landet, og Præsterne bede til Thor og Odin om Hjælp: de ville ofre alt paa Gudernes Alter, var det ogsaa deres næreste og kæreste Slægtnings Liv. Da kommer Svaret: Kongen lever lykkelig med Barn og Viv; bring som Offer den af de to, der er ham kærest. Præsten gaar ud, medens Kongen er paa Jagt, og da han ser det smukke Barn, forstaar han, hvor kær Drengen maa være ham. Og han tager Barnet: det er ham, Guderne have valgt til Offer. Men Moderen gaar til Kongen og siger: »De hellige Guder maa sones: sig mig Sandheden nu. De have taget vor Søn, de ville have hans Liv — er *han* eller *jeg* den, der er dig kærest?« Kongen staar længe tavs med sænket Hoved. Begge ere lige nære, lige kære — hvor kan han svare? Men nu har jo Præsten talt for ham. Og alt beredes til den hellige Offerhandling. Men da Præsten løfter Kniven for at dræbe Barnet, styrter Moderen frem og modtager Stødet i sit Bryst. »Jeg er den, der er ham kærest,« skriger hun, idet hun dør. Og Præsten beder til Odin — Guderne selv have dømt.

Af de Digte, der ere samlede under Titelen *Forsøg* (*Experiments*), er det første *Boädicea*, vel nærmest at opfatte som et Brudstykke af et større Epos, hvis Udarbejdelse Tennyson senere har opgivet. Det er det samme Emne, som Beaumont og Fletcher havde behandlet i deres Skuespil *Bonduca*. De Linier, der bære Overskriften *Milton*, karakterisere denne, sandt og skønt, som »God-gifted organ-voice of England« og udtrykke Tennysons Beundring for den store Digter.

Af en helt anden Art er *Vinduet eller Gærdesmutternes Sang* (*The Window*; *or, The Song of the Wrens*), en lille Sangkreds, der oprindelig fremkom paa Anmodning af Sir Arthur Sullivan, da denne ønskede at komponere nogle Smaasange i tysk Stil. Naar Digteren halvt fortryder, at han for Musikkens Skyld er nødt til at trykke dem og i en Fortale taler temmelig nedsættende om dem, bør denne Dom næppe tages helt alvorligt. Adskillige af disse Smaadigte ere baade friske og kønne.

II.

In Memoriam. — Dets Tilblivelse. — Første Indtryk af Hallams Død. — Lindring i Sorgen. — Juleaften. — Nytaarssang. — Naturskildringer. — Andreas Munchs *Sorg og Trøst*. — Religiøse og filosofiske Spékulationer. — Nogle Analyser af Tennysons Digt.

In Memoriam A. H. H. er ikke et Sørgedigt over den saa tidligt bortgangne Ven i samme Forstand som Miltons *Lycidas* eller Shelleys *Adonais*, hvormed det ofte er blevet sammenlignet. Det er ikke et enkelt Digt, skrevet i Øjeblikkets dybe Sorg, men en Samling af over 130 Smaadigte, der ere fremkomne fra Tid til anden gennem en lang Række af Aar. Den unge Hallam døde i 1833, og det lille Digt, der indleder *In Memoriam*, er dateret 1849, Aaret før Samlingen blev udgivet. Det er derfor heller ikke en enkelt Følelse eller Tanke, der finder sit Udtryk i disse mærkelige Vers, men i hvert Digt er Tanken knyttet til den afdøde Ungdomsven, og hver Følelse, der kommer til Orde, er et Udslag af Digterens Sorg over Vennens Død og hans Kærlighed til *ham,* »der var ham mere, end hans Brødre havde været for ham,« og hvor nær Tennyson stod sine Brødre, have vi set. (*In Memoriam* IX; LXXIX).

I *Den engelske Litteraturs Historie* skriver Taine om dette Værk, at det »er koldt, ensformigt og altfor pynteligt indrettet,« og fortsætter derpaa:[1] »Han bærer Sorg, men som den fine Mand, han har splinter nye Handsker, han tørrer sine Taarer med et Kammerdugs Lommetørklæde, og under den religiøse Ceremoni, hvormed Begravelsen slutter, møder han med ganske det alvorlige og bedrøvede Ansigt, der kræves af en ærbødig og velopdragen Lægmand«. Hvor lidet passer dog ikke denne Beskrivelse paa Tennyson og hans Digt. Den er aandrig — maaske;, men den har intet med Virkeligheden at gøre.

Da Dødsbudskabet fra Wien naaede England, blev Tennyson greben af taareløs Fortvivlelse. Han kan ikke se ud over Øjeblikkets Smerte; han føler sig i Slægt med det mørke Takstræ, hvis Rodtrævler omslynge de døde i Graven. Hans Villie er Mørkets Træl — han sidder i en Baad uden Ror og grubler bestandig over det samme Spørgsmaal. Maatte dog hans Hjerte briste — denne »dybe Urne med kolde Taarer, som Sorgen har stivnet til Is.« Saa søger han Trøst i Digtning: den Sorg, han føler, former han i Ord. Undertiden spørger han sig selv, om det ikke næsten er en Synd,

---

[1] H. S. Vodskovs Oversættelse, vol. IV, S. 532.

han begaar derved, men Hjertet og Hjernen finder Ro
ved den mekaniske Udformning af Verset: det triste
Arbejde er som et bedøvende Middel, der gør ham
ufølsom overfor Smerten. Saa kommer der Trøstebreve
fra nær og fjern: »Han har andre Venner tilbage«, »saa-
danne Tab ere fælles for alle.« Og Svaret lyder: Bliver
hans Sorg mindre bitter derved? Er der Trøst for ham
i den Tanke, at ingen Dag gaar hen, uden at jo et
Hjerte brister?

I den tidlige Morgen sniger han sig til den triste
Gade, hvor Vennen boede; han staar atter foran det
mørke Hus: hvor ofte har han ikke staaet der med ban-
kende Hjerte i Forventning om et Haandtryk — et Haand-
tryk som han aldrig mere skal føle. Alt bærer Præget
af Forladthed; og hvor han gaar og staar, følger den
samme Tanke ham: *han* er her ikke mere. Saa tænker
han paa Skibet, der fører den døde fra Italien. Og han
taler til det: Skønne Skib, spred dine Vinger og bær
ham over til hans Hjem, til dem, der sørge forgæves.
Han beder om Lykke for Skibet paa dets Rejse, at det
maa føre hans hellige Urne gennem rolige Vande: sov,
1 milde Vinde, som han sover nu, min Ven, min Broder,
som jeg aldrig skal se igen.

Han er til Stede ved Skibets Ankomst. »Jeg hører
Lyden om din Køl; jeg hører Klokkens Slag i Natten;
jeg ser det oplyste Kahytsvindue; jeg ser Sømanden ved
Rattet. Du bringer Matrosen hjem til hans Hustru, og
berejste Mænd fra fjerne Lande, og Breve til skælvende
Hænder, og din mørke Fragt, et udslukt Liv.« — »Saa
bring ham da,« udbryder han, »vi have tomme Drømme.
Vanen gør os til Narre: det synes os bedre, at han
skulde hvile under Grønsværet, hvor Solen skinner, og
Regnen falder, end favnedybt i det salte Hav, hvor de
Hænder, jeg saa ofte har trykket i mine, vilde kastes
om blandt Tang og Muslingskaller.« (X).

Den stærke Sindsbevægelse følges af Fortvivlelsens

Ro; men saa vandrer han atter om uden at kunne finde Hvile, medens han bestandig spørger sig selv: Er det da virkelig forbi? Og han forestiller sig, at Vennen er kommen tilbage, sund og rask. Hvor er det muligt, at han virkelig skulde være død? Han føler sig berøvet Evnen til at tænke, han blander gammelt og nyt, sandt og usandt, uden Plan. Saa ser han atter i Aanden Skibet for sig — det, der har bragt alt, hvad han elskede: hans Velsignelse skal fra nu af følge det Dag og Nat som en Lysstraale paa Bølgerne. Og hans Sind bliver atter roligere. Det er dog altid noget, at den døde kan hvile blandt kendte Navne, der hvor han færdedes i Ungdomstiden: Donau har givet Severn det stille Hjerte tilbage; de have lagt ham paa den yndige Kyst, hvor han kan høre Bølgerne. Vandenes Skvulpen bringer Fred. (XIX).

I det næste lille Digt giver han et Billede paa sine skiftende Stemninger: Herren i Huset ligger død, og Tjenerne klage og græde; men ved Arnen sidde Børnene, kolde, omgivne af Døden. De kunne næppe udholde at drage Aande; de tale ikke; de se den tomme Stol og tænke: han er her ikke mere. — Der er Stemninger, i hvilke ogsaa han, ligesom hine Tjenere, kan finde Trøst i Ord: men der er andre Sorger i hans Bryst og Taarer, som fryse i deres Kilde.

Atter og atter omtaler han, hvilken Lindring det er for ham at forme disse Digte. Folk dadle ham: han stiller sin Sorg til Skue eller søger at vinde Ros for Trofasthed derved. Og andre sige: er dette Tider til at tale om den private Sorg, medens Folkene trænge sig truende om selve Fyrsternes Troner? — De have aldrig kendt det hellige Støv. Han synger, fordi han ikke kan lade være, ligesom Fuglen, hvis Glæde og Sorg giver Genlyd i dens Sang:

> »Behold, ye speak an idle thing:
> Ye never knew the sacred dust:

> I do but sing because I must,
> And pipe but as the linnets sing:
>
> And one is glad; her note is gay,
>   For now her little ones have ranged;
>   And one is sad; her note is changed,
> Because her brood is stol'n away.«   (XXI).

Ofte er det en ydre Begivenhed, der bringer Tanken hen paa den afdøde: en Spadseretur paa Steder, hvor de have vandret med hinanden (XXII, C), et Besøg i den gamle Universitetsby, hvor de have tilbragt de lykkelige Ungdomsaar sammen (LXXXVII), de aarlig tilbagevendende Helligdage, som de plejede at fejre i hinandens Selskab, især Juleaften. Han havde faaet mere Ro i Sindet henad Vinteren og udtrykt det i et lille Digt (XXVII):

> »I hold it true, whate'er befall;
>   I feel it, when I sorrow most;
>   'Tis better to have loved and lost
> Than never to have loved at all.«

Men saa kommer Julen. I tre Digte skildrer han denne første Julefest efter Vennens Død (XXVIII—XXX). I dette Aar er han sovet ind og vaagnet med Smerte; han har næsten ønsket aldrig at vaagne mere. Men Juleklokkerne, som han har hørt fra Dreng, de muntre, muntre Juleklokker, berolige hans Aand: Maanen er skjult, Natten er stille; fra Høj til Høj svare Klokkerne hverandre gennem Taagen. Men inde i Stuen minder alt om den Gæst, der nu aldrig vil komme igen. De prøve de gamle Lege, men Glæden dør hen; det er, som om en stum Skygge iagttog dem. De standse: Vinden suser i Bøgetræet; de sidde tavse Haand i Haand og se paa hverandre. Saa prøve de at synge, men Sangen ender i Graad.

Den næste Juleaften er mindre trist (LXXVIII), og han føler en vis Bitterhed ved Tanken om, hvor kort

Sorgen er. Og atter er det Jul: Familien har forladt Barndomshjemmet; hver tilbringer Aftenen paa sit Sted. Han føler sig som i et fremmed Land. (CIV—CV). Men saa følger Nytaarsaften med den dejlige Sang, der begynder:

> »Ring out, wild bells, to the wild sky,
> The flying cloud, the frosty light:
> The year is dying in the night;
> Ring out, wild bells, and let him die.
>
> Ring out the old, ring in the new,
> Ring, happy bells, across the snow:
> The year is going, let him go;
> Ring out the false, ring in the true.«

Det næste Digt (CVII) er skrevet paa den afdødes Fødselsdag, en blæsende, kold Vinterdag med Sne og Is. Men han vil fejre den med festlig Glæde, med Bøger og Musik; han vil tømme et Bæger til hans Minde og synge de Sange, han elskede at høre.

Han forestiller sig den døde som en Skytsaand, der vaager over ham og følger ham paa hans Vej. Han paakalder ham: Vær mig nær i Angstens og Tvivlens Time, i Dødens Stund! Men da opstaar den Tanke hos ham: Ønske vi virkelig, at de døde saaledes skulde staa ved vor Side? Er der ingen Lavhed, som vi vilde skjule? Vil ikke han, til hvem han altid har set op, miste sin Kærlighed, naar alle Fejl afsløres for den dødes klarere Blik? Men han besvarer selv Spørgsmaalet: de døde se med andre Øjne end vi; de kunne bære over med os alle. (L—LI).

Oftest, maaske, tænker han paa Vennen, naar han lægger sig til Hvile om Aftenen; han søger at forestille sig hans Ansigt i Mørket, eller han ser ham i sine Drømme. Dog aldrig som død: Søvnen, Dødens Tvillingbroder, kender ikke Døden. Og han vandrer med ham ad kendte Stier: han genoplever i Drømme den uforglemmelige Frankrigstur.

(LXVII—LXXI). Og paa virkelige Vandringer, i vaagen
Tilstand, synker han hen i Drømme om Vennen (XXII,
LXXXIX, C); han samtaler med ham i Aanden eller
fordyber sig i den afdødes Breve en stille Sommeraften,
naar alle de andre er gaaede til Ro.[1] I et af de smuk-
keste Digte (LXXXIV) maler han det Fremtidshjem,
som Døden har tilintetgjort — Søsterens og Vennens.
Aar efter Aar føjes flere og flere Digte til den lange
Række:

> »Short swallow-flights of song that dip
> Their wings in tears, and skim away.«

Disse Sange ere hans Trøst; at finde Ord for den Kær-
lighed, hvormed han mindes den døde, er ham mere
end Ros og Berømmelse. Og lidt efter lidt vaagner
Haabet hos ham, Foraaret vækker ogsaa et Foraar i
hans Bryst, Kærlighed er og var hans Herre og Konge.[2]
Og det er ogsaa saadanne Følelser, der gennemstrømme
de skønne Strofer, han skrev ved sin Søster Cecilias
Bryllup, og som danne en Slags Epilog til disse Minde-
digte.[3].

Den Stemning, der hviler over hvert Digt af *In
Memoriam*, er ikke alene præget af det store Tab, hvorom
de alle dreje sig. De øjeblikkelige Forhold, hvorunder
hvert Digt er fremkommet, ere af en højst forskellig Art,
og disse Forhold afspejle sig i Digtets hele Tone. Især
have Naturomgivelserne ofte paavirket Digteren. Hvor
mange ere saa modtagelige som Tennyson for Naturens
vekslende Stemninger, hvor mange ere som han i Stand

---

[1] Se LXXXV, XCV og XCVI. I det sidste findes de ofte cite-
rede Linier:
> »There lives more faith in honest doubt,
> Believe me, than in half the creeds.«

[2] XXXVII—XXXVIII, LXXVII; XLII, XLVII, CXXV; CXV; CXXVI.

[3] Emily Tennyson, Hallams Forlovede, ægtede senere en Sø-
officer, Kaptajn Jesse.

til at male dem i Ord?   Derfor træffe vi ogsaa blandt
disse Digte, som i næsten alt, hvad han har skrevet,
Naturskildringer af høj Værdi.   Og han maler de skif-
tende Landskaber, ved Dag og Nat, paa alle Aarets
Tider.   Han skildrer den stille Efteraarsmorgen:

> »Calm is the morn without a sound,
>   Calm as to suit a calmer grief,
>   And only thro' the faded leaf
> The chestnut pattering to the ground:
>
> Calm and deep peace on this high wold,
>   And on these dews that drench the furze,
>   And all the silvery gossamers
> That twinkle into green and gold:
>
> Calm and still light on yon great plain
>   That sweeps with all its autumn bowers,
>   And crowded farms and lessening towers,
> To mingle with the bounding main.«   (XI).

Men saa rejser Stormen sig, og Landskabet forvandles:

> »To-night the winds begin to rise
>   And roar from yonder dropping day:
>   The last red leaf is whirl'd away,
> The rooks are blown about the skies;
>
> The forest crack'd, the waters curl'd
>   The cattle huddled on the lea;
>   And wildly dash'd on tower and tree
> The sunbeam strikes along the world.«   (XV).

Undertiden er det en enkelt Linie eller to, der maler alt
saa levende, som i et tredie Høstbillede: »Og Efteraaret
lægger her og der en glødende Finger paa Bladene«
(XCIX); undertiden formaar han med ganske smaa Midler
at frembringe den største Virkning, som i de forskellige
Julebilleder: et Ord ombyttet, en Linie varieret, og det
skønne Billede skifter.   I et enkelt af disse smaa
Malerier mindes vi om Chr. Winther:

>Now rings the woodland loud and long,
 The distance takes a lovelier hue,
 And drown'd in yonder living blue
The lark becomes a sightless song.« (CXV).

I *Hjortens Flugt* (*Skovbroderen*, første Vers) træffe vi
det samme Billede; men saa ægte Chr. Winthersk, at
jeg ikke kan tro, det skyldes nogen Efterligning:

>Den korte, lyse Majnat
 over Skovens dunkle Træer
 var draget hen saa sagte,
 og i dæmrende Skær
 end tindred Morgenstjernen,
 mens højt i Luften hang
 den usynlige Lærke
 som en Klokke, og klang.«

In Memoriam er et af de Værker, der næppe virke
saa stærkt ved den første Gennemlæsning, som naar
man senere vender tilbage dertil, og det vinder i Skøn-
hed, jo mere man fordyber sig i Digtets Enkeltheder.
En Sammenligning med Andreas Munchs *Sorg og Trøst*
ligger nær. Samme Aar som Tennyson udsendte sit
Værk, mistede den norske Digter sin Hustru, og gennem
Poesien søgte han Lindring for sin Fortvivlelse. To Aar
efter udkom disse Digte, i ydre Henseende forskellige
fra Tennysons ved den vekslende Form, men beslægtede
med dem i Aand og Tone. Paavirkningen er umisken-
delig. Man læse saaledes hos Tennyson om Besøget i
Cambridge, hvor han gaar til de Værelser, i hvilke
Vennen havde boet:

>Up that long walk of limes I past
To see the rooms in which he dwelt.

Another name was on the door:
 I linger'd; all within was noise
 Of songs, and clapping hands, and boys
That crash'd the glass and beat the floor;

> Where once we held debate, a band
>> Of youthful friends, on mind and art,
>> And labour, and the changing mart,
> And all the framework of the land« — (LXXXVII.)

og sammenligne dermed Munchs Beskrivelse i *Klage og Kamp*:

> »Forbi vor fordums Bolig jeg mig sneg
> i Aften; der var festligt Lys derinde,
> den muntre Tales Fald jeg hørte rinde
> og Kvindesang, og liflig Strengeleg.
>
> O hvilke Billeder, hvor mangt et Minde
> af svunden Lykke da for mig opsteg!«[1])

I Digtet *Sorgens Lyst* (S. 86) oversætter han de Tennysonske Vers:

> »Det er bedre at have elsket og tabt
> end aldrig at have elsket engang«

og bygger herover nogle af Samlingens skønneste Strofer. Men medens Munch saaledes støtter sig til Tennyson, bære hans Digte dog Stemplet af hans egen Aand. De ere et sandt og ædelt Udtryk for hans inderste Følelser gennem to sørgelige Aar, og det forekommer mig, at de bedste af Munchs Digte ere mere rørende, mere umiddelbart betagende, end Tennysons. Men de naa ikke *In Memoriam* i Tankens Dybde eller i Formens Skønhed. Tennyson har et videre Livssyn end den norske Digter, og hans Værk er derfor mere omfattende. Det ene store Spørgsmaal efter det andet optages til Diskussion. I Sorgens skiftende Stemninger grubler han over Livets Gaader: Er det blot, fordi Fortiden er fjern, at den synes ham saa skøn? (XXIV). Hvis Døden er en ubevidst Mellemtilstand ligesom Søvnen, vil da ikke ogsaa Kærligheden vaagne igen tilligemed Sjælen? (XLIII).

---

[1]) *Sorg og Trøst.* Nogle Digte af A. Munch. Syvende Oplag. S. 20.

Kan den døde mindes sit jordiske Liv? (XLIV). Er hver Menneskesjæl et særskilt hele, eller skulle alle gaa op i een almindelig Tilværelse? (XLVII). Ligger der ikke bag alt, hvad der sker, en bestemt og god Hensigt? (LIV). Og idet Digteren grubler over saadanne Spørgsmaal og former sine Tanker i skønne Vers, hæver han sig fra Fortvivlelse til Haab og Tro.

Disse Digte ere fremkomne gennem mange Aar, ofte kaldte til Live ved en tilfældig Begivenhed, en øjeblikkelig Stemning: de knyttes til hverandre ved Mindet om den døde, der gennemtrænger dem alle; men de ere ikke fremkomne efter en forud lagt Plan, og ikke faa af Digtene ere vanskelig tilgængelige. Selv engelske Læsere føle dette: Mr. Robertsons fortræffelige Analyse af *In Memoriam*, hvori Hovedtanken eller Indholdet af hvert enkelt Digt i Rækkefølge er gengivet i sammentrængt, klar Form, er indtil 1890 udkommen i ikke mindre end tretten Oplag. Lignende, mere udførlige, Arbejder ere udgivne af Dr. Alfred Gatty og Elizabeth Rachel Chapman. Men er dette et Bevis for, at *In Memoriam* er et ikke let tilgængeligt Digterværk, beviser det tillige, med hvilken Interesse den engelske Læseverden endnu den Dag i Dag beskæftiger sig med disse Digte, med hvilken Kærlighed de omfattes, og hvilken betydningsfuld Plads de indtage i den engelske Litteratur. [1]

---

[1] F. W. Robertson, *Analysis of Mr. Tennyson's „In Memoriam"*. Thirteenth Edition. — Alfred Gatty, *A Key to Lord Tennyson's „In Memoriam"*. Fourth Edition. — *Elizabeth Rachel Chapman, A Companion to In Memoriam*. — I Amerika er udkommen: *Tennyson's In Memoriam. Its Purpose and Structure*. By John F. Genung. Boston 1884; og *Prolegomena to In Memoriam* by Thomas Davidson. Boston 1889; men disse to Værker ere desværre ikke komne mig i Hænde.

III.

Maud. — Mrs. Carlyles Dom om Digtet. — Dets Modtagelse. — Et
Monodrama. — Analyse af Indholdet.

Maud udkom 1855. Der fortælles, at Tennyson
plejede at læse Manuskriptet højt for Mrs. Carlyle og
spørge hende, hvad hun syntes derom. Hendes første
Svar skal have været: »Jeg synes, det er noget rent
Juks (*perfect stuff*)!« Da Digteren, lidt nedslaaet over
dette Svar, læste det en Gang til, bemærkede Mrs. Car-
lyle: »Det lyder bedre denne Gang,« og da det blev
læst for hende tredie Gang, maatte hun tilstaa, at hun
syntes rigtig godt om det.[1] Paa en lignende Maade
er det næsten gaaet den engelske Kritik med dette Dig-
terværk: dets første Modtagelse var paa ganske faa
Undtagelser nær overmaade stræng,[2] men lidt efter lidt
er Dommen paa mange Punkter bleven modificeret;
Tennysons sidste Biograf, Mr. Arthur Waugh, kalder det
»et af de mest levende og kunstnerisk fuldendte (*arti-
stic*) Digte i det engelske Sprog.«[3]

Grunden til den første, strængt nedsættende Kritik
var i væsentlig Grad den, at man tillagde Tennyson
selv som Forfatter og Menneske de Meninger, han lader
Digtets Hovedperson fremsætte, især de haarde Domme
over det engelske Samfund og den begejstrede Lovtale
over Krigen, paa et Tidspunkt da England led under
Krimkrigens Byrder. At Forfatteren ingenlunde iden-
tificerede sig med Digtets »Jeg« blev imidlertid kraftigt

---

[1] *Chambers's Journal*, citeret af Jennings, *Lord Tennyson*,
S. 155—56 (2den Udg., S. 91).

[2] Se herom sammesteds S. 162—64 (2den Udg., S. 95).

[3] *Alfred Lord Tennyson*, S. 151.

paavist fra anden Side,[1]) og Tennyson har selv understreget det ved i senere Udgaver at betegne det som *et Monodrama*: Fortælleren i Digtet er en dramatisk Figur og taler i Overensstemmelse med denne Figurs Karakter og Forhold — ligesom »Bedstemoderen« i Digtet af dette Navn eller de to Forpagtere i de tidligere omtalte Dialektdigte. Dette har Mrs. Carlyle imidlertid ikke kunnet misforstaa — hvori ligger da Grunden til hendes strenge Kritik efter den første Læsning? Som Digtet nu foreligger, ere baade Karakterer og Handling ved adskillige Tilføjelser forandrede en hel Del fra første Udgave — vel endnu mere fra den Form, det havde i Manuskriptet, og dog er ved den første Gennemlæsning den Dag i Dag Fortællingen næppe helt klar, og den Voldsomhed, hvormed store Parter af Digtet ere skrevne, synes os ikke altid helt ægte. Det er farligt for en Digter at forsøge sig udenfor sit sædvanlige Felt. Vi ere vante til Idyllen hos Tennyson, og vi vente den uvilkaarligt af ham. Naar vi da faa en voldsom Tragedie, blive vi let mistroiske: vi kritisere anderledes end ellers, vi dømme strengere. Dette er uretfærdigt, og vi tabe derved lige saa vel som Digteren. Naar vi fordybe os i Studiet af *Maud*, ville vi ofte træffe Skønheder, som vi have overset ved den første Gennemlæsning —· f. Eks. den smukke Beskrivelse af Konkylien (2den Del, II) — og vi ville, især i Skildringen af den unge Mands Vanvid, beundre det Mesterskab og den Dristighed, hvormed Digteren har udmalet Heltens sjælelige Lidelser. Det er som et Pust

---

[1]) Især af Dr. R. J. Mann i *Tennyson's „Maud" vindicated: An Explanatory Essay* (London 1856). Denne varmt skrevne, fortræffelige lille Bog vil være en god Vejledning for enhver, der studerer *Maud*, og indeholder adskillige Vink, som mangen Kritiker kunde tage sig ad notam; men det synes mig, at Forfatterens Begejstring for det omhandlede Digt bringer ham til at stille det paa en højere Plads, end det med Rette fortjener.

fra de Elizabethanske Tider; det er, som hørte vi Webster tale, naar den gale siger (2den Del, V):

> »— — at høre en død Mand fjase,
> det er nok til at gøre en gal — «[1]

eller, da han taler om Rotten:

> »sikkert kunde Arsenik den dræbe,
> men al vor Gift bliver brugt til at myrde de smaa,
> intet, intet vi levner.«

Vi kunde tænke os Webster — eller maaske Shirley — bygge et virkeligt Skuespil over denne Historie, Tennyson her har fortalt. Hovedpersonen er en ung Mand, hvis Fader har mistet sin Formue og er død en voldsom Død — han er styrtet ned fra en Klippe og fandtes senere knust i Afgrunden. Sønnen tror imidlertid, at Ulykken ikke er tilfældig. Han lægger Skylden paa en gammel Ven, der tjente en stor Formue ved den samme Spekulation, som ødelagde Faderen. Den Mistanke, han nærer, gør ham bitter og menneskefjendsk. Vennen har købt en prægtig Herregaard tæt ved det gamle Hjem, hvor begge Familiers Børn i sin Tid have leget sammen, men ingen har i lang Tid boet paa Ejendommen. Saa kommer Datteren, Maud, dertil. De unge se hinanden, mødes og gribes af en sand og lidenskabelig Kærlighed. Hans Lykke gengiver ham for en Stund den tabte Sjælefred. Da kommer Mauds Broder til Herresædet sammen med en adelig Modejunker, hvem han vil tvinge Søsteren til at ægte. De overraske Maud ved et Stævnemøde med hendes Elsker, og det kommer til en voldsom Scene, i hvilken den unge Mand, der bliver haanet og fornærmet ud over, hvad han rolig kan finde sig i,

---

[1] I dette Digt har jeg benyttet Dr. Ad. Hansens versificerede Oversættelse, *Anna og Locksley Slot.*

dræber Mauds Broder. Han flygter, men Tanken om, hvad der er sket, gør ham gal, og i sit Vanvid forestiller han sig, at han er død, og at man ikke har begravet ham dybt nok:

>O me, why have they not buried me deep enough?
Is it kind to have made me a grave so rough,
Me, that was never a quiet sleeper?
Maybe still I am but half-dead;
Then I cannot be wholly dumb;
I will cry to the steps above my head
And somebody, surely, some kind heart will come
To bury me, bury me
Deeper, ever so little deeper.< (2den Del, V, XI).

Selve Tonen, Lyden af Ordene, maler hans Sindstilstand. Maud dør; men han genvinder sin Forstand og drager med i Krigen mod Rusland for at kæmpe mod Tyranniet:

>— — det letted min tunge Smerte,
naar jeg tænkte, at Krig om Lov og Ret skulde værne,
at et Jerntyranni nu skulde i Støvet sig bøje,
at Folket igen skulde naa til sin tabte Ære,
og Englands eneste Gud ej Rigmanden være.<
(VI, S. 81).

Tennyson har imidlertid ikke villet — maaske ikke kunnet — gøre Skridtet fuldt ud; i Stedet for et virkningsfuldt og gribende Skuespil har han skænket os et Digt, hvis Form vel er dramatisk, men hvis Ramme er for knap til at lade den store Handling udvikle sig klart. I Stedet for at lade alle Personerne optræde selvstændigt lader han en af dem fortælle Begivenhederne ud fra dennes individuelle Synspunkt. Ligesom i *Aylmer's Field* — der imidlertid langt fra kan maale sig med *Maud* — savne vi Harmoni imellem Digtets forskellige Dele. Vi føres pludseligt fra een Stemning til en anden, og om end Forfatteren ved Anvendelsen af forskellige Verseformer karakteriserer de forskellige Situationer, skader denne blandede Form Totalvirkningen. Derfor er Læsningen af *Maud* ikke nogen udelt Nydelse, hvor fortrinlige Ting Digtet end indeholder, og saa lidt som jeg kan slutte mig til Mrs. Carlyles første, hastige Udtalelse, saa lidt kan jeg, skønt jeg har læst det mange Gange, fuldt ud underskrive hendes endelige Resultat.

FJERDE AFSNIT.

Idylls of the King.

I.

Tennysons tidligere Forsøg i poetisk Behandling af Arthursagnet.
— Idyllernes kronologiske Rækkefølge. - Et allegorisk Værk. —
The Coming of Arthur. — Analyse af Digtet. — Dets Kilde.

Allerede i sin tidlige Ungdom interesserede Tennyson sig for Studiet af den store Sagnkreds, der er knyttet til Kong Arthurs Navn. Den første Frugt af disse Studier, *The Lady of Shalott*, var, som vi have set, nær beslægtet med Digterens præ-Raphaelitiske Arbejder, og til samme Skole kan ogsaa henregnes *Sir Galahad* samt *Sir Launcelot og Dronning Guinevere* der fremkom nogle Aar efter i *English Idylls and other Poems;* men med *Morte d'Arthur* i samme Digtsamling var det, at Tennyson første Gang slog ind paa den Vej, som efter mange Aars Forløb førte til *Idylls of the King*, det Arbejde, der nu ofte betegnes som Digterens Hovedværk. I 1857 tryktes de første to af disse Idyller privat under Titelen *Enid and Nimue; or, The True and the False*, og den 22. Juni næste Aar hørte Arthur Clough Tennyson læse et tredie Digt »om Guineveres Opdagelse og

sidste Sammenkomst med Arthur«[1]). Endelig i Juli 1859
udkom *Idylls of the King*, der indeholdt de fire Fortæl-
linger *Enid, Vivien, Elaine* og *Guinevere*: ti tusinde
Eksemplarer af denne Bog bleve solgte i mindre end
seks Uger.[2])

I December 1869 (men dateret 1870) udkom saa
The Holy Grail and other Poems, der foruden nogle
andre Digte indeholdt *The Coming of Arthur, The Holy
Grail, Pelleas and Ettarre* samt *The Passing of Arthur*,
og Interessen for Tennyson var vokset saa stærkt, at
40000 Eksemplarer af dette Bind vare bestilte i For-
vejen[3]). Derefter fulgte *The Last Tournament*, der blev
trykt første Gang i *The Contemporary Review*, December
1871; næste Aar kom *Gareth and Lynette* og endelig
1885 *Balin and Balan* (i Digtsamlingen *Tiresias and
other Poems*).

Idylls of the King blev i 1862 (Aaret efter Prins-
gemalens Død) tilegnet Prins Alberts Minde i et Digt,
der er mere end en blot Tak for de venlige Linier,
hvormed Prinsen i Maj 1860 havde komplimenteret For-
fatteren[4]), og slutter med nogle Vers til Dronningen,
hvori Tennyson betegner sit Værk som et Billede paa
»Sansernes Kamp med Sjælen«, hvorved han angiver
det Synspunkt, fra hvilket han ønsker sit Værk bedømt:
vi maa opfatte det hele som en stor Allegori.

I sin nuværende Form bestaar *Idylls of the King*
af tolv Bøger, af hvilke den første og sidste indeholder
henholdsvis *The Coming of Arthur* og *The Passing of
Arthur*, mellem hvilke de øvrige Idyller ere trykte under

---

[1]) *Tennysoniana*. Second Edition. S. 127.

[2]) Henry van Dyke, *The Poetry of Tennyson*, S. 139 og 380. —
Disse fire Fortællinger ere oversatte paa Dansk af Andreas
Munch.

[3]) Henry van Dyke, S. 333. — Jennings, *Tennyson*, S. 179 (2den
Udg. S. 106).

[4]) Trykt hos Jennings, 178 (2den Udg. 105—6).

den fælles Betegnelse *Det runde Bord.* De ere alle skrevne i urimede femfodede Jamber, beslægtede med dem, der klinge gennem det tidligere *Morte d'Arthur*, der, som bemærket, nu udgør en Del af *The Passing of Arthur.* Jeg skal i det følgende gennemgaa disse Fortællinger hver for sig og derefter søge at give en Karakteristik af Bogen som Helhed.

I *The Coming of Arthur* fortæller Digteren om Kong Leodogran af Cameliard, hvis Rige blev angrebet af mange Fjender: først af Romerne, saa af Kong Urien og endelig af hedenske Horder. Landet laa øde, Mennesket var som det vilde Dyr. I sin Nød sendte han Bud om Hjælp til Arthur, der den Gang endnu ikke havde udført nogen Bedrift. Den ædle Konge opfyldte hans Bøn og drog til Cameliard med en Hær. Leodograns Datter Guinevere stod ved Borgmuren for at se ham drage forbi, men da han ikke bar nogen særlig Prydelse, kendte hun ham ikke: mange af hans Riddere bare prægtigere Vaaben end han. Men Arthur, der saa ned, idet han gik forbi, »følte hendes Øjnes Lys«. Fra nu af lever hun i hans Sjæl. Og Digteren fortæller, hvorledes Arthur »opslog sine Telte i Skoven, drev Hedningerne paa Flugt, dræbte de vilde Dyr, fældede Skoven, saa Solens Lys kunde trænge ind, og anlagde brede Veje for Jægeren og Ridderen.« Saa vendte han tilbage; thi medens han var borte, var der udbrudt Oprør i hans eget Rige. Her havde først Aurelius hersket, og efter ham Uther; men ingen af dem havde formaaet at hævde deres Stilling overfor de mange Smaafyrster, der hver for sig kæmpede om Magten. Da Arthur havde besteget Tronen, lykkedes det ham ved sine Ridderes Hjælp — Ridderne om det runde Bord, som han kaldte dem — at samle Riget til et Hele. Men medens han var i Cameliard hos Kong Leodogran, opstod der Rygter om, at han ikke var Uthers Søn; han var en Søn af Gorloïs eller af Anton, ikke af Kongen. Han maatte nu atter

kæmpe om Riget, men han overvandt alle, »og i Arthurs
Hjerte var Glæden Herre.« Under Krigen havde han
ikke glemt Guinevere, og nu sendte han Ulfius og Bra-
stias og Bedivere, hvem han nylig havde slaaet til Rid-
dere, til Cameliard og bad om Guinevere til Hustru.

Men Leodogran havde hørt om de Rygter, der
sagde, at Arthur ikke var Uthers Søn, og, skønt han
følte sig i Taknemmelighedsgæld til ham, mente han dog,
at han som Konge ikke kunde give sin Datter til andre
end en Konges Søn. Han adspurgte først sin gamle
Raadgiver, men da han kun fik utilfredsstillende Svar,
kaldte han Arthurs Sendemænd frem for sig og rettede
Spørgsmaalet til dem: Hvad var Grunden til Oprøret
imod Arthur? Ansaa de selv Arthur for Kong Uthers
Søn?

Bedivere, der var den første, hvem Arthur havde
slaaet til Ridder, og som altid vrededes, naar nogen talte
ondt om Kongen, fortalte da, hvad der var hans Mening
om alle disse Rygter: Paa Uthers Tid ægtede Fyrst
Gorloïs, der boede paa Borgen Tintagil ved Cornwalls
Kyst, den yndige Ygerne. Og hun fødte ham flere Døtre
— en af dem, Bellicent, var gift med Kong Lot af Ork-
ney og havde altid været en trofast Søster mod Arthur
— men ingen Sønner. Uther søgte at forføre hende,
men hun afviste ham. Saa kom det til Krig mellem
Uther og Gorloïs; denne blev overvunden og dræbt, og
Ygerne blev belejret paa Tintagil, hvor alle hendes Kri-
gere feigt forlode hende, og da hun var alene tilbage,
blev hun tvungen til at ægte Uther med skændig Hast.
Faa Maaneder efter døde imidlertid Voldsmanden under
bitre Klager over, at han ikke efterlod sig nogen Arving,
der kunde overtage Regeringen efter ham. Samme Nat
fødte den ulykkelige Ygerne — før Tiden — en Søn,
Arthur, der, for at han ikke skulde blive dræbt, straks
efter Fødselen blev overgivet til Uthers trofaste Raad-
giver, den vise Merlin, som satte Drengen i Pleje hos

den gamle Ridder Anton, hvis Hustru opdrog Barnet som sit eget: og ingen anden vidste, hvor det var. Siden da havde der bestandig været Strid imellem Landets mægtige Herrer, indtil Merlin i dette Aar førte Arthur frem og sagde: »Her er Uthers Søn; han er eders Konge«. Og trods al Modstand havde han besteget Tronen ved Merlins Kunst. Men mange troede endnu, at han var Gorloïs's eller Antons Søn; det var Grunden til Oprøret.

Leodogran følte sig imidlertid heller ikke tilfredsstillet ved Bediveres Fortælling. Da traf det sig, at Kong Lots Hustru, Bellicent af Orkney, kom til Cameliard tillige med sine to Sønner, Gawain og den lille Modred. Saa spurgte Kongen hende, om hun troede, at Arthur havde Magt til at holde sine Fjender i Ave, hvorpaa hun med begejstrede Ord fortalte om den Kærlighed, der knyttede Ridderne om det runde Bord til Kongen. Hun beskrev den prægtige Kroningsfest og de berømte Gæster, som havde været til Stede derved: de tre skønne Dronninger, der vilde hjælpe ham, naar han kom i Nød, den vise Merlin og »Fruen fra Søen« (*The Lady of the Lake*), hvis Trolddomskunst var endnu større end Merlins, og som havde givet Arthur hans mægtige korsdannede Sværd, Excalibur, der paa den ene Side bar Indskriften »Tag mig«, paa den anden »Kast mig bort«. Med dette Sværd vilde Kongen slaa alle sine Fjender til Jorden. »Tag det, og slaa«, sagde Merlin, da Arthur stod tvivlsom og stirrede paa den dunkle Skrift, »Tiden til at kaste det bort er endnu langt borte«.

Leodogran glædedes højlig herover; men Tvivlen lod ham endnu ingen Ro, og Bellicent betroede ham da en anden Fortælling om Arthur. Paa sit Dødsleje havde Merlins vise Lærer, Bleys, fortalt hende, at han og Merlin vare vandrede ud alene, den samme Nat som Kong Uther døde: Himmel og Jord stod i eet, og Havet rullede i vældige Bølger mod Kysten. Da saa de et straalende dragevinget Skib nærme sig højt oppe fra, som

om det steg ned fra Himmelen; og hurtigt som det kom,
forsvandt det igen. Havet stod i Flammer, og en mægtig Bølge bar en nøgen Dreng igennem Luerne og lagde
ham ved Merlins Fod. Og Merlin bøjede sig ned og tog
Drengen, og den vældige Braadsø slog op rundt om
Troldmanden, da han raabte: »Her er en Arving for
Uther!« Og Merlin og Barnet stode omgivne af Ild i det
samme. Straks efter blev det stille Vejr med skyfri
stjerneklar Himmel. »Og denne Dreng«, sagde Bleys,
»er det, som nu styrer Riget.« Senere havde Bellicent
spurgt Merlin; men han havde blot let og svaret med
gaadefulde Vers: »Sandheden er eet for mig og noget
andet for dig; Sandheden er stundom udsmykket, stundom nøgen.« Men Leodogran skulde ikke frygte for at
give Arthur Guinevere til Hustru: store Digtere vilde
besynge ham i Fremtiden, dunkle Sagn fra gamle Dage
tale om ham, og Merlin havde sagt — ikke i Spøg, men
bekræftet med hellig Ed — at om Kongen end kunde saares, skulde han dog aldrig dø, men drage bort, som han
kom. Og han skulde overvinde Hedningerne, og disse,
som alle andre Folkeslag, skulde hylde ham som Konge.

Efter Samtalen med Bellicent saa Leodogran i et
Drømmesyn et Billede paa Arthurs Storhed, og han
tøvede nu ikke længere med at svare ja. Saa sendte
Arthur den Kriger, han elskede og ærede højest, Sir
Lancelot, til Cameliard for at hente Guinevere, og i Maj
Maaned fejrede de deres Bryllup. Den fromme Dubric
forenede dem for Herrens Alter, og de svor at elske
hinanden til Døden.

Efter Festen kom Sendebud fra Rom for at fordre Tribut som i tidligere Dage. Men Arthur svarede:
»Den gamle Tingenes Orden er forbi. Nu er det mig
og mine Krigere, der skulle kæmpe for Kristi Lære; Rom
er blevet for svag til at føre Kampen mod Hedningerne.
Tribut betale vi ikke«. Og Digtet ender med at fortælle, hvorledes Arthur og hans Riddere for en Tid kun

havde een Villie — alle Smaafyrster sluttede sig til ham, og i tolv Slag sejrede han over hedenske Horder og grundede et mægtigt Rige.

Ved Slutningen af dette Digt staar Arthur altsaa som den store Hersker; han har naaet Magtens og Lykkens højeste Tinde. Han har ægtet den skønneste Kvinde paa Jorden og er lykkelig i sit Ægteskab. Han er mild, tapper og vis, og har samlet om sig trofaste Venner og tapre Helte, der i ham se deres Fører og Forbillede. Hans Maal er ædelt: at udbrede Kristi Lære, at kæmpe for det gode og sande, at beskytte de svage og straffe Voldsmanden, at gøre den vilde Kriger til en kristen Ridder: at tvinge Sanserne under Aanden.

De følgende ti Fortællinger, *Det runde Bord*, skulle nu vise, hvorvidt dette lykkes. Kan et saadant Maal overhovedet naas? For en Tid ser det næsten ud dertil. Aanden sejrer over Sanserne. Men intet Menneske er syndefrit. Den ene efter den anden falder fra. Kongens nærmeste bryde de hellige Love, for hvilke de have kæmpet — saa styrter den stolte Bygning sammen.

Men hans Tanke er derfor ikke mindre ædel eller skøn, hans Maal ikke mindre ophøjet. Selve det, at han har stillet sig dette Maal og kæmpet derfor, fører Verden frem. Tanken er evig. De, der kæmpe for den, falde, men andre ville staa frem og fortsætte Kampen: Arthur dør ikke.

En Del af Stoffet i *The Coming of Arthur* er laant fra første og tredie Bog af Malorys *Le Morte Darthur*, ofte dog med ret betydningsfulde Forandringer. I Krøniken (Bog 1, Kap. II & III) fortælles saaledes, at Kong Uther ved Merlins Hjælp kommer til Ygerne (hos Malory *Igraine*)[1]

---

[1] Ogsaa andre Navne ere varierede eller helt forandrede. *Leodogran* hedder hos Malory *Leodegrance*, *Bellicent* er Krønikens *Morgause* eller *Morgawse* osv.; men for øvrigt ere ogsaa mange Navne allerede korrumperede af Malory selv. Henvisningerne til den gamle Forfatters Værk ere alle til *The Globe Edition*, 1891.

i hendes Ægtefælles Skikkelse. Da hun om Morgenen faar at vide, at hendes Husbond er dræbt flere Timer tidligere, »forbavses« hun, men tier stille med hvad der er sket. Hun ægter derefter Uther, og deres Bryllup fejres »med stor Lystighed og Glæde«. Først et halvt Aar senere røber Uther til Dronningens store Lettelse Hemmeligheden for hende. Hos Malory er det ikke Lancelot men Merlin, der henter Guinevere, og Vismanden varer Kongen mod at tage hende til Hustru, fordi Lancelot vil komme til at elske hende (Bog III, Kap. I). Bellicents Fortælling om Skibet, der bringer Barnet, er Digterens egen Opfindelse, men maaske antydet ved det samme Kapitel hos Malory (Bog XXI, Kap. V), som Tennyson har benyttet i *The Passing of Arthur*.

Det er lykkedes Forfatteren straks i denne Indledning at karakterisere de fleste af de Personer, der komme til at spille en mere betydningsfuld Rolle i Arthurs Liv. Fortællingen er hist og her lidt tør, men simpel, kort og klar; Tonen er gennemgaaende godt vedligeholdt: dog er det maaske et vel moderne Træk, at Bellicent sender Børnene ud af Stuen, da Kongen spørger om hendes Slægtskabsforhold til Arthur. Det synes næsten, som om Digteren ikke har kunnet finde noget andet Middel til at karakterisere disse Drenge, af hvilke Gawain, der løber ud, munter og syngende, senere bliver en tapper Ridder, medens Modred, som lægger Øret til Døren og lytter, bliver en Forræder mod Kongen: *man merkt die Absicht, und wird verstimmt.*

Vi komme nu til den første af de Idyller, der bære Navnet *Det runde Bord.*

II.

Gareth og Lynette. — Indholdet af Fortællingen. — Sammenligning med Malorys Krønike. — *Geraints Giftermaal.* — Analyse. — Sammenligning med *Geraint ab Erbin.* — *Geraint og Enid.* — Karaktertegningen. — Analyse af Indholdet. — Afvigelser fra *Mabinogion.*

Fortællingen *Gareth og Lynette* begynder med Skildringen af Lot og Bellicents yngste Søn — den højeste af dem alle — Gareth, hvem hans Moder holder tilbage i Hjemmet, men som længes efter Hæder og Bedrifter og bestandig bønfalder om Tilladelse til at drage til Arthurs Hof, hvor hans Broder Gawain er en højt anset Ridder, og hvor ogsaa hans anden Broder Modred lever. Men Dronningen vil nødig slippe ham; hendes Husbond er gammel og svag, og Gareth er den eneste af Sønnerne, der endnu lever i Barndomshjemmet: den kæreste og bedste af dem alle. Hun prøver ethvert Middel for at holde ham tilbage, men Tørst efter Berømmelse driver ham frem. Da giver hun ham til sidst Lov til at drage bort paa den Betingelse, at han skal tjene et Aar og en Dag »for Mad og Drikke«, som Køkkendreng ved Arthurs Hof blandt de laveste Tjenere; og til ingen maa han fortælle sit Navn. Hun haaber, at den unge Prins vil være for stolt til at gaa ind paa disse Vilkaar, men efter nogen Tavshed svarer han: »En Mand kan gøre Trælledont og dog have en fri Sjæl. I hvert Fald vil jeg faa Turneringerne at se. Du er min Moder, og jeg vil lyde din Villie«.

Saa drager han da bort, forklædt i fattig Dragt, og kommer til Arthurs Hof, hvor han faar den attraaede beskedne Plads. Sir Kay, Kongens Seneskal, spotter ham, men Lancelot ser, at den unge Mand er mere, end han giver sig ud for, og anbefaler Sir Kay at behandle ham venligt.

Digteren benytter Gareths Ankomst til Kongeborgen

til at give et livligt Billede af Arthur og hans Hof; betydeligst maaske er hans Karakteristik af Sir Kay, hvori han følger de gamle Fortællinger, der alle gøre en komisk Figur ud af denne temmelig uelskværdige og naragtige Herre. Selve Handlingen i Digtets Begyndelse er derimod frit fortalt, til Dels Tennysons egen Opfindelse. Efter Gareths Ankomst til Hoffet, følger Digteren med større Omhyggelighed Malory (Bog VII), idet han dog i Fortællingen om Heltens Bedrifter indfletter en Allegori, som ikke findes i den gamle Krønike, og i mangt og meget træder forklarende til. Malory fortæller saaledes intet om, hvorfor Gareth vil tjene Kongen i denne ydmyge Stilling, eller hvorledes han pludselig faar de prægtige Vaaben, da han endelig giver sig til Kende. Tennysons Indledning gør Gareths sære Forlangende forstaaeligt, og senere fortæller Digteren, hvorledes den gode Dronning fortryder, hvad hun har fordret af sin Søn, hvorefter hun, da nogen Tid er gaaet, sender ham Vaaben og løser ham fra hans Løfte. Saa opsøger han Kongen, træffer ham alene og fortæller ham alt. Paa Gareths Bøn lover Arthur at holde hans Navn hemmeligt, til han selv har skabt sig et Navn ved sine Bedrifter, og at tilstaa ham at drage ud paa det første ridderlige Eventyr, der maatte tilbyde sig.

Samme Dag kommer den ædle Jomfru Lynette til Kongens Borg og kræver hans Hjælp for sin Søster Lyonors. Nydeligt fortalt er Lynettes beskedne Vurdering af sig selv i Sammenligning med den rige og skønne Søster og hendes Bekymring for den Fare, som truer denne. Lyonors bor paa »det farlige Slot« (*Castle Perilous*); rundt om Borgen snor sig en Flod i tre Slyngninger, over hver af hvilke, der fører en Bro, som forsvares af en Ridder — tre mægtige og tapre Brødre. Og Borgen selv belejres af en fjerde Broder, den mægtigste af dem alle, der vil tvinge hende til Ægteskab; men han har opsat sit Forehavende, til Kongen sender sin bedste Mand, Lancelot, for at kæmpe imod ham. Han tvivler ikke om, at han vil sejre i Kampen, vinde Berømmelse og ægte Lyonors. Men denne vil enten gifte sig med den Mand, hun elsker, eller tage Sløret. Og nu er Lynette kommen for at bønfalde Kongen om Lancelots Hjælp. Da beder Gareth højt i Hallen, om han maa drage ud paa dette Eventyr, og Kongen tilstaar hans Bøn til Forbavselse for Sir Kay og alle andre. Lynette udbryder i harmfulde Ord, medens Skamfølelse, Stolthed og Vrede farve hendes Kinder: »Skændsel over dig, Konge!« raaber hun, »jeg bad om din fornemste Ridder, og du giver mig en Køkkendreng«. — Hun rider bort, men Gareth ifører sig sin prægtige Rustning, bestiger en Stridshest, som Kongen selv har skænket ham, og følger hende. Sir Kay, der er opirret over al Maade ved denne Tort, stiger imidlertid ogsaa til Hest, trods Lancelots Raad, og rider efter ham. Men da han vil tvinge Gareth til at vende om, gaar det ham ilde, og den unge Helt fortsætter sit Ridt.

Lynette vil imidlertid ikke vide af ham at sige: den Forsmædelse, hun har lidt, er for stor, og hver Gang han nærmer sig, modtager hun ham med Haan og vrede Ord. Gareth finder sig i alt og besvarer hendes Haansord sagtmodigt, men dog stolt, og med et Smil, der opirrer hende endnu mere. Han beskytter hende mod alle Farer og behandler hende med fuldendt Ridderlighed; han udfører den ene store Bedrift efter den anden, men det varer længe, inden han faar andet end Skam til Tak. Til sidst forstaar hun dog, hvad der bor i ham, og lidt efter lidt mildnes hendes Sind. Hun ængstes, naar han er i Fare, og glædes over hans Sejr. Selvfølgelig befrier han ogsaa Lady Lyonors, men i Fortællingen af disse sidste Begivenheder afviger Tennyson atter stærkt fra Malory, og i god Overensstemmelse med den Tegning, han har givet af Lynette, men, som han selv gør opmærksom paa, i Modstrid med den gamle

Beretning, efter hvilken Gareth ægtede Lyonors, ender han da ogsaa Digtet med at fortælle, at den unge Ridder tog Lynette til Brud.[1])

Gareth og Lynette hører ikke til de betydeligste af Idyllerne, men indeholder smukke Ting, især i Begyndelsen, i Samtalen mellem Moder og Søn, og i Skildringen af Lynette. Det er et kraftigt og fornøjeligt Billede af den unge Pige, Digteren har givet os; lige sympatetisk staar hun for os i sin Vrede over den formentlige Krænkelse, og da hun begynder at forstaa, at hun, trods alt, elsker denne foragtede »Køkkendreng«. Men hist og her falder Historien lidt langtrukken, og den i sig selv ret morsomme Idé, at lade den værste af de vældige Kæmper, som Gareth maa overvinde, være en forklædt Dreng med et forlorent Hoved — en forskræmt lille Fyr, der er uglet ud for at forskrække ham — passer ikke rigtig ind i Fortællingen, hvis romantiske Begivenheder jo ellers skulle tages alvorligt. Ogsaa den oversanselige Del af Historien synes mig mindre heldig: man føler, at Digteren staar bagved; men savner de gamle Krønikers naive Troskyldighed.[2])

---

[1]) I *The Lady of the Fountain* fortælles en anden Historie om Lynette, der her kaldes *Luned*. Hun er *Owains* trofaste Ledsagerinde, og Skildringen af hende er fin og yndefuld. (*The Mabinogion*, Lady Charlotte Guests Udgave, vol. I). I den danske Gengivelse af denne Fortælling kaldes hun *Luneta* [*Luneta*]. (*Ivan Løveridder*, trykt i *Romantisk Digtning fra Middelalderen*. Udgiven af C. J. Brandt, vol. I). I tredie Bind af sidstnævnte Værk (S. 297—308) findes en udførlig Redegørelse for de mange forskellige Bearbejdelser og Oversættelser af denne anden Fortælling: endog helt op til Island er den naaet. — Den franske Version af Historien *Le Chevalier au Lion* af Chrestien de Troyes, er trykt af Lady Guest i ovennævnte Bind sammen med den vallisiske og hendes egen engelske Oversættelse heraf. Tennysons Digt har imidlertid intet laant fra denne Fortælling.

[2]) Jeg tør maaske kortelig anføre Mr. Henry Elsdales Forklaring af Digtets Allegori: Det kødelige Menneske (Gareth) kæmper,

De to følgende Idyller *Geraints Giftermaal* og *Geraint og Enid,* som i Virkeligheden udgøre een Fortælling, ere byggede over Lady Guests engelske Oversættelse af den gamle vallisiske Historie *Geraint, Søn af Erbin* (trykt i *Mabinogion*, vol. II).

Tennyson begynder med at fortælle, at den tapre Geraint, der var Fyrste af Devon og Ridder af det runde Bord, havde ægtet Yniols eneste Barn, Enid, og elskede hende, som han elskede selve Himmelens Lys. Og han klædte hende i prægtige Dragter og kostbare Smykker, og Dronningen selv, Guinevere, der var taknemmelig mod Geraint for Tjenester, som han havde ydet hende, yndede Enid og smykkede hende ofte med egen Haand som den skønneste ved Hoffet næst efter hende selv. Og Enid elskede og beundrede Dronningen af sit ganske Hjerte. Men da der opstod Rygter om Dronningens Kærlighed til Lancelot, troede Geraint derpaa, skønt der endnu intet var bevist, og han følte en Rædsel for, at hans Hustru paa Grund af hendes store Kærlighed til Guinevere skulde paavirkes af hende og plettes ved sin Omgang med den skyldige Dronning. Saa traadte han frem for Kongen og bad om Tilladelse til at drage

---

ledet og hjulpet af den forstandige Sjæl (Lynette), for at befri den udødelige Aand (Lyonors) fra de Farer, der true den med evig Ødelæggelse. Floden, der snor sig rundt om Borgen, er Tidens Strøm, og de tre Bugtninger, der skulle passeres, ere de tre Livsaldere: Ungdom, Manddom og Alderdom. De tre Kæmper der skulle overvindes, ere Fristelserne paa Livets Vej; den fjerde, Døden, der synes at være saa rædselsfuld, er, naar det kommer til Stykket, ikke nogen virkelig Fjende. (*Studies in the Idylls*, S. 27—29). Denne Forklaring er sikkert korrekt, men det synes mig, at Digterens Beskrivelse af Døden, halv komisk som den er, ikke harmonerer med Allegoriens Tone, lige saa lidt som den (som ovenfor bemærket) forekommer mig at passe ind i den øvrige Fortælling, naar man tager det hele bogstaveligt, uden nogen underforstaaet sindbilledlig Betydning.

til sit eget Rige, under Paaskud af at Ugerningsmænd
overfaldt og plyndrede Landet, da det laa paa Grænsen
af et Territorium, hvor der var mange røverske Jarler
og Riddere.

Arthur lod ham drage bort med Enid og halvtred-
sindstyve Riddere; men da Geraint kom til sit Hjem,
glemte han over sin Kærlighed til Enid, hvad han skyldte
Kongen og sin ridderlige Ære; alle hans Tanker drejede
sig kun om hende, og Folk spottede ham som en svag
og foragtelig Person, der i sin Hustrus Arme glemte sin
Manddoms Pligter. Enid kunde læse dette i alles Miner;
hendes Piger talte til hende derom for at smigre hende,
og hun vrededes og pintes ved Tanken: og Dag efter
Dag grublede hun over, hvorledes hun kunde sige det
til Geraint. Men Undseelsen holdt hende tilbage, og
hendes Husbond, der saa hendes Munterhed svinde bort,
fattede Mistanke om, at heller ikke hun var skyldfri.

Saa traf det sig en Sommermorgen, da de sov ved
hinandens Side, at den stærke Kriger i Drømme kastede
Tæppet til Side og blottede sit mægtige Legeme. Enid
vaagnede og rejste sig op, og idet hun saa beundrende
paa hans skønne, kraftige Skikkelse, udbrød hun i Kla-
ger over, at hun skulde være Grunden til den Foragt,
hvormed han omtaltes. Hellere vilde hun ride med ham
i Slaget og se ham kæmpe og falde, end at han skulde
lide denne Skændsel. Og hun frygtede, naar hun ikke
turde sige ham dette, handlede hun ikke imod ham som
en trofast Hustru.

Hun talte halvt for sig selv, halvt hørligt, og da den
dybe Følelse bragte Taarer i hendes Øjne, faldt de
varme Draaber paa hans nøgne Bryst og vækkede ham.
Han hørte hendes sidste Ord og misforstod deres Betyd-
ning. Trods al hans ømme Kærlighed, tænkte han, var
hun dog ingen trofast Hustru mod ham: nu græd hun
vel for en prunkende Ridder ved Arthurs Hof. Og i sin
Smerte sprang han op fra Lejet, lod sin Stridshest og

hendes Ganger sadle og befalede hende, at hun skulde iføre sig sin simpleste og fattigste Dragt og ride med ham ud i Ørkenen. Og Enid spurgte: »Har jeg fejlet — lad mig da vide min Fejl«; men han svarede kort: »Spørg ikke, men adlyd«. Saa iførte hun sig en falmet Silkekjole, en falmet Kappe og et falmet Slør, som hun omhyggeligt havde gemt — den beskedne Dragt, hun havde baaret, da han saa hende for første Gang. Og hun mindedes, hvorledes han var kommen til hendes fattige Hjem, og hvorledes han havde elsket hende i denne simple Dragt.

Og Digteren følger hendes Tanker; vi gaa tilbage i Historien og høre Fortællingen om Geraints og Enids Kærlighed.

Herved afviger Tennyson fra sin vallisiske Kilde, idet den gamle Forfatter meddeler Begivenhederne i den Orden, hvori de foregaa; men Digteren opnaar en ikke ringe Virkning ved den Frihed, han saaledes har taget sig. Det vil ikke være uden Interesse at standse et Øjeblik for at se, hvorledes Tennyson i det hele har benyttet sin Kilde. Medens han ikke sjældent udelader, hvad der kun staar i løsere Forbindelse med Fortællingens egentlige Kærne — saaledes det meste af Historien om den hvide Hjort og flere af Geraints Bedrifter, der kun vilde trætte den moderne Læser som en Gentagelse — bringer hans moderne Følelse ham ofte til at begrunde de handlende Personers Optræden, hvor den gamle Forfatter har fundet al Begrundelse overflødig. I *Geraint ab Erbin* tales saaledes intet om Dronningens Forhold til Lancelot; hvad der hos Tennyson er et blot og bart Paaskud er i den gamle Fortælling den virkelige Grund til Geraints Afrejse. Det naive, der er saa tiltrækkende i disse gamle Krøniker, gaar for en Del tabt ved Tennysons Genfortælling; vi finde maaske i denne nogen Undskyldning for Geraints barske Raahed; vor Tids Retfærdighedsfølelse oprøres maaske mindre ved den af

Tennyson tilføjede Forklaring; men Geraint bliver mere hverdagsagtig, Karakteren bliver fladere ved denne Modernisering. Til andre Tider lykkes det derimod Digteren at give et dybere Karakterbillede end Originalen eller en poetisk og skøn Udvidelse af ubetydelige Antydninger i denne, som i Fortællingen om den falmede Silkedragt.

Men medens Digteren i Genfortællingen af Begivenhederne og i den finere Udpensling af Karaktererne ofte afviger fra sin Kilde eller moderniserer og udvider Historien, holder han sig i Beskrivelsen af Steder og Personer og i Gengivelsen af Samtaler overmaade nøje til Originalen. I de foreliggende to Idyller kan man følge selve Ordlyden af Lady Guests Oversættelse, Side efter Side, lidt udvidet eller forkortet, men med Bibeholdelsen af de karakteristiske Udtryk og Vendinger. Dette giver Tennysons Digt en ejendommelig Farve, der ofte er af stor poetisk Virkning.[1]

Da Digteren er naaet til det kritiske Vendepunkt i Geraints og Enids ægteskabelige Liv, gaar han altsaa tilbage i Historien og fortæller, hvorledes de mødtes og lærte at elske hinanden.

Ved Pinsetide, Aaret i Forvejen, da Arthur holdt Hof i det gamle Caerleon ved Usk, kom en Skovfoged og meldte Kongen, at man havde set en prægtig mælkehvid Hjort, og Arthur besluttede at jage Dyret den næste Morgen. Dronningen ønskede at deltage i Jagten, men »fortabt i søde Drømme« om Lancelot, glemte hun Tiden, og da alle Kongens Mænd vare dragne afsted, steg hun til Hest, kun ledsaget af en eneste af sine Jomfruer. I Skoven mødte hun Prins Geraint, der ligeledes var forsinket, og som ikke bar andre Vaaben end

---

[1] Man sammenligne f. Eks. Tennysons Beskrivelse af Dronningens og Geraints Sammenstød med »Spurvehøgen« og hans Følge, eller Fortællingen om Heltens Ankomst til Yniols Borg og den paafølgende Turnering, med de tilsvarende Afsnit af Lady Guests Oversættelse af Originalen.

et Sværd med gyldent Fæste. Prinsen fulgte med Dronningen, og medens de lyttede efter de fjerne Hundes Gøen, red en Ridder, en Dame og en Dværg langsomt forbi. Da Dronningen ikke mindedes at have set dem paa Borgen, sendte hun sin Jomfru til Dvergen for at spørge om Ridderens Navn, men han vilde ikke fortælle det, og hun fik et uhøfligt Svar. Saa vilde hun spørge Ridderen selv, men Dværgen slog hende med sin Pisk, og hun vendte harmfuld tilbage til Dronningen. »Jeg vil lære hans Navn at kende«, raabte Geraint, men Dværgen svarede som før og slog ham over Kinden, saa Blodet sprøjtede over hans Purpurskærf. Han greb uvilkaarligt om Sværdet, men da han følte, hvor foragtelig Dværgen var, slap han det igen og red tilbage uden at sige et Ord.

Da han atter naaede Damerne, sagde han: »Jeg vil hævne den Krænkelse, ædle Dronning, som er tilføjet eder i eders Jomfrues Person. Vel er jeg vaabenløs, men jeg tvivler ikke om, at jeg jo etsteds skal faa de nødvendige Vaaben, enten til Laans eller mod Pant. Saa vil jeg kæmpe med denne Ridder og knække hans Stolthed, og paa den tredie Dag vil jeg være her igen, hvis jeg ikke er falden i Kampen.« Dronningen byder ham da Farvel med mange Ønsker for hans Lykke:

> »Held følge dig paa denne Færd, som altid.
> Og gid du maatte træffe alt, du elsker,
> og leve for at elske den, du elsker.
> med første Kjærlighed.«
>
> (Munchs Oversættelse, S. 13).

Og hun lover ham, naar han har valgt sin Brud, at klæde hende til hendes Bryllup saa straalende som Solen.

Geraint følger derefter Ridderen og hans to Ledsagere, til han ser dem ride ind i en nyopført Borg i Nærheden af en lille By. Her er alt Travlhed og Vir-

var, hvert Herberge er fuldt, og paa alle Forespørgslcr
om Grunden til denne Hurlumhej faar han kun det ene
Svar: »Spurvehøgen!« Endelig kommer han til et gam-
melt faldefærdigt Herresæde, hvor han bliver vel mod-
taget af den bedagede Jarl Yniol, som bor her med sin
Hustru og deres eneste Barn, den yndige Enid. De leve
i stor Fattigdom, og Datteren udfører alt husligt Arbejde:
hun drager Omsorg for den fremmedes Hest, gaar til
Byen for at gøre Indkøb til deres beskedne Aftensmaal-
tid, og da hun har tilberedt dette, opvarter hun sine
Forældre og deres Gæst ved Bordet.

Skildringen af den gamle Borg og dens Beboere,
der er saa smuk i den vallisiske Fortælling, er gengivet
af Tennyson med stor Finhed. Under Aftensmaaltidet
fortæller Yniol den fremmede sin Historie. Den unge
Pige havde to Bejlere; den ene, Limours, var en for-
drukken Slagsbroder — han er nu dragen af Landet;
den anden var Geraints Fjende, Yniols Nevø — Spurve-
høgen. Da han var vild og voldsom, blev han afvist af
Jarlen, og for at hævne sig udspredte han da det Rygte,
at hans Fader havde efterladt sig Penge, som han havde
betroet til Yniol, der imidlertid havde bedraget ham for
hans Arv.[1]) Han bestak den gamle Mands Tjenere og
overfaldt ham saa om Natten — plyndrede og opbrændte
hans Borg og forjog ham fra hans Jarledømme. Saa
byggede han en stærk Fæstning for at kunne slaa al
Modstand til Jorden og underholdt derefter Yniol paa
den forfaldne Borg; og det var kun den hovmodige For-
agt, hvormed han betragtede den gamle Mand, som af-
holdt ham fra at dræbe ham.

Geraint beder nu Yniol om Vaaben, for at han kan

---

[1]) Her er et for Tennyson karakteristisk Træk. I Originalen har
Yniol virkelig bedraget sin Nevø for Pengene, men dette vilde
ikke passe ind i Tennysons idylliske Skildring. Begge Karak-
tertegninger synes mig at tabe derved; Lys og Skygge bliver
for ulige fordelt.

kæmpe med Spurvehøgen og knække hans Stolthed.
Men den Rustning, Jarlen kan laane ham, er gammel,
og i den forestaaende Turnering — thi det er en saa-
dan, som sætter hele Byen i Bevægelse — kan ingen
Ridder kæmpe, med mindre den Dame, han elsker højest,
er der til Stede. Sejrens Pris er en gylden Spurvehøg,
og hidtil har Yniols Nevø bestandig vundet den: derfor
har man givet ham det Tilnavn, hvormed han stedse be-
tegnes. Geraint, der ingen Dame har at kæmpe for, kan
slet ikke deltage i Turneringen.

Den unge Mand, som stedse mere har følt sig dra-
gen af Enids ædle Skønhed og rene Sind, og som med
dyb Bevægelse har været Vidne til, hvor trofast og mildt
hun plejer de gamle, og med hvilken Værdighed hun
udfører sit strenge og ydmyge Arbejde, bøjer sig da
frem mod Yniol og beder om Tilladelse til at fælde Lan-
sen for hende — hvis han falder, vil hendes Navn være
uplettet som før; men sejrer han, vil han gøre hende
til sin Hustru.

Da Enid, som syslede rundt i Hallen ved sit Arbejde,
hørte sit Navn nævne, listede hun sig bort, og Yniol,
der glædedes højligt ved Geraints Ord, tog kærligt den
gamle Moders Haand i sin og sagde:

>Moder, en Jomfru er saa skær en Ting,
forstaaes bedst af den, som fødte hende.
Gaa du til Sengs, men før du gaar til Sengs
sig hende dette, prøv saa hendes Hjerte,
hvorledes det er stemt mod Fyrsten her.«

(Munchs Oversættelse, S. 27).

Mr. Churton Collins dadler — og næppe med Urette —
Tennyson for denne Henvendelse til Moderen: han ser
heri mere Batos end Patos og mener, at baade Yniols
og Enids Karakter derved drages ned fra det heroiske
til det skikkelig-hverdagsagtige, der ligger Originalen
saa fjernt som vel muligt.[1]) Til Gengæld er det dog

---

1) *Illustrations of Tennyson*, S. 127.

næppe mere end billigt, at fremhæve, at denne lille idylliske Scene mellem Moder og Datter, som Tennyson derefter lægger ind i Fortællingen, er fortalt med megen Ynde, om end, ganske vist, ogsaa den maa betegnes som »moderne«. Moderen gik bort »med mangt et Smil og Nik« og fandt Enid halvt afklædt for at gaa til Hvile. Hun kyssede hende først paa begge Kinder, saa lagde hun sine Hænder paa hendes hvide Skuldre, holdt hende lidt ud fra sig, betragtede hendes Ansigt og fortalte hende derpaa alt, hvad de havde talt om i Hallen.

> »— — — Aldrig Lys
> og Skygge jagede hinanden mer
> henover aaben Grund, ved skyet Himmel,
> end rødt og hvidt henover Enids Ansigt,
> imens hun hørte Moderen fortælle.
> Og sagteligt, som naar en Vægtskaal synker
> for Vægt, som lægges paa den, Korn for Korn,
> saa hælded hun sit søde Hoved mod
> sin Moders Bryst, og ej et Blik hun løfted,
> og ej et Ord hun talte, helt betaget
> af Frygt og dyb Forundring over dette.
> Saa gik hun uden Svar til Hvile. Dog
> hun fandt ei Hvile og forgæves søgte
> at drage Nattens Ro ind i sit Blod —«
>
> (Munchs Oversættelse, S. 28).

Den næste Morgen gaar hun med sin Moder til Turneringspladsen, hvor de vente paa Yniol og Geraint. I Kampen overvinder denne »Spurvehøgen« og tvinger ham til at sige sit Navn: Edyrn, Nudds Søn. Livet skænkes ham paa den Betingelse, at han skal give Yniol hans Jarledømme tilbage og med sin Dame og Dværg ride til Arthurs Hof, bede Dronningen om Tilgivelse og lide sin Straf for den Krænkelse, han har tilføjet hende. Edyrn gaar ind paa Geraints Fordring, finder Tilgivelse og falder til sidst som en brav Ridder i Kampen for Kongen.

Trediedagen efter Jagten bereder Sejrherren sig til

at drage bort igen, for at han kan opfylde sit Løfte til Dronningen, og Enid har klædt sig i en prægtig Dragt, der var bleven røvet fra hende hin rædselsfulde Nat, da hendes Faders Borg blev brændt, men som man nu har bragt tilbage. Hendes Moder har hjulpet hende med Paaklædningen, og Enid glæder sig som et Barn til at vise sig for Geraint i al denne Herlighed. Da kommer Yniol til dem og beder hende iføre sig den falmede Silkekjole i Stedet — Geraint har ønsket det saaledes. Enid gør, som han siger; men baade hun og Moderen ere tavse. Da Geraint ser hende, glædes han, og da han opdager en Sky paa Moderens Pande, tager han den gamle Dame ved begge Hænder og beder hende ikke at vredes. Saa fortæller han dem om Dronningens Løfte: Guinevere selv vil klæde Enid som Brud. Og naar han uden at angive nogen Grund har bedet hende aflægge den kostbare Dragt, der, tabt og atter genfunden, maatte være hende kær, da har det været hans Tanke at prøve hendes Kærlighed. Han beder om Tilgivelse derfor: nu ved han, at han kan stole trygt paa hende, og at ingen Skygge af Mistillid nogensinde kan opstaa imellem dem.

De ride derefter sammen til Hoffet, hvor Enid bliver Dronningens — og alles -- Yndling. Og Guinevere klædte hende prægtigt som Solen: men den gamle falmede Kjole gemte hun trofast og omhyggeligt. Og nu, Aaret efter, da Geraint sagde til hende: »Ifør dig din fattigste og simpleste Dragt«, da mindedes hun hans Ord hin Morgen ved Afrejsen fra hendes Barndomshjem, og hun iførte sig atter den gamle, kære Dragt, — den beskedne Klædning, hun havde baaret, da han første Gang saa hende i hendes Faders Hus. —

Her genoptager Tennyson nu den afbrudte Fortælling. I *Geraint og Enid* høre vi, hvorledes den unge Hustrus Taalmod og opofrende Kærlighed gengiver Geraint hans faste Tro paa hende og giver ham hans

Manddom og tabte Ry tilbage. Det Billede, Digteren her giver os af Enid, minder om visse Kvindeskikkelser hos Shakespeare og andre Elizabethanske Dramatikere. Intet Øjeblik svigter hun sin Kærlighed, selv da hvert Haab synes slukt. For den elskede kan hun udholde alt: den Lidelse, han lægger paa hendes Skuldre, bærer hun uden at vakle. Hun er yndefuld og rørende; stærk, trofast og ydmyg; men stolt, hvor det er hans Ære, hans Manddom, det gælder. De drage igennem øde Egne, og paa Geraints Befaling rider hun et Stykke foran ham. Han har paa det strengeste forbudt hende at tale til ham: den Mistanke, der piner ham, gør ham barsk og haard, selve den store Kærlighed, han nærer til hende, gør Smerten over hendes formentlige Brøde saa meget desto bitrere. Lyden af hendes Stemme, Synet af hendes bedrøvede Ansigt, piner ham. Alt som de ride frem, ser hun fjendtlige Riddere lure bag Klipperne eller hører Røvere fra deres Baghold træffe Aftale om at overfalde og dræbe den ensomme Rytter. Hun advarer ham stedse, om end skælvende, fordi hun derved overtræder hans Forbud. Hver Gang byder han hende barsk at tie — saa kæmper han og sejrer, og lader hende derefter drive de faldne Røveres Heste foran sig. Han ynkes over hende, naar han ser hende møjsommeligt og taalmodigt udføre hans Bud, men han kan ikke rive den nagende Brod ud af Sjælen; i sit Hjertes Bitterhed bliver han blot mere barsk og haard. Til sidst synker han bevidstløs til Jorden, udmattet af Blodtab; han har blødt længe under sin Rustning uden at kunne overvinde sig til at sige et Ord derom til Enid. Hun rider hurtigt hen til ham; bleg og med taareløse Øjne løser hun Rustningen, undersøger hans Saar med fast Haand og forbinder det med sit Slør — det falmede Silkeslør fra deres Kærligheds første Dage. Da saa alt er gjort, som Kvindehaand kan gøre, sætter hun sig ved hans Side ved Vejkanten, og trøstesløs Fortvivlelse bringer Taarer i hendes Øjne. Og

Digteren fortæller, at mange kom forbi, men ingen ænsede hende: en Kvinde, der græd ved sin myrdede Husbonds Lig, vakte kun liden Medlidenhed i hine vilde, lovløse Dage. Atter og atter træffe vi denne Scene i de gamle Krøniker. — Langt om længe kommer den raa og voldsomme Jarl Doorm til Stedet med stort Følge, og Geraint og Enid føres til hans Borg. Alle tro, at Ridderen er død, og han lægges paa en Baare i Hallen. Men medens Enid sidder grædende hos ham i den øde Borghal, kommer han til sig selv igen, uden dog at røbe dette, da han vil føre Prøven til Ende. Enid tvinges til at sætte sig til et larmende Gilde hos Jarlen, der søger at vinde hende med plump Høflighed og store Tilbud. Men da hun hverken vil spise eller drikke, vækker hun hans Vrede. »Vogt dig«, siger han, »hin Mand er sikkert død, og jeg tvinger alle til at lyde min Villie. Ikke spise og drikke? Og hvorfor klynke for en, der foragter din Skønhed ved at klæde den i Pjalter?« Han raader hende til at opgive al Modstand og fordrer, at hun skal iføre sig en pragtfuld Dragt, som han lader sine Kvinder hente. Men Enid afviser ham med urokket Fasthed. De Ord, Digteren lader hende sige, afgive et godt Eksempel paa Tennysons ypperlige Benyttelse af Gentagelsen som poetisk Virkemiddel og ere i sig selv saa smukke, at jeg skal anføre dem paa Engelsk:

> »In this poor gown my dear lord found me first,
> And loved me serving in my father's hall:
> In this poor gown I rode with him to court,
> And there the Queen array'd me like the sun:
> In this poor gown he bad me clothe myself,
> When now we rode upon this fatal quest
> Of honour, where no honour can be gain'd:
> And this poor gown I will not cast aside
> Until himself arise a living man,
> And bid me cast it. I have griefs enough:
> Pray you be gentle, pray you let me be:
> I never loved, can never love but him:

Yea, God, I pray you of your gentleness,
He being as he is, so let me be.«
(*Works*, S. 365, Sp. 1).

Medens hun talte, gik Jarlen i ubetvingelig Vrede op og
ned i Hallen, standsede saa ved Siden af hende og
raabte: »Jeg tænker, det nytter lige meget, om jeg er
blid eller ublid imod dig — der har du min Hilsen«,
hvorpaa han slog hende et let Slag i Ansigtet med den
flade Haand. Og Enid tænkte i sin Hjælpeløshed: »Min
Herre maa sikkert være død, ellers vilde han ikke vove
at gøre dette«, og denne Tanke bragte hende til at ud-
støde et skærende og bittert Skrig »som fra et vildt Dyr,
der er fanget i en Fælde og ser Jægeren komme gen-
nem Skoven«. Dette hørte Geraint, og han tøvede ikke
længere; han greb Sværdet, der laa i Skjoldet ved Siden
af ham; med et eneste Spring stod han hos hende, og
Doorm maatte bøde med Livet for sin Voldsgerning.
— Alle Borgens Folk flygte rædselsslagne, og Geraint og
Enid blive alene i Hallen. Saa taler han til hende: mod
hendes egne Ord .hin Morgen, tror han paa hendes Uskyld
og beder om Tilgivelse for, hvad han har gjort. Intet
kan være simplere og mere naturligt end den lille Scene
imellem de to:

»And Enid could not say one tender word,
She felt so blunt and stupid at the heart:
She only pray'd him, 'Fly, they will return
And slay you; fly, your charger is without,
My palfrey lost'. 'Then, Enid, shall you ride
Behind me'. 'Yea', said Enid, 'let us go'.«
(*Works*, S. 365—66).

De flygte derefter bort sammen og komme lykkelig til
Arthurs Hof og siden til deres eget Land, hvor Geraint
ved tapre Bedrifter snart genvinder sit tabte Mand-
domsry.

I Genfortællingen af Geraints forskellige Eventyr paa
Rejsen afviger Tennyson meget fra Originalen; han for-

bigaar for Eksempel Historien om »Little King« og om
»de fortryllede Lege« hos Jarl Owain. Den omtalte
Scene hos Jarl Doorm foregaar i den gamle Fortælling
hos Jarl Limours — omvendt fortæller Tennyson om et
Sammenstød med Limours, hvilket i den vallisiske Histo-
rie er henført til Jarl Doorm, osv. Men disse For-
andringer ere gennemgaaende til Held for Digtet; de
give det større Liv og samle Tanken mere om Fortæl-
lingens Kærne. Derimod trættes vi noget henimod Dig-
tets Slutning ved Udmalingen af alle Edyrns Dyder; vi
vægre os uvilkaarligt ved at tro paa dette stærke Om-
slag i hans Karakter, trods hans egne og Kongens For-
sikringer derom. Det, at han bliver overvunden i Kam-
pen med Geraint og faar en ufortjent god Modtagelse
ved Hoffet, synes, selv i Forbindelse med den fromme
Dubrics Veltalenhed, ikke tilstrækkeligt til at forklare en
saadan fuldstændig Forandring af hans hovmodige Ban-
ditnatur.

———

III.

Balin og Balan. — Karaktertegningen. — *Merlin og Vivien.* —
·Viviens Historie og Karakter. — *Lancelot og Elaine.* — Analyse af
Indholdet. — Tilknytning til Kærlighedsforholdet mellem Lancelot
og Dronningen. — Arthur. — Sammenligning med Malorys
Fortælling.

———

I anden Bog of *Morte Darthur* fortæller Malory om
de to gode og tapre Brødre Balin le Savage og Balan,
hvis sørgelige Skæbne det var at volde manges Ulykke
og til sidst dræbe hinanden i Kamp. Den Idyl, Tenny-
son har kaldet *Balin og Balan*, er imidlertid næsten helt

Digterens egen Opfindelse. Han har laant nogle Navne
fra Krøniken, men af Begivenhederne i denne benytter
han næppe andet end det ene Træk, at Balin bytter sit
Skjold — idet dog alle nærmere Omstændigheder herved
er ganske forskellige — og ved denne Ombytning bliver
ukendelig for sin Broder, saa at de kæmpe med hin-
anden og først, da de begge ere saarede til Døden, op-
dage den skæbnesvangre Fejl (Kap. XVII—XVIII). I
Karaktertegningen er denne Idyl en af de betydeligste,
og den indeholder en Række korte, fortræffelige Beskri-
velser.

Balin er Hovedpersonen. Han er vild og plump,
men ogsaa stærk og tapper, godhjertet og brav; han
sørger over sin Voldsomhed, men han kan ikke tvinge
den. Han ser op til Kong Arthur og hans skønne
Dronning; han føler, hvor dybt han staar under Lance-
lot og hele det fornemme Hof i ridderlige Sæder og
Høviskhed. Saa hører han en Dag tilfældigt en Samtale
mellem Guinevere og Lancelot: han forstaar det næppe.
Er dette Dronning og Undersaat, eller en letfærdig Kvinde
og hendes Elsker? Han føler sig tung og klodset, uvær-
dig til at være Ridder. Han har intet lært, han ved
intet. For ham er Dronningen den skønneste og rene-
ste af alle Kvinder; han bærer et Billede af hendes
Krone paa sit Skjold. Han fatter ikke, hvorfor Sir Gar-
lon spotter ham: »Den skønneste jeg har set, det ind-
rømmer jeg. Men den bedste, bedste og *reneste*? Kom-
mer du fra Arthurs Hal og er saa enfoldig?« I Skoven
møder han den falske og forræderske Vivien og vækker
hendes Latter ved sin Naivitet. Han er for ærlig til at
gennemskue det Væv af Bagvadskelse, Løgn og Intriger,
der omgiver ham.

Denne Idyl er et vigtigt Led i den hele Række. I
Fortællingen om Geraint og Enid er Dronningens og
Lancelots Kærlighed berørt. Der gaar Rygter derom,
men intet er endnu bevist. I *Balin og Balan* tvivler

ingen mere; det er en velkendt Sag for alle andre end
Kongen. Balin maa være »uskyldig som et nyfødt Barn«,
naar han ikke ved Besked dermed. Her træffe vi første
Gang Vivien, den *slette* Kvinde, hvis let spundne Løgn
er skæbnesvanger for Balin og hans Broder. I det næste
Digt skulle vi se hende omspinde Arthurs viseste Raad-
giver med sit Net. Kongens Omgivelser synke ned fra
det høje, ideelle Stade; den tragiske Slutning paa det
store Drama er antydet.[1]

Ligesom *Balin og Balan* saaledes er ogsaa *Merlin
og Vivien* i alt væsentligt en Frugt af Digterens poetiske
Inspiration. Malory fortæller (Bog IV, Kap. I), hvorledes
Merlin i sin høje Alderdom blev forelsket i en af »the
ladies of the lake«, Nimue, hvem han bestandig forfulgte
for at vinde hendes Kærlighed, men som til sidst inde-
lukkede Troldmanden under en Sten i en Klippe. Denne
Nimue er imidlertid en ganske anden Karakter end
Tennysons Vivien; i Stedet for at skade Arthur, hjælper
hun ham ofte; hun ægter den gode Ridder Pelleas, hvem
hun bliver en trofast Hustru, og da Arthur til sidst sej-
ler bort, er hun med om Bord i Skibet.[2]

---

[1]) Ovenstaaende var skrevet, da jeg læste Mr. Henry Elsdales
Studies in the Idylls, hvor Forfatteren i Begyndelsen af Kapi-
tel V (*Vivien*) har udtrykt sig paa omtrent samme Maade:
»We have travelled far in the unfolding of the general drama,
when we have passed from »Enid« to »Vivien«. *There* it was
only suspicion: *here* it is certainty. There we had a whispered
and darkly-hinted possibility of mischief: here it is manifested
wickedness — open, flagrant, unblushing, self-assertive.« *Balin
og Balan* er ikke omtalt af Mr. Elsdale, da Digtet først udkom
flere Aar efter dennes *Studies*.

[2]) Malory, Bog IV, Kap. XXII og XXIII; Bog IX, Kap. XVI; Bog
XVIII, Kap. VIII; Bog XIX, Kap. XI; Bog XXI, Kap. VI. —
Om Navneforvirringen ved Betegnelsen af denne Kvinde giver
Prof. John Rhŷs Oplysninger i sin Bog *Studies in the Arthurian
Legend*, S. 284. De her brugte moderniserede Former, *Vivien*
hos Tennyson og *Nimue* i Sir Edward Stracheys Udgave af
Malory (*The Globe Edition*), nævner han for øvrigt ikke.

Viviens Fader faldt i Kampen mod Arthur, hendes
Moder døde paa Faderens Lig, og der, paa den aabne
Mark, blev hun født. Hun blev opfostret i Cornwall hos
Kong Mark og blev ond og troløs som han. Hun skil-
dres som skøn, forførerisk og listig. Overfor Mark læg-
ger hun ikke Dølgsmaal paa sin sande Karakter; men
da hun drager til Arthurs Hof for at beskæmme Kongen
og hans Riddere, paa hvis højt priste Dyder hun intet
Øjeblik tror, paatager hun sig hvad Rolle, der i Øjeblik-
ket passer hende bedst, og udfører den med fuldendt
Mesterskab. Lige over for Guinevere er hun den for-
fulgte Uskyldighed. Til Kongen taler hun med skæl-
vende Stemme; hun nærmer sig ham med foregiven
Ærefrygt. Senere forsøger hun sig med lønlige Antyd-
ninger og lokkende Vink, men uden Virkning: Arthur
ser koldt paa hende og gaar bort. Saa er det, hun be-
slutter at forsøge sin Kunst paa Merlin, Tidens berømte-
ste Mand, den viseste ved Arthurs Hof. I hans Nærvæ-
relse er hun munter og snaksom; hun morer ham med
at sende saarende Pile mod den eller den. Lidt efter
lidt vænner hun ham til at høre, hvad han ellers for-
agter at lytte til. Saa lader hun, som om hun ikke
kan beherske sig, naar han er til Stede: hun bliver rød
og bleg, hun sukker dybt eller sidder længe i Tavshed
og stirrer paa ham, saa at den gamle Mand til sidst
halvt tror paa hende. Han føler sig smigret ved, at han
endnu kan vække en ung Kvindes Kærlighed.

Hovedstykket i Digtet er Samtalen imellem de to,
da hun har lokket ham med sig til Bretagne, til Broce-
liandes vilde Skove. Hun søger ved List at faa ham til
at aabenbare hende en Besværgelse, som han uforsigtigt
har omtalt, hvorved et Menneske kan fortrylles, saa at
han synes for evigt at ligge indesluttet i et hult Taarn,
imellem fire Mure: ingen kan finde ham, og han kan
ingen se undtagen den, som har øvet Trolddommen; i
en daadløs Tilværelse maa han ligge, som død — uden

Navn og Berømmelse. Det lykkes hende at bedaare ham, og hun benytter da Besværgelsen mod Merlin selv. Visdommen bukker under i Kampen mod List og Last, og med et skingrende: »Nar!« forlader hun ham, jublende over sin Sejr.

Vi komme nu til den rørende og skønne Fortælling om

> »Elaine the fair, Elaine the loveable,
> Elaine, the lily maid of Astolat,«

der elskede Sir Lancelot uden at finde Genkærlighed, og som døde af Sorg. Hvad Digteren havde antydet i *The Lady of Shalott* er her bragt til Udførelse: de lette Omrids have antaget faste Former, det svage Drømmebillede er blevet til Virkelighed.

Lancelot og Elaine hedder Digtet, en af de skønneste og mest fuldendte af Tennysons Bearbejdelser af Arthursagnene. Med den sarteste Kunst har han malet den unge Pige, i hvis Hjem Sir Lancelot kommer som ukendt Gæst: vi se hende lytte undrende, medens han fortæller om Arthurs Kampe og Sejre og uden at vide det bliver hendes Helt. Vi se hende trofast gemme hans Skjold, det skrammede Skjold, han har baaret i saa mange Kampe, og vi følge hende, da hun drager til Lancelot og Dag efter Dag sidder ved den saaredes Leje, til hendes utrættelige og ømme Omsorg frelser ham fra Døden.

Saa kommer den Dag, da hun tilstaar Lancelot sin ydmyge Kærlighed, og hans kolde Venlighed lægger sig isnende om hendes Hjerte. Og atter sidder hun alene i sit Taarn; ikke engang hans Skjold har hun nu tilbage. Men stedse er det, som om hun hørte hans Stemme, bestandig ser hun hans Billede for sig. Faderen kommer til hende, og de trofaste Brødre: men hun er uimodtagelig for deres Trøst. »Som en Vens Stemme fra en fjern Mark kaldte Døden og nærmede sig igennem Mørket«. Og medens hun om Natten lytter til Uglernes Tuden, blande hendes Fantasier sig med de skumle Skygger rundt om og med Vindens triste Klage. I saadanne Timer digter hun sin »Sang om Elskov og Død«: »Sød er trofast Kærlighed, selv om den skænkes forgæves; og sød er Døden, der ender al Smerte«. Hendes Sorg fylder Huset; der er Stilhed i dèt gamle Hjem. I Haab om at give hende andre Tanker fortæller Faderen hende da om Lancelots og Dronningens Kærlighed, men hun anser Folks Tale om de to for Bagvadskelse: »Aldrig har der levet en ædel Mand, om hvem man ikke har talt ilde. Ingen vinder Venner uden ogsaa at skabe sig Fjender.« Saa lader hun en Præst hente, for at hun kan skrifte sine Synder og dø.

Da Præsten er gaaet, bønfalder hun sin Broder om at skrive et Brev for hende »til Lancelot og Dronningen og hele Verden«, men hun maa selv være Overbringeren. Og da Brevet er færdigt, vender hun sig til Faderen med sin sidste Bøn: »Læg Brevet i min Haand, lidt før jeg dør, og luk Haanden derover; jeg vil bevare det, selv i Døden. Og naar Livsvarmen er svunden bort fra mit Hjerte, tag saa den lille Seng, paa hvilken jeg døde — af Kærlighed til Lancelot — og smyk den rigt som Dronningens; og smyk ogsaa mig som Dronningen i alt det rigeste, jeg ejer, og læg mig derpaa.« Naar dette er gjort, ønsker hun at bæres ned til Floden, hvor et Skib skal ligge rede, overtrukket med sort. Med det vil hun sejle til Camelot i festlig Pragt og møde Dronningen. »Der skal jeg sikkert tale min egen Sag, og ingen af eder kan tale saa godt for mig«. Kun een Mand maa være om Bord i Skibet, en gammel stum Tjener; han kan styre og ro, og føre Fartøjet til Paladset.

Og Faderen lovede at opfylde hendes Bøn. Ti Dage svandt langsomt hen; saa døde hun Morgenen derefter, da Solen brød frem. Og alt skete, som hun havde ønsket det: klædt i fyrstelig Pragt blev Liget lagt paa Lejet, og det sorte Skib bar sin skønne Byrde op ad

Floden i den straalende Sommer. Den stumme gamle
Tjener sad ved Aarerne, og ingen anden var om Bord.
Saaledes kom de til Camelot, hvor Arthur lod Sir Perci-
vale og Sir Galahad bære Liget ind i Hallen. Ogsaa
Lancelot og Dronningen vare til Stede. Og Kongen saa
Brevet, brød Seglet og læste de simple og rørende Ord,
hvori hun havde taget Afsked med sin Helt og bønfaldt
ham om at bede for hendes Sjæl. »Jeg elskede dig, og
min Kjærlighed blev ikke gengældt, og derfor er min
Kærlighed bleven min Død.«

Fortællingen om Elaine er knyttet til den videre Ud-
vikling af Forholdet imellem Lancelot og Guinevere.
Det er af Troskab mod Dronningen, at Lancelot ikke
kan ægte Elaine; men da han for at være ukendt under
Turneringen — og herved opfylder han netop Guineveres
Ønske — gaar ind paa at bære Elaines Mærke under
Kampen, hvad han aldrig før har gjort for nogen anden
Dame, vækker han Dronningens Skinsyge. Herved anta-
ger Forholdet imellem dem en anden Karakter. Lance-
lot bringes til at sammenligne de to Kvinders Kærlighed,
og han maa indrømme for sig selv, at Elaines er den
dybeste og reneste. Han føler, at Dronningens tiltagende
Frygt for sit gode Navn og Rygte taler om en Kærlighed,
der svinder bort, alt som hin Bekymring forøges. Han for-
agter sig selv og sin Berømmelse: »Ak! Arthurs største
Ridder er ikke en Mand efter Arthurs Hjerte«. Han vil
bryde disse Baand, der vanære ham, naar blot ogsaa
hun vil. Og dog — vilde han virkelig bryde dem, om
hun nu gik ind derpaa? Tvivl og bitter Skamfølelse
piner ham: vilde han ikke gøre det, da beder han Gud
om Døden.

Historien om Lancelot og Elaine er fortalt af Malory
i attende Bog, Kapitel VIII—XX. Tennyson har tildigtet
et og andet — for Eks. Fortællingen om Diamanterne,
som Lancelot vinder ved Turneringen — men i det hele
og store følger han sin Kilde meget nøje. Man sammen-

ligne saaledes Samtalen mellem Elaine og Lancelot (Kap. XIX) eller Elaines Brev (Kap. XX) med de tilsvarende Steder hos Tennyson. Og dog: Krønikens jævne Fortælling forvandler sig under Digterens Haand til straalende Poesi. Straalende og skøn: det er det skønne, der giver hele Digtet dets Præg. Den rørende lille Historie løftes op i en højere og ædlere Verden ved Tennysons Genfortælling. Krønikens Skikkelser ere mere virkelige Mennesker end Digtets Elaine og Lancelot; gamle Malory er mere troværdig i sin Menneskeskildring end Tennyson, trods alle de mærkelige Eventyr, han fortæller, og tvivlsomt er det maaske, om *Idylls of the King* er en bedre Bog end *Morte Darthur*, endnu mere tvivlsomt, om den vil leve, saa længe blot som den gamle Krønike *har* levet. Men Tennyson har i dette Værk frembragt enkelte Digte af ulastelig Skønhed og gennemtrængte af en dyb, poetisk Følelse. Til disse Digte hører *Lancelot og Elaine*.

IV.

The Holy Grail. — Analyse af Digtet. — Karaktertegningen. — Tennysons Benyttelse af sin Kilde. — *Pelleas og Ettarre.* — Sammenligning med Malorys Krønike. — Analyse af Indholdet. — Modred.

Efter at Digteren i den foregaaende Fortælling har skildret den ideale jordiske Kærlighed, der knytter Elaine til Lancelot, maler han i *The Holy Grail* den religiøse Begejstring, der hæver Mennesket over alt jordisk. Den hellige Gral er den Kalk, Kristus benyttede ved Nadverens Indstiftelse, og som efter Sagnet blev ført til

Glastonbury af Joseph fra Arimathia. Hver den, som kunde røre ved den eller se den, blev helbredet for alt ondt ved sin Tro alene. Men i senere Tider, da Menneskene bleve slette, førtes det hellige Bæger til Himmelen og forsvandt. I Arthurs Dage har det imidlertid vist sig igen for en ung Pige, Percivales rene og fromme Søster. Hendes Fortælling om det vidunderlige Syn opflammer Percivale og især Galahad, den ubesmittede Ridder, der sætter sig i »det farlige Sæde«, som Merlin havde dannet ved det runde Bord, og ser den hellige Gral, hyllet i en Sky, medens alle de andre Riddere i Hallen høre Larm og se straalende Lys.

Saa sværger Percivale en Ed, at han vil drage ud for at søge den hellige Gral; et Aar og en Dag vil han ride, til han finder den. Og Galahad og mange andre Riddere sværge den samme Ed efter ham. Arthur er ikke til Stede, men da han hører derom, bliver hans Ansigt formørket, thi han forudser »det runde Bords« Opløsning. Et Tegn som dette er for Galahad og Percivales Søster, maaske ogsaa for Percivale selv, men ikke for disse Riddere: een har set, og nu ville alle de blinde ogsaa se. Arthur selv bliver hjemme, fordi det er hans Pligt som Konge at værne om sit Land — han har sit Hverv, som han ikke maa svigte; og han forstaar, at disse Mænd lade sig rive med af en religiøs Begejstring til at stræbe mod et Maal, der ligger over, hvad de kunne naa. Derfor bringer deres Bortgang Ulykker i Hjemmet, som de skulde værge, uden at de opnaa hin salige Lykke, hvortil de ved deres Levned have gjort sig uværdige. De ere brave og tapre Riddere, men de ere ikke rene som Galahad eller blot som Percivale.

Kongen vil imidlertid ikke hindre dem, og efter en prægtig Turnering drage de ud paa deres Rejse. I Digtet fortæller Percivale, der bliver Munk, en gammel Broder, Ambrosius, hvorledes den hellige Gral først viste sig, og beretter derefter sine egne og de andre Ridderes

vidunderlige Hændelser. Det er lykkedes Tennyson for-
træffeligt at skildre Percivales oversanselige Syner og at
faa Modsætningen frem imellem hans religiøs-romantiske
Higen efter det højeste og den gamle Broders jævne
Verdslighed, ligesom ogsaa Modsætningen til den anden
Side imellem de begejstrede Riddere og Kongen. Blandt
hine er især Sir Bors smukt skildret:

> »— — Sir Bors it was
> Who spake so low and sadly at our board;
> And mighty reverent at our grace was he:
> A square-set man and honest; and his eyes,
> An out-door sign of all the warmth within,
> Smiled with his lips — a smile beneath a cloud,
> But heaven had meant it for a sunny one.«
>
> (*Works*, S. 429, Sp. 2).

Han sørger over Lancelot, der er bleven vanvittig: kunde
blot Lancelot se den hellige Gral, da vilde han være til-
freds, om han saa aldrig selv skulde finde den. Men
netop Sir Bors faar den at se, da han om Natten ligger
bunden i et snævert, mørkt Rum, kastet i Fængsel af
vilde Hedninger.

I Lancelots Karakter sker der i dette Digt en videre
Udvikling. Den Anger, han føler over sin Brøde, bringer
ham til at sværge Eden med de andre i Haab om at
finde den hellige Gral og renses for sin Skyld. De skif-
tende voldsomme Sindsstemninger — Samvittighedsnag,
Skamfølelse, Kærlighed — gøre ham vanvittig. Han
overvindes af Mænd, der tidligere vilde have flygtet, før
han havde kunnet røre sit Sværd, og Ydmygelsen piner
ham. Til sidst forstaar han, at det, det gælder om for
ham, er at kaste al Tvivl over Bord og blot *tro*. Han
hører en Stemme raabe: »Herlighed og Glæde og Ære for
vor Herre og for den hellige Gral!« — han ved næppe
selv om det er Virkelighed eller Drøm — og tror at
se den hellige Gral selv; men det, han ser, er tilsløret
og bedækket, og han føler dybt sin Uværdighed.

Gawain, der allerede i den foregaaende Fortælling har skuffet Kongens Tillid, svigter ogsaa her, da han møder »en hellig Mand«, der forsikrer ham, at denne Søgen ikke er noget for ham, hvorom han føler sig endnu mere overbevist, da han ude paa Marken finder »et Silketelt med muntre Piger i«. Og mange andre Riddere gaar det som ham. Kongen ser sine bange Anelser opfyldte: de fleste af dem, der droge ud for at søge den hellige Gral, have ladet sig lokke af skuffende Lygtemænd; næppe en Tiendedel er kommen tilbage. Hin Ridderorden, der skulde øve alle ædle Dyder og føre Verden frem mod høje Maal, nærmer sig sin Under-gang. · Kun faa ere de, der have formaaet at opgive alt jordisk Begær for at frelse deres Sjæl — og de ere tabte for Verden, hvad Kroner de end maaske kunne vinde i Himmelen. Og de andre, der droge ud, have svigtet den Opgave, der var stillet dem her paa Jorden; de drives frem lige saa meget af Forfængelighed som af virkelig Begejstring. Man mindes om Tanken i *St. Simeon Stylites.*

Næsten paa hver Side i denne Fortælling er der karakteristiske og skønne Beskrivelser; den Kunst, hvor-med den er udført, er fuldendt. Men man savner, som saa ofte hos Tennyson, nye Synspunkter, friske Ideer. Hvad Digteren skænker os er fejlfrit, rent og skønt; han vækker vor Beundring, ofte vor Sympati; han rører os: men han ejer ikke det betagende Udtryk for den mæg-tige Lidenskab, den ubetvingelige Begejstring, der griber Arthurs Riddere, da de drage ud for at finde den hel-lige Gral. Fortællingen er rolig, afdæmpet, klar. Dig-teren staar ved Siden af sine Personer i Stedet for at leve i dem.

Stoffet er taget fra Malorys *Morte Darthur*, Bog XIII—XVII. Som sædvanlig ere mange Ting forbigaaede, medens adskilligt skyldes Digterens egen Opfindelse, som den romantisk-skønne Skildring af Percivales Eventyr, hvor alt, hvad han ser, smuldrer hen i Støv, og den fantasirige Beskrivelse af Arthurs Hal. Som Eksempel paa, hvor nøje Tennyson atter her har fulgt sin Kilde i visse Enkeltheder, kan fremhæves Lancelots Eventyr, da han kommer til Borgen Carbonek; det er fortalt af Malory i syttende Bog, fjortende Kapitel. Men først og fremmest følger hele Tanken i Digtet nøje den middelalderlige Fortælling, en af de skønneste og mest fantasifulde i den hele Sagnkreds. Derimod er Mødet mellem Percivale og hans elskede en fuldstændig Omdigtning af Malorys Fortælling (Bog XIV, Kap. VIII—X), og hos den gamle Forfatter er det ikke Percivale men Sir Gawain, der først sværger at søge den hellige Gral (Bog XIII, Kap. VII), medens Tennyson, karakteristisk nok, lader Gawain sværge »højere end de andre«. Naar Digteren lader Percivale afvise Folks Tale om, at Galahad skulde være Lancelots Søn, er det i god Overensstemmelse med hans hele Opfattelse af Lancelots Karakter, særlig som han har tegnet denne i Fortællingen om Elaine, men i direkte Modstrid med Krønikens ofte gentagne Forsikring[1]). Paa dette som paa andre Punkter passer *Den hellige Gral* ypperligt ind i den hele Række.

Dette gælder ogsaa den følgende Fortælling *Pelleas og Ettarre*, hvortil Stoffet er laant fra Malory, Bog IV, Kap. XX—XXII, idet dog Krønikens Beretning om Pelleas's Giftermaal med Nimue, »the damsel of the lake« (Slutningen af Kap. XXII og Kap. XXIII) ikke er benyttet af Tennyson. Hos Malory foregaar ogsaa Historien paa et tidligere Tidspunkt end hos den moderne Digter, og den Anvendelse, denne gør deraf, til at vise den om sig gribende moralske Fordærvelse ved Arthurs Hof — paa lignende Maade som i *Balin og Balan* og i *Merlin og Vivien* — ligesom ogsaa hele Begyndelsen af Digtet

---

[1]) Se f. Eks. Bog XI, Kap. II—IV, VII og IX; Bog XVII, Kap. XIII—XIV.

med Scenen i Skoven, da Pelleas og Ettarre første Gang
ses, Pelleas's Sang og hans Møde med Percivale og der-
efter med Lancelot og Dronningen skyldes Tennyson.
Endelig maa ogsaa den dybere Udvikling af Hovedper-
sonens Karakter — hele den naive Side deraf — til-
skrives denne.

Den troskyldige Pelleas forelsker sig i Ettarre, en
Kokette, for hvem han i Turneringen vinder Skønhedens
Pris. Da ·hans Bejlen trætter hende, og hendes Haan
over hans Ungdom og Uskyld ikke formaar at køle hans
Kærlighed, lader hun ham til sidst overfalde af tre Rid-
dere — til dette Tal reducerer Tennyson klogeligt Ma-
lorys ti — men besejrer dem alle. Ettarre, der fra Bor-
gens Taarn iagttager Kampen, raaber forbitret til dem,
at de skulle binde ham og bringe ham ind. Da han
hører hendes Stemme, holder han selv sine Hænder frem
og lader sig bunden føre til hende. Hun haaner ham
atter og lader ham derpaa kaste ud af Borgen, og dette
gentager sig flere Gange. En Dag kommer Gawain forbi
og er harmfuld Vidne til den ulige Kamp. Pelleas vil
imidlertid ikke modtage hans tilbudte Hjælp; han lader
sig atter binde, men da Ettarre som sædvanligt lader
ham kaste ud igen, byder han hende Farvel: trods alt
kan han ikke opgive sin Kærlighed, men hun vil aldrig
faa ham at se mere.

Da han kommer ud, løser Gawain hans Baand og
lover at hjælpe ham, hvis han i tre Dage vil laane ham
sin Hest og Rustning. Han vil da ride til Ettarre og for-
tælle, at han har overvundet og dræbt Pelleas; derved
vil hun sikkert fortryde sin Fremfærd imod denne og
komme til·at elske ham. Efter tre Dages Forløb gaar
Pelleas til Borgen og træffer Gawain sovende i Ettarres
Arme. Han vil først dræbe baade hende og den troløse
Ven; men hans ridderlige Sind oprøres ved Tanken om
at dræbe dem, medens de sove; han lægger sit dragne
Sværd over deres Strube og gaar bort. Da Parret vaag-

ner, og de se Sværdet, som begge kende, forstaa de,
hvem der har gjort det: Ettarre, som·ser, at Gawain
har løjet for hende, fatter nu en virkelig Kærlighed til
Pelleas, og da hun ikke kan vinde ham, tæres hun hen
og dør. Men Pelleas fortvivler over hendes Falskhed:
han troede, at hun var ren som Guinevere. Da erfarer
han, at heller ikke Dronningen er den, han havde tænkt:
han hører Fortællingen om Lancelot, der efter sin Hjem-
komst igen har knyttet Forbindelsen med Guinevere, og
spørger forfærdet Percivale: »Har nogen af vort runde
Bord holdt sit Løfte?« Og Percivale staar tavs. Han
møder Lancelot og kæmper med ham, men overvindes,
og Lancelot vil ikke dræbe ham. I Camelot træffer
Pelleas sammen med Dronningen. Da hun ser hans
Sorg, spørger hun ham ud; men hans barske Svar for-
virrer hende. Han kan ikke udholde at være paa Bor-
gen og iler ud. Lancelot og Dronningen betragte hin-
anden i Tavshed, og hver af dem forudser, at den
skæbnesvangre Dag snart maa komme. Der er længe
Tavshed i Hallen, og Modred, Gawains Broder, Arthurs
bitre Fjende tænker, medens han betragter dem alle:
»Tiden er nær for Haanden.«

V.

The last Tournament. — Digtets Betydning i den hele Række. —
Arthur. — Tristram hos Tennyson og hos Malory. — Dagonet. —
Matthew Arnold's *Tristram and Iseult.* — Dette Digts Form. —
Analyse af dets Indhold. — R. H. Huttons Karakteristik af Matthew
Arnold. — Swinburne's *Tristram of Lyonesse.* — Analyse af Indholdet.
— Sammenligning med Tennysons Værk.

Naar vi læse Malorys *Morte Darthur* igennem, er
der to Grupper af Personer, til hvem vor Interesse sær-
lig knyttes, og som vi ville bevare i vor Erindring, længe
efter at største Delen af alle disse Riddere og Damer
ere glemte, der under Læsningen ere gledne forbi vort
Øje i broget og afvekslende Skare: paa den ene Side
Arthur, Dronningen, Lancelot og Elaine le Blank, paa den
anden Kong Mark, hans Hustru La Beale Isoud, Tristram
og Isoud la Blanche Mains. Den første Gruppe har givet
Tennyson Stoffet til nogle af hans betydeligste Idyller;
Tristrams Historie har han kun berørt i Fortællingen
Den sidste Turnering. Lancelots Kærlighed til Guine-
vere og begges Utroskab mod den ædle Konge stilles
her overfor Tristrams dobbelte Brøde mod den forladte
elskede og hendes Navnesøster, den forladte Hustru,
ligesom Lancelots Forhold til Arthur modsættes Tristrams
Stilling overfor den usle Kong Mark, der gør Regning
paa og modtager sin Søstersøns ridderlige Tjenester,
naar Faren truer, skønt han er vel vidende om sin
Dronnings Kærlighedsforbindelse med ham. *Den sidste
Turnering* er »fjerde Akt« i det store Sørgespil, der
slutter med Guineveres Flugt til Klosteret og Arthurs Død.
Stemningen er tung og trykket; Digteren forbereder den
tragiske Slutning. Det gælder at vise, hvorledes alt er
i Opløsning: Arthur har stillet sig et ædelt, men uop-
naaeligt Maal, han har villet »forvandle Dyr til Menne-

sker«, han har været forud for sin Tid; da Troen paa
ham glipper, styrter den prægtige Bygning, han har rejst.
Det er Øjeblikket før det store Fald, Digteren skildrer.
Ormen har gnavet sig ind alle Vegne. Kongens egen
Hustru er ham utro; hans bedste Ven og bedste Ridder
er hendes Elsker. Og som i Kongens nærmeste Kreds,
saaledes er det overalt. Tristram er ikke mindre tapper
end Lancelot, men medens denne bliver sin Kærlighed
tro, svigter Tristram baade sin Elskerinde og sin Hustru.
Den moralske Maalestok, Tennyson anlægger overfor
Tristram, tilhører sikkert kun vor Tid; i Malorys Øjne
er han, trods alle Synder og Forsyndelser, ikke saa sær-
lig slem. Ikke at den gamle Forfatter forbigaar hans
forskellige Kærlighedshistorier, men han synes at betragte
dem som noget, der egentlig ikke er saa meget at sige
imod. Historien om hans Kærlighed til Sir Segwarides's
Hustru (Bog VIII, Kap. XIII—XIV), umiddelbart efter at
han har forlovet sig med La Beale Isoud og taget Af-
sked med hende under mange Taarer og Suk, fortæller
Malory uden Kommentar, som den naturligste Ting af
Verden. Hos Tennyson derimod bebrejder Isolt spøgende
sin Elsker dette gamle Forhold og tilføjer som en
moderne Kokette:« Hvad Frue eller Frøken har I knælet
for sidst?«

Malory fortæller om en Elskovsdrik, som Tristram
og Isoud ved et Tilfælde drak med hinanden, da Tri-
stram hentede hende, den Gang hun skulde ægte Kong
Mark. Derefter tilføjer han: »By that their drink was
in their bodies, they loved either other so well that
never their love departed for weal neither for woe. And
thus it happed the love first betwixt Sir Tistram and
La Beale Isoud, the which love never departed the days
of their life«[1]). Malory synes ikke at tænke paa, at de
jo have elsket hinanden før den Tid, skønt han selv har

---

[1]) Side 181, Sp. 2. (Bog VIII, Kap. XXIV).

fortalt ikke saa lidt derom (Kap. IX—XII), og at Elskovs-
drikken ikke hindrede Tristram i at elske og ægte Isoud
med de hvide Hænder, da han senere kom til Bretagne.
Tennyson udelader Fortællingen om denne Drik: hvis
Tristrams Kærlighed til Marks Hustru skyldtes Trolddom,
kunde han jo ikke gøres moralsk ansvarlig derfor, og Ten-
nyson vil netop moralisere. Kong Arthur og hans Rid-
dere bukke under i Kampen for Kongens ædle Ideer,
fordi de ikke ere værdige til at føre den, fordi de selv
svigte Idealet. Den plumpe dyriske Kraft faar atter
Overhaand: »den røde Ridders« Bud haaner Kongen i
hans egen Hal, og Arthur føler, at det ikke er ufortjent.
Selve de vilde Myrderier, hvormed Ridderne om det
runde Bord hævne deres hængte Kammerat, vise ham
snart efter, hvor dybt de ere sunkne fra hans høje Be-
greb om Ridderlighed.

Og alle Vegne ser han det samme Syn — Vold og
Brand, Utroskab, Had og Løgn: »og i Arthurs Hjérte
var Smerten Herre«. Og Lancelot sørger som han; men
ogsaa imellem dem bliver Kløften stedse dybere. En
dæmrende Mistanke om hans Kærlighedsforhold til Gui-
nevere er nu og da opstaaet hos Kongen: de elskende
have læst det i hans Blik. *Ved* han noget? Arthur tier;
og han ser ikke, hvorledes hans egen Person mere og
mere bliver Genstand for alles Spot og Foragt. Da saa
til sidst Dronningen flygter bort med Lancelot, da Brud-
det maa ske, er Riget splittet og Kongens Anseelse
tabt. Tristram — som Malory skildrer ham — er hver-
ken mere eller mindre »ædel« end Lancelot og Arthur,
og, som sagt, den gamle Forfatter falder ikke paa at
dømme ham haardere end de andre, men Tennyson, der
vil skabe et stærkere Modsætningsforhold mellem disse
tre Karakterer, gør ham til en Slags spottende Raison-
nør, en Mand, der har set sig om i Verden og lader
haant om de hjemlige »gammeldags« Begreber: »Kan
Arthur gøre mig ren som et jomfrueligt Barn?« siger han,

»hindre min Tunge i frit at sige, hvad jeg hører? binde mig til een? Den vide Verden ler deraf.« Det er da ogsaa meget lidt, Tennyson har laant hos Malory i Fortællingen om Tristram; naar man undtager Skildringen af hans Død, der støtter sig til nogle Linier i Krøniken (Bog XIX, Kap. XI og Bog XX, Kap. VI), er det meste — ligesom det meste af hele denne Idyl — Digterens egen Opfindelse.

Fortællingen er hist og her lidt dunkel, især for den Læser, der ikke er fortrolig med de gamle Sagn. Den mørke Grundstemning, der farver det hele Digt, bidrager dog meget til at samle Indtrykket af de enkelte Afsnit, hvori det falder, og som egentlig kun have liden Forbindelse med hverandre. Der er nedlagt en ikke ringe Kunst heri, ligesom ogsaa i Karaktertegningen, f. Eks. i Billedet af Narren, Dagonet. Men denne Idyl tager sig bedre ud og forstaas bedre i Sammenhæng med de andre end læst for·sig selv; den synes at være skreven for det hele Værks snarere end for sin egen Skyld.

Faa af disse gamle Fortællinger have fristet saa mange Digtere som Historien om Tristram og hans elskede. Det vil maaske ikke være uden Interesse at omtale et Par andre af de nyere engelske poetiske Bearbejdelser af dette Stof: Matthew Arnolds *Tristram and Iseult* og Swinburnes *Tristram of Lyonesse*.

Matthew Arnolds Digt[1]) bestaar af tre Stykker, der benævnes henholdsvis *Tristram, Iseult of Ireland* og *Iseult of Brittany*, og Stoffet er, som Forfatteren oplyser i en Note, laant fra Dunlop's *History of Fiction*. Det er skrevet i en ejendommelig brudt Form, halvt dramatisk, halvt episk. I det første Afsnit optræde Tristram og hans Page talende som i et Skuespil, og imellem

---

[1]) *Poems by Matthew Arnold*, vol. I. *Early Poems, Narrative Poems, and Sonnets*, S. 196—232.

Replikkerne indskyder Forfatteren saa sin Fortælling; andet Afsnit begynder med en dramatisk Scene og slutter episk; sidste Del er episk helt igennem. Der er en mild Stemning over Digtet, som er ejendommelig for dets Forfatter. Tristram ligger paa sit Dødsleje, og hans Hustru og Page vaage over ham. I Feberdrømme genoplever han Scener af sit Liv, men gennem dem alle klinger Navnet Iseult — ikke Hustruens Navn, men den elskedes, hin Iseult, med hvem han tømte Bægeret med Elskovsdrikken. Maatte hun dog komme til ham, inden han dør. Efter nogen Tid kommer han til sig selv, *spørger efter sine Børn*, taler kærligt til sin Hustru og formaar hende til at gaa til Hvile:

> »— My princess, art thou there? Sweet do not wait!
> To bed, and sleep! my fever is gone by;
> To-night my page shall keep me company.
> Where do the children sleep? kiss them for me!
> Poor child, thou art almost as pale as I;
> This comes of nursing long and watching late.
> To bed — good night!«

Dette er kønt, men besynderligt er det rigtignok ogsaa. Denne Tristram — ikke at tale om Iseult, der grædende tager hans Hænder i sine og forlader ham med et Blik, »ikke af saaret Stolthed«, men et Blik, der var »som en sørgelig Omfavnelse« (»*a sad embrace*«) — hører aabenbart mere hjemme i en moderne borgerlig Dagligstue end i en middelalderlig Ridderborg. Man forstaar ikke, hvorledes denne elskværdige Ægtemand og Fader samtidig kan rumme saa lidenskabelig Kærlighed til en anden Kvinde.

Og Skildringen af hin anden Iseult i næste Afsnit af Digtet bærer et lignende mildt-melankolsk Præg. Hun vil blive hos Tristram og passe ham, medens han er syg, hun er vis paa, at selv hans Hustru ikke vil kunne vredes paa hende, »en vissen Kvinde, der vaager ved

hans Leje, en Statue i hans Kapel«. Hendes Hjerte brister, da han dør, men ogsaa denne Scene, saa køn som
den i Virkeligheden er, synes ikke at have noget tilfælles med Krønikens store Skikkelser.

I en Afhandling om Matthew Arnold fremhæver Mr.
R. H. Hutton som et fremtrædende Træk i Arnolds Digterpersonlighed hans Tilbøjelighed, ikke til at formindske
det tragiske i Menneskets Skæbne, men til at vende vor
Opmærksomhed bort derfra, til at afryste den melankolske Følelse, den sørgelige Fortælling har vakt[1]). Dette
gælder den nydelige Slutning paa begge de første Afsnit af *Tristram og Iseult* og hele tredie Afsnit som
Slutning paa det hele Digt. Han giver os her en
idyllisk Skildring af den unge Enke, der, medens hun
spadserer med sine Børn, fortæller dem et gammelt
Sagn, og endelig slutter han med selve dette, Historien
om Merlin og Vivian, saa Tanken til sidst helt drages bort fra Tristrams ulykkelige Historie. Digteren opnaar ganske vist derved at befri vort Sind, men i dette
Tilfælde bringer han os rigtignok ogsaa næsten til at
glemme, hvad Interesse han kan have vakt hos os for
Digtets Hovedpersoner. Det sidste Afsnit maatte næsten
hellere helt undværes.

Tristram og Iseult hører sikkert ikke til den fremragende Digters og Tænkers bedste Arbejder, om end
dets milde Stemning øver sin Virkning paa Læseren;
derimod er Swinburnes *Tristram of Lyonesse*[2]) et betydeligt Værk ved sin lidenskabelige Patos, sin Tankerigdom, sin store Karaktertegning og den Friskhed, der
præger hele Behandlingen af det velkendte Stof. Tennyson lægger sin moderne Moral ind i den gamle For

---

[1]) *Essays on some of the Modern Guides to English Thought in
Matters of Faith.* By Richard Holt Hutton. S. 139—49.

[2]) *Tristram of Lyonesse and other Poems* by Algernon Charles
Swinburne. Third Edition. S. 1—169.

tælling; han benytter kun lidet af Tristramsagnet; men hvor han ellers i sine *Idyller* genfortæller den middelalderlige Krønike, følger han sin Kilde meget nøje, næsten Ord for Ord, især i Beskrivelser og Samtaler, og han farver sit Sprog med gamle karakteristiske Udtryk. Matthew Arnolds Fortælling er rørende, moderne-borgerlig; hans Personer have ikke det fjerneste Slægtskab med Middelalderens kraftige Karakterer; det er i Virkeligheden kun Krønikens Navne og enkelte Situationer deri, som han benytter. Swinburne følger ikke saaledes som Tennyson selve Ordlyden i Sagnet. Derimod giver han adskillige af dets Begivenheder og søger at bevare det naturlige og store i Karaktertegningen. Han dæmper og glatter ikke over »det stødende«, men selve den Lidenskab, der syder igennem Digtet, bærer det sikkert over alle Skær. Han skriver ud af sin egen Sjæl, han lever i sine Personer: derved blive disse til virkelige Mennesker med Kød og Blod, kraftige, sanselige, højt flyvende Karakterer i Slægt med Digteren selv og med Renaissancetidens store Aander, men moderne, fordi de udtrykke moderne Tanker, Swinburnes Tanker. Han beskriver selv sin Metode i Indledningen til Digtet, efter den skønne Kærlighedens Lovsang, hvormed han begynder:

> »— — — the twain I take, and give
> Out of my life to make their dead life live
> Some days of mine, and blow my living breath
> Between dead lips forgotten even of death«·
>
> (Side 11).

Digteren faar i sit store Værk Plads for mange af Krønikens Detailler og følger ret nøje Historien i dens Hovedtræk. I *The Sailing of the Swallow* fortæller han om Tristrams og Iseults Rejse over Kanalen; Tristram har bejlet til hende for Kong Mark og ledsager hende nu paa hendes Bryllupsfærd. Hos Malory fortælles (Bog VIII, Kap. ·IX—XII), hvorledes de allerede tidligere have

elsket hinanden; Swinburne skildrer i betagende Vers,
hvorledes Kærligheden, næsten ubevidst for dem selv,
vaagner hos dem paa denne Rejse. Saa drikke de den
skæbnesvangre Elskovsdrik, der forandrer deres rene
Kærligheds Natur:

> »— — — each on each
> Hung with strange eyes and hovered as a bird
> Wounded, and each mouth trembled for a word
> Their heads neared, and their hands were drawn in one,
> And they saw dark, though still the unsunken sun
> Far through fine rain shot fire into the south;
> And their four lips became one burning mouth.«
>
> (S. 40).

Hermed er den store Kærlighedstragedie begyndt. I den
næste Sang, *The Queen's Pleasance*, fortælles først, hvor-
ledes de elskende bedrage Kong Mark; dernæst følger
med nogle faa Afvigelser fra Krøniken (Malory Bog VIII,
Kap. XXIX—XXXI) Episoden med Saraceneren Sir Pala-
mede, hvem Kongen til Løn for hans Sang lover at give,
hvad han saa end maatte bede om. Palamede forlanger
da Kongens Hustru Iseult, og Mark tør ikke bryde sit
kongelige Ord [1]).

Palamede, af hvem Digteren giver en fortræffelig
Karakteristik, drager nu bort med Iseult, men da Tri-
stram, der havde været borte paa den Dag, hørte der-
om, forfulgte han Saraceneren og befriede Iseult, sam-
men med hvem han flygtede til en afsides Bolig i Sko-
ven, hvor de levede, som i en Elskovsrus, tre Sommer-
maaneder med hinanden. Denne Del af Fortællingen,
der er Swinburnes egen Opfindelse, viser hans Evne til
lyrisk Beskrivelse i al dens Pragt og er i høj Grad
karakteristisk for Digteren.

---

[1]) Sammenlign hermed den vallisiske Fortælling *Pwyll Pendevig
Dyved* (*Pwyll Prince of Dyved*), i hvilken næsten den samme
Historie fortælles (*The Mabinogion*, Lady Guests Udgave, vol.
III, S. 52).

Ved Begyndelsen af næste Sang, *Tristram in Brittany*, ere tre Aar gaaede hen, men først i det følgende Afsnit høre vi noget om, hvorledes Katastrofen indtraf. Helten lever nu landsforvist i Bretagne. Det Billede, Swinburne her giver af Tristram, kommer Malorys en hel Del nærmere end Tennysons, ikke at tale om Arnolds ret forbavsende kærlige Ægtemand og Fader, og har større poetisk Glans og Fylde end noget af dem. Hos Swinburne er Tristram:

>»One made out of the better part of earth,
A man born as at sunrise; one that saw
Not without reverence and sweet sense of awe
But wholly without fear or fitful breath
The face of life watched by the face of death;
And living took his fill of rest and strife,
Of love and change, and fruit and seed of life,
And when his time to live in light was done
With unbent head would pass out of the sun:
A spirit as morning, fair and clear and strong —«

Fortællingen om Iseult af Bretagnes gryende Kærlighed til den skønne, sørgmodige Ridder er smuk, men det lykkes næppe Digteren helt tilfredsstillende at forklare Tristrams Ægteskab med denne Iseult »med de hvide Hænder«. Malory fortæller simpelt hen: »Then by the great means of king Howel and Kehydius his son, by great proffers there grew great love betwixt Isoud and Sir Tristram, for that lady was both good and fair, and a woman of noble blood and fame. And for because that Sir Tristram had such cheer and riches, and all other pleasance that he had, almost he had forsaken La Beale Isoud. And so upon a time Sir Tristram agreed to wed Isoud la Blanche Mains. And at the last they were wedded, and solemnly held their marriage«. (Bog VIII, Kap XXXVI). Forfatteren synes at betragte det hele som noget ganske selvfølgeligt, men slet saa simpelt kan den moderne Digter jo rigtignok ikke tage det.

I den næste Sang, *The Maiden Marriage*, bliver Tragedien dybere: Tristram *kan* ikke glemme sin Kærlighed til hin første Iseult — La Beale Isoud, som Malory kalder hende — og hans Hustru henlever sit Liv i et barnløst, »jomfrueligt« Ægteskab. Digterens store Kærlighed til Børn finder her, som i adskillige af hans mindre Digte, et saa uforlignelig skønt og rent Udtryk, at det maa vække Sympati selv hos dem, der ellers staa kolde eller fjendtlige overfor Swinburnes Poesi. I Sangens Slutning skildrer han Bryllupsnatten; i det næste Afsnit, *Iseult at Tintagel*, følger Modstykket: den forladte Elskerindes Bøn og Klage, da hun samme Nat sidder alene paa sit Kammer i Kong Marks Borg. Næppe har Shakespeare selv nogensinde skildret Kærligheden, som Swinburne her har gjort det gennem denne »syndefulde« Kvindes vilde Tanker. Jeg kender ikke i moderne Poesi noget skønnere, mere gribende sandt og menneskeligt.

Den følgende Sang bærer Overskriften *Joyous Gard*, Navnet paa Lancelots Borg, hvor Tristram i Følge Malorys Fortælling (Bog X, Kap. LII) en Tid lang boede sammen med sin Elskerinde. Swinburne følger for øvrigt ikke Krøniken i andet end denne Stedbetegnelse, ligesom ogsaa hele Slutningen af Digtet synes at være Forfatterens egen Opfindelse.

Dette Samliv, som Digteren lader vare et Aar, er ligesom det Vindstille, der gaar forud for Uvejret. Trods skønne Enkeltheder som, man kunde fristes til at sige den *vidunderlige* Beskrivelse af Landskabet med de tre sovende Hejrer (S. 106) — et Billede, Tennyson ikke kunde have malet bedre — eller Slutningen af Iseults Ord til Tristram (S. 112), falder dette Stykke mattere. I *The Wife's Vigil* hæver Digtet sig igen; vi høre den forladte Hustrus Klage, eller rettere: Raab om Hævn. »Denne Jomfru med sine syndfri seksten Aar«, der for saa kort Tid siden blev Tristrams Brud, er forvandlet ved den Krænkelse og Skuffelse, hun har lidt. Hendes Mildhed er vegen og Bitterhed traadt i Stedet; hendes Villie er i Strid med sig selv, hendes Sind i Kamp med hele hendes Liv. Vi se hende for os: »Iseult med de hvide Hænder, Mø og Viv, en sørgende, hvis Sørgedragt er Vrede, Tvivl og Had«. Hun kender ikke til Skaansel; blot een Time af Tristrams hele Liv bønfalder hun om for i den at kunne triumfere: »Men denne *min* Time«, raaber hun til ham i Tanken, »er din sidste«.

The Last Pilgrimage fortæller derefter om de elskendes Adskillelse: Tristram drager bort for at befri Wales for en mægtig Kæmpe, der hærger Landet, Iseult fordres tilbage af Kong Mark og maa rejse til Tintagel. Fortællingen om Tristrams forskellige Bedrifter er lidt langtrukken, men Læseren holdes skadesløs ved den prægtige Beskrivelse af hans Bad Morgenen før den sidste Kamp. Saaret til Døden kommer han til Bretagne til sin Hustru, og i sidste Sang *The Sailing of the Swan* skildres hans Død.

Det er den samme Scene som i det første og bedste Afsnit af Arnolds Digt: Hustruen vaager i Vinternatten ved hans Leje, medens han venter Elskerinden, efter hvem han har sendt Bud for at se hende, før han dør. Iseult har hørt den Aftale, Tristram har truffet med sit Bud: hvis hin anden Iseult kommer med tilbage, skal han hejse hvide Sejl, men kommer hun ikke, skal Farven være sort. Hans Feberdrøm fylder hendes Sind med Bitterhed; hvert af de faa Ord, hun ytrer, kommer skarpt og skaanselløst fra de sammenpressede, hvide Læber; Hadet lyser i hendes Øjne. Med hvilken Kunst Digteren har formaaet at skildre den Forvandling, der er foregaaet med hende, fremtræder maaske ejendommeligst netop i Beskrivelsen af disse straalende Øjne. I det skønne Billede, han giver af den unge Brud, da Tristram er traadt ind i Brudekammeret, hedder det:

> »— — — her eyes
> Were emerald-soft as evening-coloured skies,
> And a smile in them like the light therein
> Slept, or shone out in joy that knew not sin,
> Clear as a child's own laughter.«
>
> (*The Maiden Marriage*, S. 81).

Da han ligger paa Dødslejet, forfærde hendes Øjne ham:

> »— — — she bowed
> Her head, still silent as a stooping cloud,
> And laid her lips against his face; and he
> Felt sink a shadow across him as the sea
> Might feel a cloud stoop toward it: and his heart
> Darkened as one that wastes by sorcerous art
> And knows not whence it withers: and he turned
> Back from her emerald eyes his own, and yearned
> All night for eyes all golden: and the dark
> Hung sleepless round him — —«
>
> (*The Last Pilgrimage*, S. 147).

Da han kommer til sig selv, beder han Gud lønne hende, fordi hun vaager hos ham, og hun tvinger sig til at svare med venlige Ord. Det er nu henimod Solopgang, og Skibet kan ventes hvert Øjeblik. Han spørger, om det er i Sigte, og hvad Farve Sejlet har. Tavs stirrer hun efter det, indtil det kommer til Syne i Horisonten: Solen skinner paa de hvide Sejl. Nu er Hævnens Time kommen. Og hun vender sig næppe om imod ham, idet hun siger: »Ja, Skibet kommer sikkert«, og saa tilføjer hun, »men dets Sejl ere sorte«. Han vil springe op for selv at se, men »Mørket lukkede sig som Jern rundt om hans Hoved«. Lidt efter staar den ventede ved hans Leje; han er død; hun bøjer sig over ham, og, ligesom i Arnolds Digt, dør ogsaa hun i det samme: »and their four lips became one silent mouth«.

Swinburne kommer i sin Behandling af Tristrams Historie ind paa adskillige af de andre Sagn, der ere knyttede til Fortællingerne om Kong Arthur; men alt er underordnet dette ene: Tristrams og Iseults Kærlighed. Ligesom Digtet indledes med en Lovsyngelse af Kærlighedens Almagt, saaledes er det hele Værk een mægtig Kærlighedshymne. »Himmelen vilde blive et øde Helvede«, siger han, »hvis Kærlighed ikke mere fandtes der; Helvede vilde forvandles til Himmerige, hvis Kærlighed fik Adgang dertil« (S. 4). I *Oenone* lyder den skuffede Kærligheds bitre Klage, dens Raab om Hævn; i *Enoch Arden* maler Tennyson den tavse Kærligheds dræbende Smerte; i *Rizpah*, til hvilket jeg senere skal komme tilbage (Femte Afsnit, II), har Moderkærligheden fundet et Udtryk, saa gribende som næppe noget andet Sted [1] — men intetsteds i Tennysons Værker lyder Kærlighedens mægtige Jubelsang, som den klinger igennem den forladte Iseults vilde Klager, da hun i Tristrams Bryllupsnat sidder ene paa Kong Marks Borg i Cornwall.

I teknisk Henseende er Swinburne næppe upaavirket af Tennyson. Han bruger maaske ikke saa mange Ord af det gamle Sprog som denne; men ligesom Tennyson undgaar han helst de Adjektiver, der ved hyppig Brug have tabt deres ejendommelige Klang. Han fængsler vort Øre ved Versets friske musikalske Tone. Ligesom Tennyson, ja, maaske i endnu højere Grad, benytter han Bogstavrimet, og ikke sjældent anvender han Gentagelsen af det samme Ord eller Rim: saaledes med stor Virkning i *Iseult at Tintagel*, hvor han skildrer Stormen og det oprørte Hav, der afbryder hendes Tanker, i to bestandig tilbagevendende Linier, varierede i Ord og Tanke, men stedse fremhævede ved de samme Rim og en ejendommelig virkningsfuld Pavse før og efter. Men trods

---

[1] Sammenlign med ovenstaaende Citat fra Swinburne (S. 4) *Rizpah*, Vers XVI:

»And if *he* be lost — but to save *my* soul, that is all your desire: Do you think that I care for *my* soul if my boy be gone to the fire?«

en saadan Ensartethed i Midlerne, de benytte, ere deres
Vers ligesaa forskellige som deres religiøse og moralske
Opfattelse: der er næppe to Linier i *Tristram of Lyonesse*,
man kunde tilskrive Tennyson, saa lidt som *Idylls of
the King* paa noget Punkt fører Tanken hen paa den
yngre Forfatter.

VI.

• *Guinevere.* — Digtets Hovedscener. — Malorys Beretning. — Ka-
raktertegningen. — *The Passing af Arthur.* — Analyse af Indholdet.
— Naturskildringer. — Sir Bedivere.

De sidste Linier af *The Last Tournament* fortæller,
hvorledes Arthur kommer hjem om Natten »i det død-
tavse efteraars-vaade Mørke« og finder Guineveres Bur
forladt. Han hører en hulkende Stemme, og da han
spørger, hvem der er, svarer Stemmen ved hans Fod,
stedse hulkende: »Jeg er din Nar, og jeg skal aldrig faa
dig til at smile igen«. Den lille Dagonet, Narren med
den skarpe Tunge, hvem Gawain til Spot kaldte Ridder
af det runde Bord, er mere trofast mod Kongen end Sir
Gawain eller Sir Lancelot: grædende sidder han, alene,
i den mørke Stue. Katastrofen er indtraadt: Dronningen
er flygtet bort fra Hoffet.

I det næste Digt, *Guinevere*, høre vi, hvorledes det
skete. Modred, der hader baade Arthur og Lancelot,
overrasker de elskende sammen. Lancelot baner sig
Vej ud med Dronningen: hun flygter til Nonneklosteret
i Almesbury, hvor hun bliver modtaget uden at kendes;
han drager til sit eget Land for at berede sig til For-

svar mod Kongen. Modred benytter sig af Forbitrelsen
over den store Skændsel, der har ramt Hoffet, og sam-
ler en Hær for at bemægtige sig Arthurs Rige.

Hovedstykkerne i Digtet ere Samtalen mellem Dron-
ningen og en lille Novice i Klosteret, der uden at ane,
hvem den sørgende fornemme Kvinde er, fortæller Gui-
nevere Rygterne om »den slette Dronning«, og den føl-
gende Samtale mellem Arthur og Guinevere, da han
kommer til Klosteret for at tage Afsked med hende, før
han .drager i Kamp mod Sir Modred.

Fortællingen er i alt væsentligt Tennysons egen Op-
findelse. I Krøniken er det ikke saa meget Modred —
eller Mordred, som Malory kalder ham — som hans
Broder Agravaine, der ligger paa Lur efter Lancelot og
Guinevere og giver Anledning til deres Flugt. Først da
Agravaine under Kampen er bleven dræbt af Lancelot,
træder Modred frem i første Række. De nærmere Om-
stændigheder ved Overfaldet paa de elskende ere da
ogsaa temmelig forskellige; først og fremmest er det af
Interesse, at det sker med Kongens Vidende og Villie
(Bog XX, Kap. II). De to Brødre med tolv andre Rid-
dere, alle i fuld Rustning, overfalde Lancelot, som er
ubevæbnet. Han dræber dem alle, undtagen Modred. der
flygter saaret. Lancelot gaar saa tilbage til Dronningen
og beder hende drage bort med ham, men Dronningen
mener, at der er sket ondt nok. Hun vil blive, og hvis
man .vil dræbe hende, skal Lancelot komme hende til
Undsætning. Saa kysse de hinanden, veksle Ringe og
skilles (Kap. III—IV). Efter Modreds Raad beslutter
Kongen, trods Gawains Modstand, at lade Dronningen
brænde, men i yderste Øjeblik bliver hun frelst af Lan-
celot og hans Hjælpere[1]), og i Kampen blive Gareth og

---

[1]) Hun havde for øvrigt allerede tidligere været i samme Situation.
I attende Bog, Kap. III—VII, fortælles, hvorledes Dronningen
bliver uskyldig anklaget for Mord og dømt til Baalet, men til
sidst frelst af Lancelot.

Sir Gaheris, der begge ere ubevæbnede, dræbte, hvorved ogsaa deres Broder Gawain bliver Lancelots uforsonlige Fjende. De elskende flygte til *Joyous Gard*, hvor Arthur forgæves belejrer dem, og først længe efter bliver Guinevere ved Pavens Mellemkomst udleveret til Kongen. Disse Kapitler ere blandt dé bedst fortalte hos Malory.

Da Dronningen er rejst hjem, drager Lancelot med mange Riddere til sine egne Lande i Frankrig. Her paafører Arthur, der fuldstændig lader sig lede af Sir Gawain, ham atter Krig, medens Modred indsættes til Regent i Kongens Fraværelse. Han bedrager imidlertid Arthur paa alle Maader: han søger endog at tvinge Guinevere til Ægteskab efter at have sendt hende falske Breve, der berette, at Arthur er død. Til sidst, da han vil bemægtige sig Riget, faar Kongen Underretning om hans Fremfærd og drager hjem for at kæmpe imod ham. At Guinevere bliver Nonne i Almesbury fortælles i en og tyvende Bog, Kap. VII, men det sker først efter Arthurs Død. Den gamle Krønike beretter derimod om et Møde i Klosteret mellem Sir Lancelot og Dronningen (Kap. VIII—IX), ligesom ogsaa Lancelot, da han er bleven en »hellig Mand« kommer til Almesbury efter Guineveres Død og drager Omsorg for hendes Jordefærd (Kap. XI).

Karaktertegningen afviger ogsaa stærkt fra Malorys. Dennes Portræt af Gawain er fortræffeligt. Den halsstarrige Ridder aftvinger os en ikke ringe Respekt, medens Arthur synker ned til at blive en ynkelig holdningsløs Person. Hans Raisonnement, da Lancelot har fældet de tretten Riddere, danner en morsom Modsætning til Tennysons Digt: »Mit Hjerte har aldrig været saa tungt, som det er nu«, siger han, »og jeg er langt mere bedrøvet over Tabet af mine gode Riddere end over Tabet af min skønne Dronning, for Dronninger kunde jeg faa nok af, men en saadan Skare af gode Riddere vil aldrig mere blive samlet«. (Bog XX, Kap. IX).

I det hele taget er Krønikens Arthur vidt forskellig fra den »dadelfri« Konge i Tennysons Digt. I første Bog, Kap. XXV, fortæller Malory, at Merlin spaar, Kongen vil blive dræbt af en, som er født paa Majdag. Kongen lader da alle fornemme Børn, som ere fødte paa denne Dag, bringe om Bord i et Skib, der driver om for Vind og Vove, til det strander, og alle Børnene, undtagen Modred, omkomme i Havet. Krøniken gør endda Modred til en Søn af Arthur og dennes Søster, Dronningen af .Orkney, der var gift med Kong Lot (Bog I, Kap. XVII & XVIII[1]); Bog XXI, Kap. I & IV). Dette kunde selvfølgeligt ikke passe ind i Tennysons ideale Skildring: »I was ever virgin save for thee«, lader Digteren Arthur sige, da Kongen tager Afsked med Guinevere.

Allerede i sidste Linie af *Lancelot og Elaine* antyder Tennyson, at Lancelot skal ende sit Liv som Munk. I *Guinevere* fortæller han, hvorledes Dronningen dør som Abbedisse i Almesbury: der staar da blot tilbage at skildre Arthurs Bortgang. Skønt den gamle Krønike, der fortæller Kongens Liv og Bedrifter, bestandig benævnes *Le Morte Darthur*, dør Arthur ikke — i hvert Fald lader Malory Spørgsmaalet henstaa uafgjort. I Kampen dræber Kongen Modred med egen Haand, men modtager selv et haardt Saar. Alle hans Mænd ere faldne, undtagen Sir Bedivere, den første, Arthur har slaaet til Ridder. Kongen paalægger denne at kaste hans Sværd Excalibur i Bølgerne, men Bedivere kan ikke bære det over sit Hjerte at tilintetgøre det prægtige Vaaben, og først efter et Par forgæves Forsøg paa at bedrage Arthur opfylder han Kongens Befaling. En Arm og en Haand hæver sig op af Bølgerne, griber Sværdet, svinger det

---

[1]) I Globe-Udgaven af Malory er her et Par »stødende« Linier udeladte. Arthurs Brøde gøres til Genstand for en indgaaende Undersøgelse i Prof. John Rhŷs's Værk: *Studies in the Arthurian Legend*, S. 19—22, hvor de paagældende Steder anføres efter Sommers Udgave af Malory, vol. I, S. 64—67 (Kap. XIX & XX).

tre Gange og forsvinder igen. Derefter kommer en lille Baad med skønne Damer til Strandbredden. Alle ere klædte i sort og græde, da de se Arthur. Han bliver lagt i Baaden, hvor tre Dronninger modtage ham og sejle bort med ham til Øen Avilion. Sir Bedivere kommer om Morgenen til en Eremit, der knæler ved en nylig kastet Grav. Ridderen spørger, hvem der ligger begravet her, men Eremitten ved det ikke: En Skare Damer bragte et Lig ved Midnatstide og bade ham begrave det; og de gave ham hundrede Vokslys og hundrede Guldstykker. Bedivere slutter da, at det er Kong Arthurs Grav — men ingen kan sige det for sikkert.

Tennyson, der ellers i Genfortællingen af disse Begivenheder følger Malory nøje, forbigaar det sidste Træk. *The Passing of Arthur* svarer til Krønikens enogtyvende Bog, Kap. III—V. Det ældre Digt, *Morte d'Arthur* (se foran Side 53—54), er, som tidligere omtalt, føjet ind deri. Det er et fortræffeligt Arbejde; Beskrivelsen af Slaget og Naturskildringerne, i hvilke Digterens poetiske Inspiration fjerner ham mere fra Originalen, høre til det bedste, Tennyson har frembragt. De smukke Linier om Avilion-Dalen,

> »Where falls not hail, or rain, or any snow,
> Nor ever wind blows loudly; but it lies
> Deep-meadow'd, happy, fair with orchard lawns
> And bowery hollows crown'd with summer sea —«
>
> (*Works*, S. 473—74).

minde om Beskrivelsen af det lykkelige Land i det angelsachsiske Digt *Føniks*[1]). Endnu mere malende er Beskrivelsen af Valpladsen efter Slaget:

----

[1]) »ne mæg þær ren ne snaw,   wihte gewyrdan,
ne forstes fnæst,   ac se wong seomað
ne fyres blæst,   eadig and onsund.
ne hægles hryre,   Is þæt æðele lond
— — — —   blostmum geblowen —«

>— — when the dolorous day
Grew drearier toward twilight falling, came
A bitter wind, clear from the North, and blew
The mist aside, and with that wind the tide
Rose, and the pale King glanced across the field
Of battle: but no man was moving there;
Nor any cry of Christian heard thereon,
Nor yet of heathen; only the wan wave
Brake in among dead faces, to and fro
Swaying the helpless hands, and up and down
Tumbling the hollow helmets of the fallen,
And shiver'd brands that once had fought with Rome,
And rolling far along the gloomy shores
The voice of days of old and days to be«.

(Works, S. 469).

The Passing of Arthur har en mere storladen Karakter end de fleste andre af disse Fortællinger. Dets Skønhed er af en anden, en mørkere Art, end den, der præger *Lancelot og Elaine* eller *Den hellige Gral.* Billederne af den øde vilde Natur, hvor Arthur udkæmper sit sidste Slag, giver den romantiske Fortælling et ejen-

---

Phenix-Fuglen. Et angelsachsisk Kvad. Førstegang udgivet med Indledning, Fordanskning og Efterklang af Nik. Fred. Sev. Grundtvig, S. 23. (Oversættelsen, S. 44, lader ikke Ligheden fremtræde saa stærkt). Se ogsaa George Stephens: *The King of Birds; or, The Lay of The Phœnix*, S. 7—8 og Henry Sweet: *Anglo-Saxon Reader*, S. 169—70. — Herbert Paul anser Stedet for »aabenbart inspireret« af nogle Linier i fjerde Bog af Odysseen, som han anfører i Oversættelse af Abraham Moore. I Wilsters danske Oversættelse lyde de:

»Guderne selv skulle føre dig ud til Grænsen af Jorden
til den elysiske Mark, hvor den Guldhaars Drot Rhadamanthos
bor, og hvor Menneskets Liv henrinder saa let og saa saligt;
der er ej fygende Sne, eller bidende Frost eller Regnskyl.
nej! men fra Dag til Dag en frisk mildviftende Vestvind
lader Okeanos lufte til Køling for Menneskens Sønner.«

(Vers 563—68). Se *The Nineteenth Century*, Marts 1893, S. 440. Churton Collins (S. 158) henviser til et lignende Sted i Odysseen, VI, 42—5, og til Lucretius III, 18—22.

12*

dommeligt Virkelighedspræg, og dette støttes ved det karakteristiske Portræt, Digteren har givet af Sir Bedivere. Det er en direkte Kopi efter Malory — maaske det netop er derfor, det er saa levende — men Tennyson har udfyldt Krønikens grovere Omrids. Beskrivelsen af Sir Bedivere, da han bærer den døende Konge ned til Strandbredden, er blot en videre Udvikling af de givne Antydninger — men det er en Udvikling, som forvandler Prosa til fuldlødig Poesi.

———

VII.

Slutning. — Sprog og Konstruktion. — Forholdet til Kilderne. — Middelalderligt og moderne. — Digtets allegoriske Tanke. — Idyllernes Plads i Tennysons Produktion.

———

De tolv Fortællinger, der ere samlede under Titelen *Idylls of the King*, udgøre hver for sig et selvstændigt Hele, men de ere knyttede til hverandre ved en ensartet ydre Form, ved en fælles historisk eller mytisk Baggrund, Arthursagnet, i det væsentlige saaledes som det er fortalt i Malorys *Morte Darthur* og Lady Guests Oversættelse af gamle vallisiske Fortællinger, samt ved en fælles ledende Tanke.

I formel Henseende indtager *Idylls of the King* en meget høj Rang. Den Tennysonske Jambes ædle Skønhed, Sprogets karakteristiske Farve, den energiske, levende Naturskildring, har ofte været omtalt i det foregaaende. Den enkelte Fortællings Tone og Konstruktion varierer i Overensstemmelse med det skiftende Stof. Digtene om Arthurs Komme og Bortgang have saaledes en mere rent episk Karakter, medens *Den hellige Gral* indeholder et stærkt fremtrædende lyrisk Element. Et enkelt, ret aparte Træk er fælles for en stor Del af dem: Digteren begynder med en, i Regelen kort, Skildring af den centrale Situation i Fortællingen og gaar saa over til at berette de Begivenheder, der gaa forud for denne; derefter vender han igen tilbage til sit Udgangspunkt.

Om de enkelte Idyllers Forhold til den benyttede Kilde har jeg talt i det foregaaende. Betragte vi det hele Værk, er det ret interessant at se, at de fra *Mabinogion* laante Fortællinger ikke væsentligt adskille sig fra de andre, skønt de vallisiske Eventyr i Form og Tone afvige stærkt fra Malorys Krønike: de bære alle Tennysons Mærke. Dette skyldes dels den fælles poetiske Form, dels Digterens ejendommelige Benyttelse af de foreliggende Kilder. Medens han ofte gengiver den enkelte Situation med stor Troskab, forbinder han den hele Række af Situationer eller Begivenheder paa sin Maade og udelader eller tildigter med stor Frihed. Han forandrer undertiden helt en Persons Karakter, medens han beskriver sammes Klædedragt med minutiøs Gengivelse af alle Originalens Detailler. Han følger sin Kilde nøje i *de smaa Ting*, thi han ved, hvor meget disse bidrage til at give Læseren et troværdigt Indtryk af den skildrede Tid, noget, der er af saa meget større Virkning, som de korrekte Naturbeskrivelser samtidig give en klar Forestilling om de Steder, hvor Handlingen foregaar. Det, han laaner fra Krøniken, giver Fortællingerne et ydre middelalderligt Præg, der ikke, lige saa lidt som Skildringerne i de gamle Sagn, er knyttet til noget bestemt historisk Tidspunkt. Men det, der danner Forskellen mellem *Mabinogion* og *Morte Darthur* er ikke saa meget saadanne ydre Ting; det er snarere den hele Tone, hvori de ere fortalte, Sprogformen, de forskellige Synspunkter, der gøre sig gældende, den forskellige Forfatterpersonlighed, der staar bagved. Men i saa Henseende er det netop, at Tennyson skiller sig fra sine Kilder og helt og holdent giver sig selv. Derfor er *Idylls of the King* heller ikke noget virkeligt Billede af middelalderligt Liv. Tennyson har slet ikke ønsket at skildre Personer og Begivenheder, endnu mindre Sæder og Skikke, med historisk Nøjagtighed. Dette vilde være en meget vanskelig Opgave, og saa vilde det endda være højst usikkert, om et saadant videnskabeligt Digterværk fandt Læsere. Det har blot været ham om at gøre at faa os til at tro paa Historien, og det er gennemgaaende lykkedes for ham. Nu og da bliver han moderne, saaledes at det støder Læseren — et Par Eksempler ere anførte foran, og flere kunde sikkert findes — men i det hele og store er det middelalderlige Kostume tilstrækkeligt til at sætte vor Fantasi i Bevægelse og hensætte os i denne ubestemte sagnagtige Riddertid.

At Tanken i Digtet er moderne følger af sig selv: Digteren skriver for sin Samtid og maa udtale Samtidens Tanker. I Arthurs Hal findes fire store Rækker af Billedhuggerarbejder, den ene over den anden: »I den laveste dræbe Dyrene Mennesket, i den anden dræber Mennesket Dyrene, i den tredie er der Krigere, fuldkomne Mænd, og i den fjerde Mænd med voksende Vinger, og over dem alle en Statue i Arthurs Skikkelse, med Krone paa Hovedet og opløftede Vinger, der pege mod Nordstjernen«[1]). Det er Menneskeslægtens Historie, saaledes som Tennyson ser den, dens gradvise, lovbundne Udvikling »from precedent to precedent«. Arthur, hvis Fødsel taber sig i dunkle Sagn, om hvis Død ingen kan berette, er Billedet paa den higende Menneskeaand. Hans Kamp for Fremgang og Civilisation repræsenterer den evige Kamp mellem Aand og Kød: hvert Menneske deltager i denne Kamp, paa den ene eller den anden Side, med større eller mindre Kraft efter sin Natur og sine Evner, og Arthurs Omgivelser repræsentere da de stridende Parter. I Begyndelsen sejrer han paa alle

---

[1]) *The Holy Grail. Works*, S. 422, Sp. 2.

Punkter, men lidt efter lidt brydes hans Magt. Nogle forlade ham, fordi de i religiøs Begejstring vende Tanken fra alt jordisk, andre svigte ham, fordi de ikke kunne modstaa Sansernes Fristelse. Hans Rige styrter sammen — men et andet vil rejse sig paa dets Ruiner:

>The old order changeth, yielding place to new».[1]

Selv drager han bort til Avilions Dale for at hele sit haarde Saar: men engang vil han vende tilbage, Kampen vil blive genoptaget; Slægt efter Slægt vil føre den. Gennem Sejr og Nederlag stræber Mennesket fremad — evigt fremad. Det er Tanken, som gaar gennem saa mange af Tennysons Værker: Livet er Kamp, men Kampen er Udvikling, Fremskridt, Forædling — Trin for Trin kæmper Menneskeslægten sig frem mod stedse højere Maal. Men intet Trin kan overspringes: det er mod Naturens Orden, som ingen ustraffet kan bryde.

En saadan gennemført Allegori har næppe fra Begyndelsen været indbefattet i Digterens Plan; den synes at være opstaaet efterhaanden, og den uregelmæssige Maade, hvorpaa Værket er fremkommet, gennem en lang Aarrække, har sikkert vanskeliggjort Gennemførelsen. Skøn som Tanken er, tynger den nu og da Digtet ned. Arthur og hans Hof blive mere Abstraktioner end rigtige Mennesker: kun ganske enkelte af de mange Personer, der føres frem for os, have et kraftigere Virkelighedspræg. Deres Følelser, deres Tanker eller Tale i den enkelte Situation ere ægte nok, men det er stundom vanskeligt at samle de spredte Træk til et karakteristisk Hele. Allegorien giver ogsaa Anledning til mystiske Hentydninger og profetiske Udsagn, der ofte ere ret uforstaaelige, men maaske den engelske Læser her lettere er i Stand til at følge Digtets Tanke.

Idylls of the King er i kvantitativ Henseende Ten-

---

[1] *The Passing of Arthur. Works*, S. 473, Sp. 2.

nysons største Værk; hvorvidt man vil betragte det som
hans bedste afhænger vel af Læserens individuelle Smag
eller Aandsretning. I hvert Fald ejer det store og
sjældne Skønheder og er et Hovedværk, ikke blot i Ten-
nysons digteriske Produktion, men utvivlsomt ogsaa i
den nyere engelske Litteratur. Det er fremkommet i
hans modne Manddomsalder og paa alle Punkter stem-
plet af hans ejendommelige Personlighed. Vi have set,
at Tanken i Digtet til en vis Grad er den samme, som
han har fremført i nogle af sine skønneste Ungdoms-
værker, og som til Dels klinger igennem *Tithonus*, der
blev trykt et halvt Aar efter Udgivelsen af de første fire
Idyller. Denne Tanke indeholder en Livsopfattelse, der
hos den unge Digter røbede ualmindelig aandelig Moden-
hed, og som Tennyson i ældre Aar ikke har funden
Grund til at fravige. Ogsaa i adskillige andre Henseen-
der er han den samme som før: mangen revolutionær
Aand er endt som konservativ — Tennyson har aldrig
været revolutionært anlagt, og han er ikke bleven det
med Aarene. Paa den anden Side er han heller aldrig
bleven saa konservativ, at han ikke har kæmpet for Fri-
hed og Fremskridt.

Den religiøse Tvivl, der tidligere saa ofte kom til
Orde, faar intet Udtryk i *Idylls of the King.* »More
things are wrought by prayer than this world dreams
of«, lader han med en svag Reminiscens fra *Hamlet*
Arthur sige ved Afskeden med Bedivere:

> »— — Wherefore, let thy voice
> Rise like a fountain for me night and day.
> For what are men better than sheep or goats
> That nourish a blind life within the brain,
> If, knowing God, they lift not hands of prayer
> Both for themselves and those who call them friend?
> For so the whole round earth is every way
> Bound by gold chains about the feet of God.«
>
> (*Works,* Side 473, Sp. 2).

Selvfølgelig kan man lige saa lidt her som i *Maud* uden videre identificere Digteren med nogen af Fortællingens Personer, men der er næppe Tvivl om, at Arthur paa dette Sted, som oftere, er Talsmand for Tennyson selv. Dette er saaledes vistnok ogsaa Tilfældet i Slutningen af *The Holy Grail.*

Vi vide, især fra *In Memoriam*, hvorledes Tennyson i lange Aar havde lidt og grublet, og hvorledes hans Aand atter havde fundet Hvile. Man kunde have ventet, at den Humor, hvoraf han er i Besiddelse, derefter kunde have præget enkelte Afsnit i han største Manddomsværk; men af Humor er her kun yderst svage Spor, og hvor Forsøget er gjort (som i Slutningen af *Gareth og Lynette*) er det ikke heldigt. Man kunde i det hele have ønsket lidt mere Afveksling: mere Lidenskab, mere oprindelig Friskhed, mere Liv. Tennysons Talent viser sig næsten snævrere begrænset i *Idylls of the King* end i hans Ungdomsværker. Paa en vis Maade har Opgaven ligget over hans Kræfter. Vi føle dette: ikke saa meget i det, han har givet, som i det, kan ikke har givet os. Mangelen paa Lidenskab gør ikke sjældent Fortællingen konventionel og dagligdags. Digterens Tanker i dette Værk ere, som altid, rene og skønne, men ikke nye, eller rettere — thi virkelig nye Tanker lade sig maaske ikke tænke — det er de gamle Tanker i de gamle Former, medens det, vi ønske, er nye Former, nye Synspunkter. Tennysons overlegne Teknik og ædle Kunst kan give Tanken en ny Ynde, en tiltrækkende Skønhed, men belyser den sjældent fra nye Sider. Adskillige af hans mindre Digte ere i denne Henseende betydeligere end *Idylls of the King*. Men, trods alt hvad der kan siges imod det, indeholder dette Værk dog saa meget fortrinligt, at vi hellere end at fremhæve Fejlene ville søge Glæde i Nydelsen af dets rige Skønhed og takke Digteren for, hvad han har givet, i Stedet for at klage over det, han ikke har skænket os.

FEMTE AFSNIT.

The Lover's Tale. De sidste Digtsamlinger.

I.

The Lover's Tale. — Et af Tennysons tidligste Forsøg. — Dets Ud-
givelse. — Omrids af Indholdet. — Reminiscenser derfra i senere
Digte. — Dets Fortsættelse: *The Golden Supper.* — Analyse af dette
Arbejde. — Dets Kilde.

I et lille Forord til *The Lover's Tale* meddeler
Forfatteren, at dette Digt er skrevet i hans nittende Aar.
Kun to af dets tre Afdelinger bleve trykte, da han selv
indsaa, hvor ufuldkomment det var, og af den Grund
holdt Digtet tilbage. En af hans Venner havde imidlertid
fordelt nogle Eksemplarer blandt Kammeraterne, og i
1879 bleve de to Dele »ubarmhjertigt stjaalne«, saa at
dette Arbejde, som Forfatteren »næppe havde anset for
værdigt til at leve«, ikke kunde »faa Lov til at dø«.
Han udgav da i Maj samme Aar det hele Værk tillige
med et Optryk af *The Golden Supper,* der danner en
Fortsættelse til *The Lover's Tale,* men tilhører Forfat-
terens senere Dage; det fremkom oprindeligt i *The Holy
Grail, and other Poems* (1869).

Som *Elskerens Fortælling* nu foreligger trykt, tør

man vel formode, at de »Udeladelser og Forbedringer«, Forfatteren havde paatænkt, ere foretagne. Digtet er en Monolog, hvori Julian fortæller nogle Venner sin Kærligheds Historie. Han elskede Camilla, der var født samme Dag som han. Deres Mødre vare Søstre. Han blev født efter Faderens Død; Camillas Moder døde, da hun skænkede sit Barn Livet. De levede under samme Tag, de bleve opdragne sammen og elskede hinanden som Broder og Søster. Da de traadte ud af Barnealderen lærte Julian at elske sin Fostersøster paa anden Maade, men den Dag, han vilde erklære hende sin Kærlighed, aabenbarede hun ham, at hun elskede Lionel, deres fælles Ven. Slaget kom uventet og haardt, og Julian styrtede bevidstløs til Jorden.

I den følgende Skildring af, hvorledes han saa lidt som muligt, søger at forstyrre de andres Lykke, er der et og andet, der svagt antyder *Philip* i *Enoch Arden*, medens hans senere Syner lede Tanken hen paa Elskeren i *Maud*. Man kan skælne ligesom den første Begyndelse til disse to Værker i dette Ungdomsdigt. Det ender, temmelig uklart, med at Julian hører — eller tror at høre — Klokkerne ringe ved det unge Pars Bryllup og flygter bort.

Det ungdommelige og umodne, der præger den hele Fortælling, viser sig ogsaa i mange Enkeltheder. Ganske vist er der Vers, som faa attenaarige kunde frembringe, men Mangelen paa Begrænsning, Ophobningen af Ord og Billeder, lader næppe ane, hvor hurtigt Tennyson skulde træde frem som fuldfærdig Kunstner. Forfatteren tog sit Arbejde tilbage — og viste derved en ikke ganske almindelig Selvkritik — og han har sikkert mindst af alle ønsket dets senere Udgivelse. Men det er ikke uden Interesse at se, hvorledes hans Tanke længe efter dvæler derved. Jeg har paapeget enkelte Lighedspunkter med Situationer i hans senere Arbejder: ogsaa enkelte Udtryk

og Billeder synes han at have bevaret i Erindringen.
Sammensætningen »*sweet and low*«, der benyttes to
Gange i det første Afsnit (*Works*, S. 484, Sp. 2 og 485,
Sp. 1), høre vi atter i den lille Sang, der indleder det
tredie Stykke af *Prinsessen.* Linien:

> *»I saw the moonlight glitter on their tears«*

i første Afsnit af *Elskerens Fortælling* (S. 487, Sp. 1)
og det dermed beslægtede Billede i andet Afsnit (S. 490,
Sp. 1):

> »— — — In my brain
> The spirit seem'd to flag from thought to thought,
> *As moonlight wandering thro' a mist —«*

er kaldt til Live igen i Begyndelsen af Digtet *Margaret*
(S. 21, Sp. 1; se denne Afh. S. 38):

> »What lit your eyes with tearful power,
> *Like moonlight on a falling shower?«*

I Begyndelsen af andet Afsnit (S. 489, Sp. 1) træffe vi
et Billede:

> »— — — the dragonfly
> Shot by me like a *flash of purple fire«* —.

der i mere fuldendt Form bliver optaget i *De to Stem-
mer*, hvor Guldsmeden kaldes: »a living *flash of light*
(S. 31, Sp. 1; se denne Afh. S. 43) — osv.

Historien i sig selv er imidlertid lidet interessant,
og man maa paa en Maade beklage, at Digteren har
knyttet *The Golden Supper* dertil; thi denne Fortælling
taber ved Forbindelsen med det ældre Digt. Den ud-
gør nu fjerde Afsnit heraf.

Det gyldne Aftensmaaltid er den lidt søgte Titel
paa en Monolog, hvori en af Julians Venner fortæller
Slutningen af Historien. Efter det unge Pars Bryllup
vender den ulykkelige Elsker tilbage til sin Moders Hus;

men han ser ikke mere Camilla. Først efter elleve
Maaneders Forløb hører han om hende: hun er død.
Liget bliver hensat i en aaben Gravhvælving, og efter
Bisættelsen gaar Julian alene derhen for at se hende
for sidste Gang og »kysse den døde«. Da han knæler ned
ved hende og lægger Haanden paa hendes Bryst — føler
han hendes Hjerte slaa. Forsigtigt løfter han hende op
og bærer hende hjem til sin Moder, hvem det lykkes at
bringe hende til Bevidsthed.

Fortvivlet over sin unge Hustrus Død er Lionel
imidlertid rejst bort, og Julian formaar Camilla til fore-
løbig at blive i hans Moders Hus. Nogen Tid efter
føder hun en Søn. Nu opsøger Julian Vennen og beder
ham deltage i en Fest hos ham — en Afskedsfest, da han
agter for stedse at forlade Landet. Gildet fejres med
stor Pragt og Højtidelighed; henimod dets Slutning for-
tæller Julian, at naar en Mand i Orienten vil ære sine
Gæster, da er det Skik, at han viser dem det skønneste,
han ejer. Denne Skik vil ogsaa han følge. Camilla,
som alle anse for død, træder derefter ind med sit
Barn paa Armen og overgives til den forbavsede, lykke-
lige Lionel; men Julian drager bort og ser dem aldrig
mere.

Historien er, som Forfatteren selv udpeger, bygget
over en af Boccaccios Noveller (*Decameron*, tiende
Dag, fjerde Fortælling). Tennyson følger den italienske
Digter nøje; dog forandrer han Navnene og henlægger
ikke, saaledes som denne, Handlingen til bestemte Loka-
liteter. Ogsaa den dramatiske Form og Digtets Tilknyt-
ning til *Elskerens Fortælling* medfører naturligvis nogle
Forandringer, idet f. Eks. Fortællerens egen Person til-
digtes, og Julians Kærlighed til Camilla bliver selvfølge-
lig motiveret paa en Maade, der ikke har noget som
helst med Boccaccios Novelle at gøre. Her fortælles
simpelt hen, at en ung Ridder i Bologna, Hr. Gentile
da Carisendi var forelsket i en ædel Dame, der hed

Madonna Catalina og var gift med en vis Niccoluccio Caccianimico — og saa følger Historien. Derfor **er** Hr. Gentiles Karakter heller ikke den samme som Julians.

———

II.

Ballads, and other Poems. — Den første Strid. — Rizpah. — Swinburne og Taine. — *The Northern Cobler. — »Hævnen«. — Søstrene. — Landsbykonen. — I Børnehospitalet. — Lucknows Forsvar. — Sir John Oldcastle. — Columbus. — Maeldunes Rejse. —* Andre Digte.

———

Vi komme nu til den lille men vægtige Digtsamling, der bærer Navnet *Ballads, and other Poems* (1880), og som indledes med nogle Linier til Digterens halvandet Aar gamle Sønnesøn: ømme Ord, der røbe Bedstefaderens Kærlighed og Glæde.

De fleste af disse Digte ere skrevne i den af Tennyson saa ofte benyttede dramatiske Form: Historien fortælles af en af Handlingens Hovedpersoner. I *Den første Strid* er Scenen henlagt til Øen Wight. En midaldrende Kone fortæller Lægen sin Kærligheds og sit Ægteskabs triste Historie. Hun elskede den Mand, hun ægtede, og han var en god Ægtefælle for hende. Da finder hun en Gang et Brev i en gammel Kasse — et Kærestebrev, skrevet til ham fra en anden. Hun gribes af Skinsyge og bebrejder Manden i heftige Ord hans Utroskab. Han viser hende, at Brevet er skrevet længe før deres Giftermaal, og søger paa enhver Maade at berolige hende: naar hun blot vil vente lidt, vil nok alt blive godt — men hun vil ikke vide af ham at sige. Manden faar imidlertid Arbejde borte fra Hjemmet og maa forlade hende. Før Afrejsen søger han igen at

forsones med hende men forgæves. Han sender hende
Brev:

»— — — I've gotten my work to do;
You wouldn't kiss me, my lass, an' I never loved any but you;
1 am sorry for all the quarrel an' sorry for what she wrote,
I ha' six weeks' work in Jersey an' go to-night by the boat.«
(XVI).

Det bliver Uvejr — Baaden gaar under, og hun faar ham
aldrig at se mere. Særlig den sidste Strofe er i høj
Grad dramatisk:

»An' the wind began to rise, an' I thought of him out at sea,
An'· I felt I had been to blame; he was always kind to me.«

Saa gentager hun Mandens venlige Ord:

»'Wait a little, my lass, I am sure it 'ill all come right' —«

og afbryder sig selv med et Skrig —

»An' the boat went down that night — the boat went down that
night.«

Rizpah — hvortil Navnet er laant fra anden Samuels
Bog, Kap. XXI — er skrevet med gribende Patos. En
ulykkelig, vanvittig gammel Kvinde fortæller sin Søns
Historie: med en Skare vilde Kammerater har han været
med til at overfalde Postvognen; han bliver greben og
hængt, men hun stjæler om Natten de tørre Knogler
fra Galgen og begraver dem ved Kirkegaardsmuren.
Handlingen er henlagt til forrige Aarhundrede. — I en
Afhandling om Tennyson og Musset (*Fortnightly Review,*
Febr. 1881, S. 130—31) gør Swinburne dette Digt til
Genstand for den mest begejstrede Beundring. Den
store Digter, der ogsaa som Kritiker lægger hele sin
Sjæl i sit Værk, baade hvor det gælder Ros og Dadel,
(og han skaaner sandelig ikke Tennysons »dadelfri
Konge« i sin Omtale af *Idyllerne*)[1] siger om *Rizpah*:

---

[1] Samme Afhandling, S. 146—149. Swinburnes haarde Dom
over *Idyller om Kong Arthur*, særlig over Tegningen af

»— never since the very beginning of all poetry were the twin passions of terror and pity more divinely done into deathless words or set to more perfect and profound magnificence of music: never more inseparably fused and harmonized into more absolute and sublime identity. The poet never lived on earth — such at least is my humble and hearty conviction — whose glory would not be heightened by the attribution of this poem to his hand.« Og lidt efter: »If after a thousand years all trace of all his poems had vanished from all human record, save only these eighty-six verses of *Rizpah*, proof positive and ample and overflowing would be left in the survival of these that in him, if ever upon earth, a great poet had been born among men. If this be not great work, no great work was ever or will ever be done in verse by any human hand.«

Swinburnes Afhandling er nærmest et Svar paa Taines Vurdering af Tennyson i sidste Bind af *Den engelske Litteraturs Historie*. Den franske Kritiker sætter Alfred de Musset højere end Tennyson, og Swinburne, der for øvrigt selv beundrer Musset, erklærer, at fire Linier af *Rizpah* ere langt mere værd end alle Mussets dejligste Vers. I denne Forbindelse bør det dog ikke overses, at Taine skrev sin Historie, adskillige Aar før *Rizpah* udkom, og at det følgelig er for meget forlangt, at han skulde have vurderet Tennyson efter dette Digts Betydning.

The Northern Cobler er skrevet i Dialekt og er et saare fornøjeligt Digt. Skoflikkeren har Ordet og fortæller sin Svoger, en Søgut, der kommer hjem efter mange Aars Fraværelse, hvordan det gik til, at han blev Afholdenhedsmand. Han var en flink Arbejder, da

Kongen selv, imødegaas med ikke ringe Dygtighed af Mr. van Dyke i *The Poetry of Tennyson*, S. 152—156. Den amerikanske Kritiker karakteriserer imidlertid selv Arthur med Digterens egne Ord som næsten: »Faultily faultless, icily regular, splendidly null.« Se S. 190—92. (*Maud*, første Del, Stykke II. *Works*, S. 289).

han giftede sig, og alt gik godt i Begyndelsen af Ægteskabet. Men da hans Hustru fik et Barn, forfaldt han til Drik; han passede ikke mere sit Arbejde; alt, hvad han tjente gik med til Spiritus, og hvad Konen kunde tjene gik samme Vej, skønt hun gemte Pengene i sine Strømper, for at han ikke skulde finde dem. En Nat, da han kom hjem, og Konen sad oppe grædende og ventede paa ham, blev han saa voldsom, at han væltede Vuggen og ødelagde deres fattige Møbler. Konen og Barnet skreg, og han mishandlede da sin Hustru, saaledes at hun ikke kunde gaa den næste Morgen. Da han kom til sig selv og saa, hvad han havde gjort, og tænkte paa, hvor net og køn hans Sally altid havde været, og hvor meget han egentlig holdt af hende, besluttede han, at han aldrig vilde smage en Draabe Spiritus mere. Konen kunde ikke rigtig tro paa en saadan Forandring, saa meget mindre som han begyndte med at købe en stor Flaske Brændevin, som han stillede op i Vinduet. Men han har holdt sit Ord alligevel. Han har blot villet vise, at han er Mand for at se sin Fjende i Ansigtet. Flasken staar endnu urørt, og den skal blive staaende, hvor den staar, til hans Dødsdag. Svogeren mener maaske, at en Pægl kunde have været lige saa god som en Pot — uden Tvivl: men han holdt af en større Fyr til at slaas med, og han har kæmpet Kampen ud:

>Wouldn't a pint a' sarved as well as a quart? Naw doubt:
But I liked a bigger feller to fight wi' an' fowt it out.<

Han er kommen til at holde af den paa en anden Maade: han er stolt af den og tørrer den af og holder den blank, og naar han engang dør, vil han have Flasken med sig i Graven for at tage den med, naar han træder frem for Guds Trone:

>I'll hev 'im a-buried wi'mma an' taäke 'im afoor the Throän<.

Den Flaske har bragt Velstand i Huset:

»But if tha wants ony grog tha mun goä fur it down to the Hinn,
Fur I weänt shed a drop on 'is blood, noä, not fur Sally's oän
kin.«

I Forbindelse med dette Digt skal jeg anføre en lille Anekdote, der er fortalt af Mrs. Ritchie; den indeholder efter hendes Mening maaske den bedste Kompliment, Tennyson nogensinde har modtaget: »En Dag, da han spadserede i Covent Garden, blev han standset af en Vagabond, der holdt Haanden frem imod ham og sagde: »De er Mr. Tennyson. Ser De, sir, her er jeg. Jeg har været fuld de seks Dage i Ugen, men hvis De vil trykke min Haand, vil jeg være fordømt, om jeg nogensinde bliver fuld igen.« [1])

Den følgende fortræffelige Ballade »*Hævnen*« fortæller i kraftige, karakteristiske Vers, hvorledes Sir Richard Grenville med sit lille Fartøj *The Revenge* kæmpede mod 53 spanske Skibe. *The Sisters* er Historien om to Søstre, der ligne hinanden i høj Grad. En Morgen kører den ene af dem, Evelyn, forbi en ung Mand, og hendes Skønhed vækker hans Kærlighed. Nogen Tid efter træffer han Søsteren, Edith, og vinder hende uden at vide, at det er en anden. De blive ikke forlovede, men begge føle, at det kun er Ordet, der mangler. Da kommer Evelyn tilbage fra en Rejse: i et Øjeblik ser han, at det er hende og ikke Søsteren, han har elsket og elsker; men han føler sig moralsk bunden til Edith. Denne forstaar Sammenhængen. Hun tager bort, og et Par Ord, hun sender ham, lade ham ved deres ligegyldige Tone tro, at hun slet ikke har opfattet deres Forhold paa samme Maade som han. Han er halvt vred, halvt glad, men anser sig i hvert Fald for fri og bejler

---

[1]) *Harper's Magazine*, December 1883, S. 39. — *Rizpah* og *The Northern Cobler* ere oversatte af Dr. Ad. Hansen (*Oversatte engelske Digte*. Kjøbenhavn 1884).

efter nogen Tids Forløb til Søsteren. De blive forlovede, uden at Evelyn faar noget at vide om, hvad der er foregaaet mellem ham og Edith. Ved Brylluppet er denne endog Brudepige. Hun spiller sin sørgelige Rolle til Ende: men hun mister sin Forstand og dør. — I Digtet ligge disse Begivenheder langt tilbage i Tiden. Ogsaa Evelyn er død, men har efterladt sig to Døtre, der nu ere voksne unge Piger; de ligne hinanden som Edith og Evelyn og bære disses Navne. En ung Ven af Huset synes indtaget i dem begge og i Tvivl om, hvem af dem han skal vælge: saa fortæller Faderen ham sin Ungdomshistorie.

I *The Village Wife; or, the Entail* have vi atter en fortræffelig Monolog i Dialekt. *In the Children's Hospital* indeholder en lille Barnehistorie, der næsten kunde minde om H. C. Andersen: den skal grunde sig paa en virkelig Begivenhed, der oprindelig blev meddelt i *St. Cyprian's Banner*, December 1872, og senere ogsaa genfortalt andensteds. [1]) Den pragtfulde Ballade *The Defence of Lucknow*, der indledes med et Tilegnelsesdigt til den i December 1878 afdøde Prinsesse Alice, priser en berømmelig Daad under Oprøret i Indien: det ansaas for muligt at holde den svage Fæstning i femten Dage, allerhøjest i tyve; Kvinder og Børn deltoge i Forsvaret, og Lucknow holdt sig i 87 Dage, til der kom Undsætning.

De følgende to Digte ere Monologer i ypperlige femfødede Jamber, begge byggede over Emner fra Historien. Handlingen i det første foregaar i Wales under Religionsforfølgelserne i Begyndelsen af det femtende Aarhundrede. Sir John Oldcastle, Lord Cobham, er flygtet fra Fængslet, og medens han ude i Bjergene venter paa en Ven, der har lovet at skjule ham, gennemgaar han

---

[1]) *Notes and Queries*, 6. Serie, vol. III, S. 85, citeret af Churton Collins, S. 162.

de sidste Tiders Begivenheder. I det andet Digt, der ligesom hint er opkaldt efter Hovedpersonen, er det Kolumbus, der i Fængslet i harmfulde Ord klager over den Behandling, man har ladet ham lide til Løn for hans store Opdagelser. Man kunde i disse Arbejder have ventet en dybere Karakterskildring, maaske ogsaa en mere ejendommelig historisk Kolorit.

The Voyage of Maeldune grunder sig efter Forfatterens Angivelse paa en irsk Legende fra Aar 700. [1]) Læseren fængsles af de fantasirige Beskrivelser og Digtets klare Tanke. Det mystiske *De Profundis* slutter denne Samling. De fire Sonetter og nogle andre mindre Digte: *Translations*, *etc.*, som følge derefter, gøre næppe Fordring paa en mere indgaaende Omtale.

---

[1]) Oversat paa Engelsk af Dr. P. W. Joyce i hans *Old Celtic Romances* (1879). Denne Oversættelse er ikke kommen mig for Øje. Mr. Churton Collins (*Illustrations of Tennyson*, S. 164) skriver, at de Kapitler i Dr. Joice's Værk, som kunne sammenlignes med Digtet, ere, i Orden, I, II, VII, XIX, XI og XXIX, XXI og XXII, XXXIII, XXXV. — En kritisk Udgave af Grundteksten tilligemed en ny Oversættelse, *The voyage of Mael Duin*, blev forelagt Publikum af Whitley Stokes i *Revue Celtique*, Tome IX og X (Paris 1888 & 89). Tennysons første Strofe svarer til Indledningen i denne Udgave, anden til Kap. I, fjerde til XVIII og XXXI, sjette til XXIX, syvende til XXXII samt XXII og XXIII, ottende er maaske inspireret af XXVIII, men er iøvrigt ganske forskelligt derfra; ellevte og tolvte svare til XXXIII og XXXIV; tredie, femte, niende og tiende Strofe have intet tilsvarende. — Behandlingen er overordentlig fri; man sammenligne f. Eks. Tennysons Beskrivelse af Ildøen (VII) med den gamle Legendes kostelige Skildring: Ilden staar som en Vold rundt om Øen, og denne flammende Vold er i stadig Bevægelse; paa den ene Side af den er der en Dør, og hver Gang Døren under Omdrejningen kommer lige over for de rejsende, kunne disse igennem den se hele Øen med alt, hvad derpaa findes! (Tome X, S. 81). Digtets hele Anlæg følger derimod Originalen ret nøje.

III.

*Tiresias, and other Poems. — Tiresias. — Vraget. — Fortvivlelse. —
Flugten.* — Tennysons kraftige Udvikling i hans høje Alderdom. —
Digte i Dialekt: *Tomorrow* og *The Spinster's Sweet-Arts.* — *The
Ancient Sage.* — Det andet *Locksley Hall.* — Analyse af Indholdet.
— Dets Angreb paa den moderne Udvikling. — Gladstones Afhand-
ling herom. — Mindre Digte.

Det næste Afsnit af Digterens Værker bestaar af
Samlingen *Tiresias, and other Poems*, der udkom 1885,
dediceret til Robert Browning. Efter et Indledningsdigt
til Tennysons gamle Ven E. Fitzgerald følger Fortæll-
ingen om Tiresias fra Theben, der saa Pallas Athene,
da hun nøgen steg fra Badet, og som til Straf blev
blind og fik Spaadomsgaven med den tunge Lod knyttet
dertil, at han skulde tale Sandhed, men ingen tro hans
Ord. I Digtet fortæller han Menœceus sin Historie,
medens Fjenden rundt om truer Byen med Øde-
læggelse. Staden kan kun frelses, hvis en uskyldig
Yngling frivilligt ofrer sit Liv derfor. Han bønfalder
Menœceus om at tilintetgøre Gudindens Forbandelse og
tro paa den Sandhed, han taler: han kan frelse
Byen, hvis han har Mod til at dø, og vinde evig Hæder
derved. Menœceus lytter tavs — og gaar bort for at op-
fylde hans Bøn. Ligesom *Tithonus* og andre af Digterens
Værker er dette Arbejde en Frugt af Tennysons klas-
siske Studier. Det er skrevet i urimede femfodede
Jamber.

De tre store Digte *The Wreck*, *Despair* og *The
Flight* ere dramatiske Monologer ligesom *Rizpah*, med
hvilket Arbejde de ere beslægtede ved deres lidenskabe-
lige Patos; men de kunne næppe maale sig med det
ældre Digt. I *Vraget* er det en ung Kvinde, der er
Hovedpersonen. Hun er bleven gift med en kold, raa
Person, som hun forlader, da Kærlighed til en anden, i

hendes Øjne ædel og højt begavet Mand, vaagner hos hende. De elskende flygte bort; men Skibet, hvormed de sejle, gaar under, og hun alene tilligemed en af Søfolkene blive frelste. Da hun forlod sit Hjem, lod hun sit eneste Barn blive tilbage, en lille Pige, hvem Faderen foragtede, fordi han havde haabet at faa en Søn. Efter Strandingen kommer Tanken om Barnet atter op i hende; hun skriver til Ammen, for at faa noget at vide om den lille, og faar Svar fra sin Mand — addresseret til hende under hendes Pigenavn: en afklippet Stump af en Avis, hvori Barnets Død er averteret.

Indholdet af det andet Digt, *Fortvivlelse*, har Forfatteren selv fortalt i nogle faa indledende Linier: »En Mand og hans Hustru have mistet Troen paa Gud og Haabet om et tilkommende Liv, og da de ere yderlig ulykkelige i dette, beslutte de at gøre en Ende paa sig selv ved at drukne sig. Hustruen drukner, men Manden bliver frelst af en Præst af den Sekt, han har forladt.«

Flugten handler om en ung Pige, der skal tvinges til at ægte en rig, forhadt Bejler for derved at frelse Faderens Gods for at komme under Hammeren. Det er den tidlige Morgen før Bryllupsdagen; hun har aftalt med sin Søster at flygte bort og kalder nu paa denne, da Solen begynder at bryde frem.

Det er Emner fra Livets Skyggesider, Tennyson behandler i disse Digte. *Rizpah*, *Vraget*, *Fortvivlelse* staa i deres hele Tone Forfatterens Ungdomspoesi fjern; *Flugten* er mere beslægtet med denne. Fra det rørende er Digteren naaet til at skildre det gribende; der er noget af den store Tragedie i disse Monologer. Man kan næppe fatte, at *Rizpah* fremkom i Digterens en og halvfjerdsindstyvende Aar og de andre fem Aar senere. I en Alder da faa Digtere ere i Stand til at give andet end en svag Efterklang af tidligere Værker, — hvis de overhovedet frembringe noget — skaber Tennyson det ene store Digt efter det andet; han slaar ind paa nye

Veje, hans psykologiske Skildring bliver dybere, hans dramatiske Kraft større end i hans Ungdoms og Manddoms bedste Værker. Og samtidig hermed udvikler han stedse rigere det Lune, der tidligere saa sparsomt kom til Orde. Atter i denne Samling træffe vi et Par Dialektdigte, der ikke i ringeste Maade staa tilbage for Tennysons tidligere Arbejder af denne Art.

Det ene af disse *Tomorrow* er en irsk Variation af en i mange Litteraturer forekommende Fortælling — i den amerikanske f. Eks. John G. Saxe's Ballade *The Lady Ann* og i vor egen Blichers Novelle *Hosekræmmeren,* [1]) der dog intet have tilfælles med den sidste Del af Tennysons Digt; denne genfinde vi derimod i et over mange Lande udbredt Sagn. — En ung Mand lover sin Kæreste at møde hende »i Morgen«; men han kommer ikke til Mødet. Dag efter Dag gaar, ingen hører eller ser noget til ham. Hun mister til sidst Forstanden. Bestandig gentager hun det ene Ord, det sidste, hun har hørt ham sige: »I Morgen«. Mange Aar gaa hen, saa finde nogle Folk den forsvundnes Lig i en Tørvemose. Ingen kender ham — Mosen har bevaret ham uforandret, som han var i de unge Dage — da kommer den stakkels gale til:

»— Molly kem limpin' up wid her stick, she was lamed iv a knee,
Thin a slip of a gossoon call'd, 'Div ye know him, Molly Magee?'
An' she stood up strait as the Queen of the world — she lifted her
head —
'He said he would meet me tomorra!' an' dhropt down dead an
the dead.«

(XII).

Den Humor, hvormed Tennyson lader Fortælleren ubevidst skildre sig selv, og Dialekten, hvori den er fortalt, giver den rørende gamle Historie en egen Friskhed.

----

[1]) *Poems* by John G. Saxe, S. 118. — Blichers *Samlede Noveller* ved P. Hansen, vol. II.

Ikke mindre fortræffelig er *The Spinster's Sweet-Arts*, der er i Lincolnshire Dialekt. — Den gamle Jomfru har haft mange Tilbedere: hun kunde sagtens have faaet en Mand, naar hun selv havde villet. Men hvorfor i al Verden skulde hun gifte sig? Hun har Penge nok, og et saadant Mandfolk vilde jo bare bringe Forstyrrelse i Huset. Een Gang var hun rigtignok nær ved at give sit Ja. Det var den Gang, hun var falden i Dammen, og Robby frelste hende ved uden Betænkning at springe ud efter hende og bringe hende paa det tørre igen. Men de vare saa tilsølede begge to, at de generede sig for at gaa over Grønningen, og saa listede de sig hjem ad en Bagvej:

»But wa boäth was i' sich a clat we was shaämed to cross Gig-
glesby Greeän,
Fur a cat may looök at a king thou knaws but the cat mun be
cleän.«
(VI).

Medens hun skifter Tøj, kommer han hen for at se til hende, og da hun kommer ned, har han sat store Pletter med sine smudsige Støvler paa hendes splinternye Gulvtæppe: det afgjorde Sagen. Og glad er hun ved, at hun hverken tog ham eller nogen af de andre. Nu har hun fire Katte, som ere opkaldte efter de fire Kærester, hun kunde have haft: de ere hendes »sweet-arts« — og det . er ikke nær saa besværligt. Hun er sin egen Herre, og en Pebermø vil hun være til sine Dages Ende:

»An' a spinster I be an' I will be, if soä pleäse God, to the hend.«

Tennyson, der fra sin tidlige Ungdom gerne formede filosofiske Tanker og Grublerier i Vers, har i denne Samling forøget disse Digte med et større Arbejde *The Ancient Sage*. Det er Spørgsmaalene om »den første Aarsag«, om vor Kundskabs Rækkevidde, om Tvivl og Tro, den jordiske Tilværelse og Evigheden, Menneskets

Opfattelse af Sorg og Glæde, og lignende, som Digteren belyser i skønne om end ikke altid lige overbevisende Vers.

Locksley Hall Sixty Years after udkom først 1886, Aaret efter *Tiresias, and other Poems*, tresindstyve Aar efter at Charles og Alfred Tennyson i Forening havde udgivet deres første Digtsamling, fire og fyrretyve Aar efter at det første *Locksley Hall* var blevet trykt i *English Idylls*.

Begge Digte ere Monologer, skrevne i samme Versemaal, og Hovedpersonen er ligeledes den samme i dem begge. Efter tresindstyve Aars Forløb vender Helten i Fortællingen tilbage til den gamle Borg, han havde forladt med en Forbandelse over det Sted, hvor hans Kærlighed var bleven saa bittert skuffet, men som han ogsaa havde forladt i Haab om at kunne udrette noget i Verden. Dette Haab er ikke blevet beskæmmet, og i Ægteskabet med en ædel og god Kvinde har han tillige fundet den Lykke, der syntes for bestandig tilintetgjort. Nu er hun død, deres Søn og dennes Hustru ere døde, og hans Sønnesøn, en ung Mand, der har lidt den samme Skuffelse som han, er hans Ledsager. Men den gamle ser med andre Øjne paa dette Forhold end den unge; for hans Betragtning ere Nutidens Elskere af et andet Stof end Elskerne i gamle Dage. En verdsligsindet ung Pige som Sønnesønnens Judith, havde aldrig kunnet bringe ham til Fortvivlelse. Han har lært at agte den Medbejler, han foragtede, han har næsten forsonet sig med Amys Handlemaade. Hun elskede ham, men hun var et frygtsomt Barn, der maatte bukke under for Overtalelser og Trusler:

> »Amy loved me, Amy fail'd me, Amy was a timid child;
> But your Judith — but your worldling — *she* had never driven me
> wild.« (*Works*, S. 560).

Ogsaa Amy er død nu; hun døde, da hun fødte sit

Barn. Og nu for kort Tid siden er ogsaa hendes Mand død. Han kan tale om dem med Mildhed — han har besøgt deres Grav og kysset Amys hvide Marmorbillede paa Panden.

»All in white Italian marble, looking still as if she smiled,
Lies my Amy dead in child-birth, dead the mother, dead the child.

Dead — and sixty years ago, and dead her aged husband now —
I this old white-headed dreamer stoopt and kiss'd her marble brow.«
(S. 561).

Han lever i sine Minder: Minderne om sin Ungdomskærlighed, om hin anden Kærlighed til den trofaste Hustru, der atter »sammenføjede den brudte Kæde, der knyttede ham til andre Mennesker«, Mindet om den brave Søn, der stod paa sit Skib, da det gik under, efter at han havde frelst Kvinder og Børn. Han haaber at mødes med dem igen i en anden Verden; de ere ikke skilte for bestandig:

»Gone for ever! Ever? no — for since our dying race began,
Ever, ever, and for ever was the leading light of man.«
(S. 562).

Han lever i sine Minder — Verden rundt om ham forstaar han ikke: hvor han ser hen er alt kun Kaos. Kampen for Frihed og Lighed er for ham som de løsslupne slette Drifters Kamp mod alt godt og ædelt. »Ere vi Djævle eller Mennesker?« raaber han. »Ja, hvis Dynamit og Revolver lader dig beholde Mod til at være viis: naar har der vel været en Tid saa fuld af Trusler, Galskab, skrevne og udtalte Løgne?« Og som i Politikken, saaledes i Kunst og Litteratur:

»Authors — essayist, atheist, novelist, realist, rhymester, play your
part,
Paint the mortal shame of nature with the living hues of Art.

Rip your brothers' vices open, strip your own foul passions bare;
Down with Reticense, down with Reverence—forward—naked—let
them stare.«

(S. 564).

Hvor han ser sig om, ser han Elendighed. Børnene i Byerne »søle Sjæl og Sans i Byens Slim; i de skumle Gyder standser Fremskridt med lammede Fødder; Forbrydelse og Sult kaste vore unge Piger i Tusindvis paa Gaderne. Der afknapper Arbejdsgiveren den udtærede Syerske hendes daglige Brød; der rummer en enkelt smudsig Kvist levende og døde«. Og han skildrer de fattiges usle Boliger, Huler, hvor Mennesket forvandles til Dyr, hvor »Feberen kryber over det raadne Gulv og Blodskammens overfyldte Leje.« (S. 566).

Det er et almindeligt menneskeligt Træk, at den ældre ser sin Ungdomstid i en Straaleglans, der bringer Nutiden til at blegne. Een lykkelig Time udsletter ofte Mindet om mange ulykkelige Aar, og alt som vi ældes, beholde vi ofte Mindet om de glade Timer uden at huske de mellemliggende Savn og Lidelser — eller vi se paa disse med andre Øjne, fordi de ere overstaaede. Denne gamle Mand har glemt, hvorledes han i sine unge Dage betragtede det Samfund, som han nu priser paa senere Tiders Bekostning. Deler Tennyson hans Meninger? Vi have ikke Lov at svare ja. I adskilligt kunne vi vist alle være enige med ham: det moderne Samfund er sikkert brøstholdent nok. Men det tør vist ogsaa siges, at aldrig har noget Samfund arbejdet mere for at gøre Uret god igen, 'for at hjælpe de fattige og svage, for at fremme alt, hvad der er godt og ædelt, for at hæve Mennesket aandeligt og moralsk, for at skaffe bedre Levnedsmidler, bedre Boliger og Klæder til dem, der trænge.

I en fortræffelig Afhandling »*Locksley Hall*« and *the Jubilee* (*The Nineteenth Century*, Januar 1887) har W. E. Gladstone taget Ordet for at paavise, hvad

Fremskridt England har gjort i de tresindstyve Aar, der ligge imellem det første og andet *Locksley Hall*, i aandelig saa vel som i materiel Retning. Om der end er meget endnu tilbage at gøre, om end ikke alt, hvad der er gjort, af alle vil blive betragtet som absolut godt, er Fremgangen dog saa overvældende, at næppe nogen kan være blind derfor. Og det er Tennyson heller ikke, hvor enig han end maaske er med Hovedfiguren i *Locksley Hall*. I sin Ode ved Dronning Victorias Jubilæum betragter han hendes Regeringstid paa ganske anden Maade:

> »Fifty years of ever-broadening Commerce!
> Fifty years of ever-brightening Science!
> Fifty years of ever-widening Empire!«[1]

Dette Jubilæumsdigt kan ganske vist heller ikke bestemt afgøre Tennysons Opfattelse; i et Festdigt af denne Art er en skaanselløs haard Dom over det bestaaende Samfund — som den i det andet *Locksley Hall* — jo paa Forhaand udelukket; men Digteren taler dog her i sit eget Navn, og disse tre Linier komme sikkert Virkeligheden en hel Del nærmere end hint voldsomme Udfald mod al moderne Udvikling: i hvert Fald tjene de i høj Grad til at modificere dette. Det er sandt, meget af hvad der siges i *Locksley Hall*, og det er godt, at der er Mænd, som have Mod til at sige det; men man kan ikke dømme et Samfund — saa lidt som et Menneske — efter dets Fejl alene. Vil man betragte Helten som en blot dramatisk Figur, er Tegningen træffende nok, til Dels endogsaa fortrinlig, men sympatetisk er den rigtignok ikke. Endnu bør det tilføjes, at det andet lige saa vel som det første *Locksley Hall* indeholder poetiske Skønheder af meget høj Rang, og at det er skrevet med en beundringsværdig teknisk Fuldkommenhed.

---

[1] *Demeter, and other Poems*, S. 10.

Den Række mindre Digte, som slutte Samlingen, indeholder bl. a. *The Charge of the Heavy Brigade at Balaclava* (25. Oktober 1854), et næppe helt vellykket Sidestykke til *Den lette Brigades Angreb*, og *Hands all Round*, der efter mange Aars Forløb var blevet ført frem ved en Koncert i Marts 1882 — komponeret af Lady Tennyson — og nu, da de fleste Blade havde aftrykt det, fandt Plads her.[1]) I dette Digt definerer Tennyson sin Opfattelse af en konservativ, idet han siger:

> »That man's the true Conservative
> Who lops the moulder'd branch away.«

Omkvædet af Aabningssangen ved Koloniudstillingen (*Opening of the Indian and Colonial Exhibition by the Queen*): »Britons, hold your own!« er en Variation af Titelen paa et andet gammelt Digt fra samme Tid som *Hands all Round*, der endnu ikke har fundet Plads i Tennysons samlede Værker. Ogsaa i det sidste Digt, *Poets and their Bibliographies*, anslaar han, om end i blidere Toner, en gammel Streng: han priser med en vis Humor de klassiske Digtere lykkelige, fordi de have levet:

> »Before the Love of Letters, overdone,
> Had swampt the sacred poets with themselves.«

---

[1]) Se foran, Side 102. — Lady Tennyson er ikke blot Komponist; hun har ogsaa forsøgt sig som Digter. Nogle Hymner, hun har skrevet for Drengene i *Gordon Boys' Home*, ere blevne trykte i Professor Palgraves *Treasury of Sacred Song*. Før sit sidste Felttog aflagde General Gordon et Besøg hos Tennyson, der nærede den største Beundring for Helten. (*Pall Mall Gazette* for 12. Oktober 1892).

IV.

*Demeter, and other Poems. — Demeter and Persephone. — Owd Roä.
— Vastness. — Ringen. — Fortabt. — Lykkelig. — Romneys Sam-
vittighedskval. — Lyriske Digte: Far—far—away og The Throstle.
— Crossing the Bar.*

Den 13. December 1889 udgav Tennyson en ny
Digtsamling *Demeter og andre Digte*, hvoraf 20000 Eks-
emplarer efter sigende bleve solgte i mindre end een
Uge. Den er endnu ikke optagen i eet-Binds Udgaven
af Digterens Værker, men vil (ligesom ogsaa en føl-
gende Samling) bedst kunne omtales paa dette Sted.

Det mytologiske Digt *Demeter og Persephone*, efter
hvilket den lille Bog er opkaldt, støtter sig især paa
Fortællingen i Ovids Metamorfoser (V, 385—571). Ten-
nyson skildrer Mødet mellem Moder og Datter, da Per-
sephone vender tilbage fra Underverdenen. Det er
Demeter, som taler. Den smukkeste Del af Digtet er
det Afsnit, hvori den trøstesløse Moder fortæller om sin
Søgen efter den forsvundne Persephone.

Dialektdigtet *Owd Roä* ɔ: *Old Rover* er karak-
teristisk nok for dets Forfatter, om det end næppe staar
paa Højde med Tennysons tidligere Frembringelser i
denne Retning. Det er en Historie om en Hund, som
under en Ildebrand frelste et Barn, men selv nær var
omkommen i Luerne.

Det følgende Digt *Vastness* er et meget betydeligt
Arbejde. Digteren grubler over Menneskelivets Tomhed:
hvad er al vor Higen og Tragten værd, naar vi alle til
sidst synke hen i intet? Hvert Hjem melder om Døden,
Slægt efter Slægt forvandles til Støv, hele Verdener gaa
under:

»Many a hearth upon our dark globe sighs after many a vanish'd
face,
Many a planet by many a sun may roll with the dust of a
vanish'd race.«

Hvortil da Strid og Kamp, hvad er al vor Larmen andet end »Myggenes Summen i Mørket«? Den gamle Digter finder kun Trøst i Tanken om et Liv efter dette: »the dead are not dead but alive«.

Den lange, mystiske Dialog *Ringen* hører til Tennysons mindre tiltalende Arbejder. Heller ikke *Fortabt* (*Forlorn*) gør den Virkning, Forfatteren maaske har tænkt sig. Den med Variationer stadigt tilbagevendende Linie: »In the night, in the night«, efterfulgt af et Vers, der maler Nattens Uhygge og Skummelhed, giver Digtet en uheldig melodramatisk Klang, og Overgangen til den episke Form i den sidste Strofe svækker yderligere den dramatiske Virkning. I det næste Digt *Lykkelig* (*Happy*) henlægger Tennyson Scenen til Middelalderen. Et ungt Ægtepar har haft en Strid, og Manden drager bort paa Korstog, uden at en Forsoning er kommen i Stand. Han vender tilbage som spedalsk og rammes af disse ulykkeliges forfærdelige Lod: Udstødelse af Samfundet, et Liv, der er værre end Døden. Da opsøger hans Hustru ham for at dele hans Skæbne. Et noget beslægtet Emne er behandlet i *Romneys Samvittighedskval*. Det er bygget over en Episode i Maleren Romneys Liv, som Tennyson meddeler efter Edward Fitzgeralds Breve og litterære Efterladenskaber: Romney havde forladt sin Hustru kort efter deres Bryllup, fordi Sir Joshua Reynolds og andre havde sagt, at »Ægteskab ødelagde en Kunstner«. Da han blev gammel, næsten gal og helt trøstesløs, gik han tilbage til hende, og hun modtog og plejede ham, til han døde. Digteren skildrer ham paa Dødslejet: Romney indser — for sent — at han ved sin taabelige og slette Opførsel har forspildt sit Livs Lykke og endda skadet sin Kunst. Ingen anden har været for ham, hvad hun kunde have været, havde han blot kendt hende, som han nu kender hende. Og naar paa Dommedag Gud spørger ham: »Hvorfor forlod du Hustru og Børn? for *min* Skyld, paa *mit* Bud?« og han maa svare: »Nej, Herre, for *Kunstens* Skyld«, hvor lavt og fejgt vil det da ikke lyde! Ville ikke alle de døde, der vente Helvedes Dom for dristigere Synder end hans, spotte og haane ham? Han synker hen i vilde Fantasier, men i sit sidste Øjeblik tror han at høre en Engel hviske: »Haab!«, og han dør i Haabet om, at Gud vil tilgive ham, nu da han har fundet Tilgivelse hos sin Hustru.

Dette Digt er næppe saa gribende i sin Patos som det foregaaende. Der er intet i den døende Kunstners Samvittighedskval, der gaar saaledes til Hjertet, som den spedalskes Hustrus Jubel over at genforenes med sin Mand og dele hans Lidelser. Men vi give Forfatteren Ret, naar han lader Romney sige:

> »The world would lose, if such a wife as you
> Should vanish unrecorded.«

Foruden et Par større Digte *Merlin and the Gleam* og et, som det synes mig, mindre betydeligt Ungdomsarbejde *The Progress of Spring*, indeholder denne Samling nogle Lejlighedsdigte, deriblandt den tidligere (Side 204) omtalte Ode ved Dronning Victorias Regeringsjubilæum og en Del Digte til forskellige af Forfatterens Venner. Den Utilfredshed med det moderne Samfund og adskillige i dette mere eller mindre udbredte Ideer, som Tennyson nu og da har ladet komme til Orde i enkelte tidligere Arbejder — ligesom ogsaa i *Vastness* i denne Samling — finder et ret skrapt Udtryk i nogle satiriske og polemiske Vers; men spredte imellem disse finder man til Gengæld nogle mindre, lyriske Digte eller Sange af stor Skønhed, som *Far—far—away*[1]), *The Throstle* og

---

[1])   »What vague world-whisper, mystic pain or joy,
Thro' those three words would haunt him when a boy
Far—far—away?

Crossing the Bar. Det andet af disse, *Drosselen*, blev trykt første Gang i *The New Review*, Oktober 1889, to Maaneder efter at Digteren havde fyldt sit firsindstyvende Aar. Aldrig maaske er Tennyson kommen Naturen nærmere end i disse fire smaa Strofer. Hvilken Ynde, hvilken Ungdom!

>'Summer is coming, summer is coming.
>   I know it, I know it, I know it.
>Light again, leaf again, life again, love again,'
>   Yes, my wild little Poet.

Sing the new year in under the blue.
    Last year you sang it as gladly.
'New, new, new, new'! Is it then *so* new
    That you should carol so madly?

'Love again, song again, nest again, young again'
    Never a prophet so crazy!
And hardly a daisy as yet, little friend,
    See, there is hardly a daisy.

'Here again, here, here, here, happy year'!
    O warble unchidden, unbidden!
Summer is coming, is coming, my dear,
    And all the winters are hidden.<

Skønt *Crossing the Bar* efter Digterens Død er blevet aftrykt i en stor Mængde engelske Bøger, Afhandlinger

---

A whisper from his dawn of life? a breath
From some fair dawn beyond the doors of death
                    Far—far—away?<

Side 161. — Sammenlign *Endymion*, anden Bog, S. 61 (*The poetical works of John Keats*):

>My silent thoughts are echoing from these shells;
Or they are but the ghosts, the dying swells
Of noises far away.<

og mindre Artikler, er det næppe kendt i nogen større Udstrækning her hjemme. Men det fortjener at kendes:

>Sunset and evening star,
    And one clear call for me!
And may there be no moaning of the bar,
    When I put out to sea,

But such a tide as moving seems asleep,
    Too full for sound and foam,
When that which drew from out the boundless deep
    Turns again home.

Twilight and evening bell,
    And after that the dark!
And may there be no sadness of farewell,
    When I embark;

For tho' from out our bourne of Time and Place
    The flood may bear me far,
I hope to see my Pilot face to face
    When I have crost the bar.<

Hvor er dog dette ægte Tennysonsk. For den unge Digter var Livet en bestandig Kamp, en Stræben mod stedse højere Maal; men dette Liv er kun et enkelt Punkt i Menneskets Udvikling: >From state to state the spirit walks< hedder det i *In Memoriam* (LXXXII); Døden er ikke Afslutningen: dens rette Navn er >Fremad< —

>The face of Death is towards the Sun of Life,
His shadow darkens earth: his truer name
Is 'Onward'< —

skriver han i det Digt,[1] hvori han kort Tid efter udtrykte Nationens Sorg over Hertugen af Clarence og Avondales Bortgang, og den gamle Digter ser Døden

---

[1] Trykt i *The Nineteenth Century*, Februar 1892; senere optaget i *The Death of Oenone, and other Poems*, S. 110.

imøde uden Frygt, frejdigt og tillidsfuldt. Derfor ønsker han heller ikke ›et sørgeligt Farvel‹, naar han træder i Baaden for at gaa bort.

Crossing the Bar er det sidste Digt i den sidste Digtsamling, Tennyson naaede at udgive. Han har siden skænket os et Drama, og en lille Samling efterladte Arbejder udkom nogle Uger efter hans Død; men i dette Digt har han nedlagt sit Haab og sin Tro — det er hans virkelige Afskedssang, hans frejdige Farvel.

V.

The Death of Oenone, and other Poems. — Religiøse og filosofiske Digte. — *Oenones Død.* — *St. Telemachus.* — *Akbars Drøm.* — *Kapiolani.* — *The Bandit's Death.* — *Charity.* — *Riflemen Form!* — *The Wanderer.* — *The Church-warden and the Curate.*

Den 28. Oktober 1892 udkom *The Death of Oenone, Akbar's Dream, and other Poems.* Digteren havde selv ordnet alt til den lille Bogs Udgivelse, men han oplevede ikke at se den. I enkelte af de mindre Digte, som i *De tavse Stemmer, Gud og Universet* og det i Slutningen af forrige Kapitel omtalte Digt ved Hertugen af Clarence og Avondales Død, der slutter Samlingen, komme lignende Tanker til Orde som i *Crossing the Bar*, uden at de dog naa denne Sangs ophøjede og alligevel saa simple Skønhed. Ogsaa i andre Digte er det religiøse og filosofiske Tanker, der ere formede i Vers. I *The Dawn* og *The Making of Man* betragter Forfatteren den Tid, i hvilken Menneskeslægtens Udvikling er foregaaet, som forsvindende lille i Sammenligning med den, der staar tilbage. Mennesket

14*

er endnu en vild Barbar, men fjerne Tider ville se ham naa Fuldendelsen: hans Skabelse er endnu ikke fuldbyrdet:

>Man as yet is being made, and ere the crowning Age of ages,
Shall not æon after æon pass and touch him into shape?«
(Side 85).

Digtet *Oenones Død* knytter Tennysons sidste Bog til et af de skønneste Værker fra hans tidlige Ungdom. Man vil mindes *Oenone* i *The Lady of Shalott, and other Poems*: den forladtes Klage og Raab om Hævn. I det senere Digt, om hvis Kilde Forfatteren selv giver en Antydning i et Tilegnelsesdigt *To the Master of Balliol*, fortælles, hvorledes Paris, saaret af en giftig Pil, kommer til hende og beder om Hjælp. Men hun nægter at læge hans Saar, og han dør. Liget bringes paa Baalet for at brændes; da vaagner al hendes gamle Kærlighed, og hun styrter sig selv i Flammerne.

I *St. Telemachus* fortælles en Helgenhistorie fra Kejser Honorius's Tid. En from Asket, der lever i Østen, hører Guds Stemme kalde ham til Rom, for at han skal tale imod Gladiatorkampene. Han vandrer dertil og ser i Kolosseum firsindstyve Tusende kristne Mennesker overvære det blodige Skuespil. Han springer ned paa Arenaen, kaster sig ind imellem de kæmpende og formaner dem til at holde inde. Der paafølger et Øjebliks Dødsstilhed — saa slynge Tilskuerne i Forbitrelse en Regn af Stene imod ham og dræbe ham paa Stedet. Men Efterretningen herom kom til Kejseren, og denne undertrykte derefter Gladiatorkampene.

Oenones Død og *St. Telemachus* ere skrevne i ypperlige rimfri Jamber; dette er ogsaa Tilfældet med det følgende store Digt, der har givet Samlingen dens anden Titel: *Akbars Drøm*. Det skildrer den berømte Stormoguls ædle og vise Forsøg paa at gøre Menneskene mere tolerante i Trossager. Digteren lader ham blandt

andet udtale: »Hver adskilt Brøkdel af en Sekt vil raabe:
»*Jeg* er paa den rette Vej, enhver anden fører til For-
tabelse.«   Skal Rosen sige til Lotusblomsten: »Du er
ingen Blomst«?   Palmen raabe til Cypressen: »Jeg
alene er skøn«?   Skal Mangoen foragte Melonen ved
dens Fod?   »Min er den eneste Frugt som Allah skabte
for Mennesket.««   Og senere siger den mægtige Kejser:
»At drive et Folk fra deres gamle Tros Fold og inde-
lukke dem i min — uviist, ukongeligt.... Jeg lader Men-
nesket dyrke sin Gud, som han vil, jeg høster ingen
Indtægt fra Vantroens Mark.... jeg hader selve Navnet
Vantro«.   Det er et skønt og nobelt Digt — og modigt,
kunde man fristes til at tilføje. — Og Kejseren fortæller:
»Jeg drømte, at jeg byggede et helligt Tempel, Sten
efter Sten, et Gudshus, hverken Pagode, Moske eller
Kirke, men højere, simplere, med Døre, der stedse stode
aabne for hvert et Pust fra Himmelen, og Sandhed og
Fred og Kærlighed og Retfærdighed kom og boede deri.«
Men der lød spottende Latter: »den nye Koran!« ...og
hans Søn nedbrød det skønne Værk.... »og fra Ruinerne
opsteg Skrig og Forbandelser fra nedtrampede Millioner,
ret som i tidligere Tider«. Men medens den drømmende
Akbar stønnede ved Synet, kom en fremmed Slægt og gen-
opbyggede Tempelet, »og Sandhed og Fred og Kærlighed
og Retfærdighed kom og boede deri.« ... Og i Søvne
sagde han: »Priset være Allah, ved hvad Hænder end min
Opgave bliver fuldbragt.« Digtet slutter med en Hymne
til Solen, hvis sidste skønne Strofe jeg skal anføre paa
Engelsk:

»Shadow-maker, shadow-slayer, arrowing light from clime to clime,
Hear thy myriad laureates hail thee monarch in their woodland
rhyme.
Warble bird, and open flower, and, men, below the dome
of azure
Kneel adoring Him the Timeless in the flame that measures Time!«

Kapiolani handler om en stor kvindelig Høvding paa Sandwich Øerne i Begyndelsen af dette Aarhundrede, ved hvis modige Handling Kristendommen fandt Indgang i Landet. *The Bandit's Death* og *Charity* ere nærmest beslægtede med de store dramatiske Monologer fra Tennysons senere Digtsamlinger. *Røverens Død* er en temmelig uhyggelig Historie, men i Besiddelse af en ikke ringe dramatisk Kraft; det andet Digt er maaske nok saa betydeligt.

I denne Samling har Tennyson endelig optaget en Sang, *Riflemen Form!*, der oprindelig fremkom i *The Times* for den 9. Maj 1857, men hidtil — ret ufortjent — har været udelukket fra hans Værker; den maa nærmest klassificeres med *Hands all Round*. Det smukke Digt *The Wanderer* bør ikke forbigaas.

Endelig indeholder denne Bog et fortrinligt Digt i Lincolnshire Dialekt eller, som Tennyson nærmere præciserer det, »i den Dialekt, som i mine unge Dage var gængs i Spilsby og Egnen deromkring«. Det hedder *Kirkeværgen og Kapellanen* og er meget morsomt — skrapt, ganske vist, men med det mest smittende Humør. Jeg tror ikke, noget Lands Litteratur fra de ældste Tider til i Dag kan opvise noget lignende skrevet af en tre og firsindstyveaarig Digter. Dermed skal det ingenlunde være sagt, at man maa tage Forfatterens høje Alder i Betragtning ved Værdsættelsen deraf; denne gør blot Digtet saa meget mærkeligere: det er — aldeles bortset herfra — noget af det mest fornøjelige, Tennyson nogensinde har frembragt.

SJETTE AFSNIT.

Tennysons Skuespil.

I.

Queen Mary. — Dets Modtagelse ved Opførelsen. — Dets store For-
dringer til Teatret. — Handling og Karaktertegning. — Forhold til
Historien. — Froude's *History of England.* — Sammenligning med
Taylor's ʼ*Twixt Axe and Crown.* — Vurdering af *Queen Mary.*

Vi have set, at Tennyson allerede fra sine yngre
Dage i en stor Mængde Digte benyttede sig af den dra-
matiske Form, uden at dog noget af disse Arbejder
kunde betegnes som et Skuespil; først i en Alder af
seks og tresindstyve Aar (1875) udgav han et virkeligt
Drama, inddelt i Scener og Akter, den historiske Tra-
gedie *Queen Mary*, der i April Maaned det følgende
Aar bragtes til Opførelse paa Lyceum Teatret i London.
Et Drama fra Tennysons Haand var, som Mr. Henry
van Dyke siger,[1] ›en Overraskelse‹ for Publikum, og
Queen Mary gjorde kun ringe Lykke, skønt Dronningens
Rolle spilledes af Miss Kate Bateman og Philips af
Henry Irving. Det turde vel imidlertid være tvivlsomt, om

---

[1] *The Poetry of Tennyson*, S. 199.

Skuespillet havde haft bedre Held med sig, hvis man allerede tidligere havde været vant til at betragte Tennyson som dramatisk Digter: Stykket egner sig sikkert kun lidet til Opførelse paa et Teater.

Man behøver blot at kaste Blikket paa Personlisten for at se, hvilke ydre Vanskeligheder, der stille sig i Vejen for det. Fem og fyrretyve navngivne Personer, af hvilke de allerfleste ere historisk berømte Mænd og Kvinder, hvis Fremstilling fordrer Karakterskuespillere af Rang — og saa endda en Hærskare af ikke navngivne optrædende, der ere af den største Betydning for Skuespillet: hvilket Teater kan besætte en saadan Rolleliste tilfredsstillende?

Tænke vi os imidlertid, at denne Hindring lykkelig var overvunden, saa kommer Spørgsmaalet: vil ikke Dramaets Længde trætte Tilskuerne, inden Forestillingen er til Ende?[1]) Eller, paa den anden Side: vil den nødvendige Forkortelse ikke skade Stykket i høj Grad?

Den værste Hindring for Skuespillets Virkning fra Scenen ligger imidlertid i selve Stykkets Bygning. Dramaets fem Akter ere inddelte i 23 Scener, i næsten hver af hvilke der fremstilles en historisk Begivenhed, som kræver vor fulde Interesse, men som indbyrdes ere meget løst forbundne med hverandre. Første Akt indeholder saaledes fem Optrin. I det første skildres Dronningens Indtog i London den 3. August 1553, eller rettere: Folkestemningen overfor Maria og hendes Halvsøster Lady Elizabeth, den senere Dronning. Efter denne Indledning følger en Scene i Lambeth Palace, hvor Peter Martyr kommer til Ærkebiskop Cranmer og raader ham til at flygte, da Mary aldrig vil tilgive ham

---

[1]) *Queen Mary* fylder 72 dobbeltspaltede Sider i eet-Binds Udgaven. Til Sammenligning kan anføres, at Tennysons næste fem Akts Drama *Harold* fylder 40 Sider og det store Skuespil *Becket* 56.

den Andel, han har haft i hendes Moders Skilsmissesag.
Cranmer vil imidlertid ikke følge hans Raad, og Scenen
slutter med Ærkebispens Fængsling. Saa kommer atter
en ny Handling og nye Personer: Fader Bourne vækker
Borgernes Forbitrelse ved sin papistiske Præken, og det
lykkes den franske Udsending de Noailles, uden selv at
træde frem, ved sin Tjeners Hjælp at ophidse Menig-
heden til Leveraab for Elizabeth, til der opstaar Kamp
i selve Kirken, og en Kniv slynges imod Prækestolen.
Striden ender, ved at Jarlen af Devon, Courtenay,
der er afholdt af Befolkningen som den sidste mandlige
Ætling af Huset Plantagenet, træder frem og taler dem
til Rette. De Noailles indvikler derefter Courtenay i
politiske Intriger for at hindre Dronningens Ægteskab
med Philip af Spanien, da det er i Frankrigs Interesse,
at Spanien ikke forenes med England. Resultatet af
den franske Ambassadørs Politik ses i næste Scene, da
Courtenay opsøger Elizabeth i Paladset og frier til
hende, idet han forestiller hende, at han kan gøre hende
til Dronning af England, hvis hun vil ægte ham. Eliza-
beth er imidlertid adskilligt klogere end Courtenay, og
medens hun lader ham røbe sig for hende, er hun selv
overordentlig diskret. Mary kommer ind, og da hun
ser dem sammen, drager hun den rette Slutning: at
Samtalen gaar ud paa at hindre hendes Ægteskab.
Elizabeth skifter øjeblikkelig Emne, da hun ser Mary
træde ind, men Courtenay er mindre behændig; Dron-
ningen gaar bort i Vrede, og Elizabeth forvises fra
Hoffet. Endelig, i sidste Scene, modtager Mary Lord-
kansleren Biskop Gardiner, den franske Ambassadør, de
Noailles, og den spanske, Simon Renard, den ene efter
den anden. Dronningen er forelsket i den elleve Aar
yngre Philip. Gardiner forestiller hende den unge
Fyrstes udsvævende Karakter, i Haab om at forpurre
Ægteskabet, men forlader hende med Bevidstheden om,
at han vil miste sin Stilling ved sin Modstand mod

hendes Ønske. De Noailles har ikke mere Held med sine Udtalelser om Philips Slethed. Den spanske Ambassadør taler hende efter Munden og roser Philip, som hun ønsker det, men det lykkes ham ikke at faa hende til at dømme Elizabeth og Lady Jane Grey fra Livet, om hun end vakler noget ved Tanken om, at Philip ikke vil komme, før dette sker. Akten ender med, at Renard bringer det officielle Ægteskabsforslag, og at Mary i febrilsk Hast forlader ham for straks at faa det netop forsamlede Raads Samtykke. Hun vender lidt efter tilbage og synker dødbleg, halv afmægtig om i en Stol: Philip er hendes.

Man vil se, hvor springende dette er. Det er vanskeligt for Læseren — endnu mere for Tilskueren — at samle disse spredte Billeder: man glemmer det ene for det andet. I den første, livlige Scene er der næppe nogen Handling: den giver os et Billede af Folkets forskellige Meninger om Mary og Elizabeth. I anden Scene bliver vor Interesse vakt for Cranmer, men saa se vi foreløbig ikke videre til ham. Vi begynde dernæst at interessere os for de Noailles og Elizabeth, men høre i Stedet for om Mary og Philip, uden at denne dog selv optræder. Vi vente nu at faa noget mere at vide om det spanske Ægteskab — men saa kommer i anden Akts fire Scener Skildringen af Sir Thomas Wyatts Oprør. Dette er ganske vist begrundet i det forhadte Ægteskab, men Interessen knytter sig her væsentlig til nye optrædende Personer. Akten ender med Dronningens Sejr, og Renard opnaar hendes Løfte om Elizabeths, Lady Janes og andres Henrettelse.

Tredie Akt begynder ligesom første med Indtogshøjtideligheder: Processionen ved Philips og Marys Indtog i London, August 1554. Medens man venter paa Optoget, taler Sir Ralph Bagenhall og Sir Thomas Stafford om de Begivenheder, der ere gaaede forud, især de forfærdelige Henrettelser, der have fyldt London og

Kent med Galger. Derefter følger *Beskrivelsen* af Bryllupsfesten, saa Staffords *Fortælling* om de franskes Forbindelse med engelske Patrioter og hans Forsøg paa at vinde Bagenhall for det mod Philip fjendtlige Parti, samt, efter Gardiners voldsomme Optræden mod et Par af Mængden, Bagenhalls *Beskrivelse* af Lady Janes Henrettelse. I næste Scene modtage Mary og Philip Kardinal Pole, der kommer som pavelig Legat. Dronningen nærer oprigtigt Venskab for Pole — i deres unge Dage har der endog været Tale om et Ægteskab imellem dem — og Kardinalen, der efter mange Aars Landsforvisning vender tilbage til England, er henrykt over sin Rejse og den Myndighed, hvormed han er beklædt. Der er i denne Scene adskilligt, der er fortrinligt; Karaktertegningen er interessant, og der er Flugt og Lidenskab over Marys Udbrud, da Philip og Pole have forladt hende:

>»He hath awaked! he hath awaked!
>He stirs within the darkness!« osv.

Saa kommer den historiske Scene i den store Hal i Whitehall den 30. November 1554, da Legaten meddeler Kongen og Dronningen samt de forsamlede gejstlige og verdslige Herrer Pavens Absolution. Een Mand bliver staaende, da alle de andre knæle: Sir Ralph Bagenhall. Efter det bevægede Optrin bliver ogsaa han alene tilbage; en Officer træder ind for at arrestere ham. De faa Replikker, der veksles imellem dem, ere værd at anføre:

> »   *En Officer* (kommer).
> Sir Ralph.

> *Bagenhall.*
> Hvad godt?

> *Officeren.*
>   I var den eneste
> i begge Husene, som oprejst stod,
> da begge Huse faldt.

Bagenhall.
>   Ja, de faldt begge.

Officeren.
Jeg mente kun, da begge Huse knælte
for Lord Legaten.

Bagenhall.
>   Indskrænk ej jer Tale,
men udvid den, og sig: da England faldt.

Officeren.
I var, gentager jeg, den eneste,
som stod.
>   *Bagenhall.*
>   Den eneste i begge Huse,
maaske den eneste i hele Landet,
der elsker England som en Søn.

Officeren.
>   Kan være.
Men da I var den eneste, som stod,
befaler hendes Naade Dronningen,
at I som Arrestant nu skal til Tower.

Bagenhall.
Som Højforræder, Kætter, eller hvad?

Officeren.
Ja, naar en Mand i slige Ting vil være
den eneste, saa maa han ogsaa selv
betale, hvad det koster.

Bagenhall.
>   Hvad det koster?
Forlanger hun mit Hoved?

Officeren.
>   Snarere
en rund Sum Penge.
>   (Han vinker ad en Drabant.)
>   Tilgiv mig, Sir Ralph!
Du bringer ham til Tower i en Baad.«[1]

---

[1] F. L. Mynsters Oversættelse, *Maria Tudor*, S. 132—33.

Det følgende Optrin (Scene IV) foregaar i et Værelse paa Slottet, hvor Mary, efter at alle politiske Modstandere have mistet deres Hoved, raadslaar med Gardiner, Pole, Lord Paget, Biskoppen af London Edmund Bonner og andre, om Forholdsregler mod Kætterne. Gardiner gaar her i sin Iver efter at bringe enhver Modstander paa Baalet videre end selve Pavens Legat, der af politiske Grunde er stemt mod en alt for grusom Fremfærd mod en stor Del af Landets Befolkning. De rejse gensidig de stærkeste Beskyldninger mod hinanden, og Gardiner maa til sidst paa Dronningens Forlangende bede Legaten om Tilgivelse. Men selve dette viser ham, at Pole er bange for et Brud og ikke længere tør modsætte sig hans Fordringer: Cranmer og Hooper, Ridley og Latimer, Rogers og Ferrar — lad dem vogte sig, deres Tid er kommen! Og han vender sig om mod Biskop Bonner:

> »Their hour is hard at hand, their 'dies Iræ',
> Their 'dies Illa', which will test their sect.
> I feel it but a duty — you will find it
> Pleasure as well as duty, worthy Bonner« —

og han gaar bort med et ironisk Smil for at bede »her most Royal, Infallible, Papal Legat-cousin« om Tilgivelse.

Vi have intet hørt om Elizabeth siden første Akts fjerde Scene, da hun faldt i Unaade og maatte forlade Hoffet. Jeg formoder denne Scene er Tennysons egen Opfindelse, støttet til en Bemærkning af Froude (*History of England*, vol. VI, S. 97). Den maa henlægges til September 1553. Senere, den attende Marts 1554, blev hun ført til Tower, hvor hun sad fængslet til 19. Maj, da hun blev sendt til Woodstock; her holdtes hun under streng Bevogtning til Juli 1555, da hun kaldtes til Hampton Court, hvor Dronningen opholdt sig: man vovede ikke at holde hende fængslet længere og haa-

bede at lokke hende til en Tilstaaelse om hendes formodede Forræderi ved Løfte om fuld Tilgivelse.　Elizabeth gik imidlertid ikke i Fælden; hun vilde ikke bede
om Tilgivelse for en Forbrydelse, hun ikke havde begaaet.　Det kom da heller ikke til nogen virkelig Forsoning mellem Søstrene; men Elizabeth forblev i Frihed
og vendte tilhage til sit Hus i Ashridge.　For alle disse
Enkeltheder har Digteren selvfølgelig ikke Plads i sit
Skuespil.　I tredie Akts femte Scene skildrer han hendes
Fangeliv paa Woodstock og benytter her Lejligheden til
at tegne et karakteristisk Billede af den kloge unge
Prinsesse.　I næste Scene vende vi atter tilbage til
London: Lord Howard søger forgæves Audiens hos
Dronningen for om muligt at standse de voldsomme
Forholdsregler mod Kætterne:

> »Gardiner out-Gardiners Gardiner in his heat,
> Bonner cannot out-Bonner his own self« —

den ene efter den anden bringes paa Baalet; det maa
ende med at vække et ubetvingeligt Had mod alt bestaaende, mod Troen selv.　Men Dronningen modtager
ingen.　Hun er fortvivlet over Philips Kulde, og Prinsen,
paa sin Side, er forlængst led og ked af Mary; han kan
ikke udholde Livet i London.　Dronningen haaber at
blive Moder, og alt er forberedt til at modtage den ventede lille Prins [1] — men hendes Haab skuffes.　Philip vil
rejse, skønt Mary bønfalder ham om ikke at forlade
hende, og kun ved Simon Renards Mellemkomst bevæges han til at blive en Dag endnu.　Baade hans

---

[1] Man var ikke blot overbevist om, at Barnet vilde komme,
men endog saa sikker paa dets Køn, at der udfærdigedes Cirkulærer, undertegnede baade af Kongen og Dronningen, hvori
Prinsens Fødsel meddeltes, idet man blot lod Plads aaben til
Datoen.　Mr. Froude aftrykker som Prøve paa disse mærkelige
Dokumenter, af hvilke mange endnu eksistere, Brevet til Pole.
History of England, vol. VI, S. 846.

Kulde og hendes Kærlighed er fortræffeligt gengivet. Men ved Aktens Slutning afbryder Forfatteren atter Handlingens Gang: fjerde Akt handler udelukkende om Cranmers Proces og Martyrium.

I første Scene gaa en Del modige og ellers formaaende Mænd i Forbøn for ham; han har tilbagekaldt alle sine kætterske Anskuelser, og aldrig før har man brændt nogen, der har afsvoret sine falske Lærdomme: men Dronningen er urokkelig. Saa føres vi til Cranmers Fængsel i Oxford og til sidst til St. Mary's Kirke, hvor han offentlig, før han brændes, skal udtale, at han er vendt tilbage til den rette Lære. Cranmer bekender imidlertid, at han kun af Frygt har afsvoret sine Meninger, og Resultatet af hans Tale bliver et ganske andet, end man havde tilsigtet. Virkningen af denne i sig selv overordentlig gribende Scene svækkes ved, at Digteren ikke slutter Akten med, at Cranmer føres bort. Først samtale Howard og Paget derom, og derpaa indføres en Række forskellige Personer, der *beskrive* Martyrens Død paa Baalet.

Femte Akt indeholder saa Marys Tragedie. Hun fortsætter Kampen for at vinde Philip, men møder kun Kulde og Utaalmodighed. Han er alt for hende — hun er uudholdelig for ham. Første Scene virker som en Gentagelse: det er atter Philip, som vil rejse, og Dronningen, der søger at holde ham tilbage. Hun lover at brænde flere, hun lover ham Hjælp mod Frankrig, skønt Hensynet til Paven hidtil har holdt hende tilbage, og Raadet haardnakket nægter at støtte Spanien i dets Krige; hun lover at gøre Elizabeth til sin Arving, hvad Philip ønsker for at hindre et Forbund mellem Frankrig, Skotland og England, hvis Mary Stuart skulde blive Englands Dronning — Skridt for Skridt viger hun for ham uden at opnaa det mindste til Gengæld.

Philip, som indser, at hun ikke vil kunne leve længe, lader Greven af Feria sondere Elizabeths Følelser overfor ham, da han allerede tænker paa at ægte hende, naar Mary dør. Dronningen bliver mere og mere indesluttet. Skuffet i sin Kærlighed til Philip, skuffet i sit Haab om at blive Moder, hadet og afskyet af mange, synker hun hen i Fortvivlelse eller raser i religiøs Fanatisme mod Kætterne. En ny Pave, Paul den Fjerde, kalder Pole tilbage og stævner ham for Inkvisitionen under Paaskud af, at Legaten tidligere har næret lutherske Anskuelser — i Virkeligheden for, gennem ham, at ramme Philip, der bekæmper Paven i Italien. Pole har været Marys trofaste Ven, og hun vil søge at mægle. Men hun synker sammen ved Budskabet om, at Franskmændene have taget Calais. Hvor hun gaar og staar, finder hun henkastet Sedler med Forbandelser over hende. I denne Sindsstemning finder hun et Papir, hvorpaa der staar: »Dit Folk hader dig, som din Mand hader dig.« Hun bliver næsten vanvittig. Hun sidder paa Gulvet med Hovedet bøjet mod sine Knæ; hun ser ud som et Lig. Først efter længere Tids Forløb kommer hun til sig selv, saa at hendes Damer kunne indlade Grev de Feria, der venter ude med Bud fra Philip. Hun indser, at det i Virkeligheden er Elizabeth, Besøget gælder, og sender ham bort i Fortvivlelse og Vrede.

I tredie Scene finder saa Sammenkomsten Sted mellem Philips Udsending og den unge Prinsesse. Hun behersker imidlertid fuldstændig Situationen. Hun lader, som om hun tror, det er Philips Søn, den tolvaarige Don Carlos, for hvem han frier til hende. Hun takker Kongen: hun skal tænke derpaa — skønt hendes Søsters Ægteskab og hendes Faders Ægteskaber have bragt hende til at ønske at leve og dø som Jomfru. Saa fortæller han om Dronningens nær forestaaende Død — og hun lader Hestene sadle for øjeblikkelig at drage til Slottet.

Derefter følger en fortræffeligt opfunden lille Scene

udenfor den døende Dronnings Palads, og endelig slutter Skuespillet med Marys Død og Elizabeths Tronbestigelse.

Man vil se af dette Omrids af Handlingen, at Digteren har bestræbt sig for at faa saa meget som muligt med. Skuespillet begynder med Marys Indtog i London og ender med hendes Død; det indeholder Scener fra hvert af hendes Regeringsaar; det skildrer de politiske og religiøse Intriger og Kampe, Oprørerne og Martyrerne, Forholdet mellem Mary og Philip, Striden mellem Dronningen og Elizabeth, og som Baggrund for det hele giver det en Række Billeder fra Befolkningens bredere Lag. Alle disse Scener ere læseværdige, mange ere fortrinlige, men de samle sig ikke om en Hovedhandling, en Hovedfigur. Hver enkelt Scene optager os, idet vi læse Stykket; den ene Person efter den anden træder frem i Forgrunden. Marys Ægteskabshistorie, Wyatts Oprør, Cranmers Død, ere næsten selvstændige Tragedier indenfor Skuespillets store Ramme. Det ene underordnes ikke det andet. Historisk hører alt dette sammen: men i Dramaet udvikler det ene sig ikke af det andet: den ene Scene fortrænger den anden, den ene Person bringer os til at glemme den anden.

Digteren holder sig nøje til Historien, saa vel i Skildringen af Begivenheder som i Karaktertegningen. De fleste af de optrædende Personer ere særdeles levende; men det store Antal forvirrer os. Hans nærmeste Kilde er Froudes Englands Historie, sjette Bind, og som sædvanligt følger han sin Kilde meget nøje i mange karakteristiske Enkeltheder. Det er ogsaa den store Historieskrivers Opfattelse, han — sikkert med megen Berettigelse — har lagt til Grund for Karaktertegningen, og naar Mr. van Dyke siger, at ingen før har vist den ulykkelige Dronning saa stor Retfærdighed som Tennyson,[1]) overser han, at Froude dog virkelig har

---

[1]) *The Poetry of Tennyson*, S. 218.

Kalisch: Studier over Tennyson. 15

gjort dette, ja, at det er en direkte Gengivelse af dennes
Billede af Mary, som vi træffe i Tennysons Drama. Her-
til kommer endda, at en saadan retfærdigere Dom over
Dronningen allerede — ligeledes med Froudes Historie
som Grundlag — var kommen til Orde paa den engelske
Skueplads flere Aar før Tennysons Tragedie i Tom Tay-
lors populære Drama *'Twixt Axe and Crown*. Jeg an-
fører ikke dette for at forringe Betydningen af Tenny-
sons *Queen Mary*; han er sikkert gaaet den rette Vej,
idet han har fulgt Froude; men der er ingen Grund
til at rose ham som den første, naar han ikke er det.

Der findes i dette Skuespil en stor Mængde Taler.
I et historisk Værk vil den nøjagtige Gengivelse af en
fremragende Mands eller Kvindes Ord ved en betydnings-
fuld Lejlighed ofte bidrage til at give os en korrekt
Forestilling baade om Taleren og Tiden. I et Drama
virke mange og lange Taler ofte trættende; og de ere
udramatiske, fordi de standse Handlingens Gang. Dette
føles i *Queen Mary* saa meget mere, som der ogsaa
(som fremhævet i det foregaaende) er mange Fortæl-
linger og Beskrivelser. Men selvfølgelig give disse histo-
riske Taler Skuespillet en Troværdighed, der ikke er
uden Virkning. Undertiden afskriver Tennyson Talen,
som den findes gengivet hos Froude, næsten Ord for
Ord, idet han blot omsætter Historiens Prosa paa Vers.
Eksempelvis skal jeg anføre et Stykke af Cranmers Tale
i Kirken, før han skal brændes.

Tennyson, IV, 3; S. 631.	Froude, S. 423.
» — — O God, Father of Heaven! O Son of God, Redeemer of the world! O Holy Ghost! proceeding from them both, Three persons and one God, have mercy on me, Most miserable sinner, wretched man.	»'O Father of heaven', he prayed, 'O Son of God, Redeemer of the world; O Holy Ghost, three Persons and one God, have mercy upon me, most wretched caitiff and miserable sinner.

I have offended against heaven
and earth
More grievously than any tongue
can tell.
Then whither should I flee for
any help?
I am ashamed to lift my eyes
to heaven,
And I can find no refuge upon
earth.
Shall I despair then? — God
forbid! O God,
For thou art merciful, refusing
none
That come to Thee for succour,
unto Thee,
Therefore, I come; humble my-
self to Thee;
Saying, O Lord God, although my
sins be great,
For thy great mercy have
mercy! — —«

I have offended both heaven and
earth more than my tongue can
express; whither then may I go,
or whither should I flee for
succour? To heaven I am
ashamed to lift up mine eyes;
and in earth I find no succour
nor refuge. What shall I do?
Shall I despair? God forbid!
Oh, good God, thou art merci-
ful, and refusest none that come
to thee for succour. To thee,
therefore, do I come; to thee do
I humble myself, saying, O Lord,
my sins be great, yet have mercy
on me for thy great mercy.«

Det var en vanskelig Opgave, Digteren havde stillet
sig, og Vanskeligheden blev ikke ringere, ved at Tom
Taylor i sit ovennævnte Drama havde behandlet det
samme Stof. *'Twixt Axe and Crown* blev opført første
Gang paa Queen's Theatre, Long Acre, i Maj 1870, alt-
saa fem Aar før Tennyson udgav *Queen Mary.* Jeg
ved ikke, om Tennyson har kendt det tidligere Skuespil;
men det synes rimeligt: det ser ud, som om han med
Flid har undgaaet at benytte det af Taylor allerede be-
handlede Stof. Skønt Tennyson har gjort Brug af næ-
sten alle de mere interessante Situationer i Marys
Historie, er der kun een eneste Scene i Taylors Stykke,
som vi genfinde i *Queen Mary* — den, hvor Dronningen
i Harme gennemborer Philips Billede[1]); men denne

---

[1]) Tennyson, Akt V, Scene V. — Taylor, Akt V, Scene 1. — *'Twixt
Axe and Crown* er trykt i *Historical Dramas* by Tom Taylor.
London 1877.

Scene, ligesom hele det Billede, Tennyson tegner af den ulykkelige Dronning, er Taylors langt overlegen i dramatisk Kraft og indre Sandhed. Som Digterværk kan *'Twixt Axe and Crown* i det hele taget ikke sammenlignes med *Queen Mary*; det har ikke dettes brede Basis, det har ikke dettes gribende, mægtige Patos. Men som Teaterstykke vil det kunne sejre, hvor Tennysons Kolos synker til Jorden. Det er skrevet af en øvet Dramatiker, der forstod at lægge en Situation til Rette paa en virkningsfuld Maade og samle Interessen om en enkelt Handling og en enkelt Person. Forholdet imellem de to Søstre, især som dette udvikler sig ved begges Kærlighed til Courtenay, er Stykkets Hovedhandling, og Elizabeth er dets Hovedperson; i anden Række komme Mary og Courtenay. Den unge Jarl spiller her en langt betydeligere Rolle end i Tennysons Drama og gøres til Helt, medens Tennyson holder sig nærmere til Froudes Opfattelse af hans Karakter, i Følge hvilken han var en temmelig upaalidelig og forfængelig Person. Det tunge Mørke, der ruger over Tennysons Tragedie, og som giver mange enkelte Scener en ejendommelig betagende Magt, men som trykker det hele, føles ikke i Taylors Arbejde, og den lille Kærlighedshistorie imellem en af Elizabeths Kavalerer og hendes Veninde Isabel Markham — à la Benedicts og Beatrices i *Stort Besvær for ingenting*, men rigtignok ikke slet saa morsom — bidrager yderligere til at lyse op i Billedet. Da Handlingen er ganske anderledes enkel, er det hele Apparat i Taylors Drama langt mindre omfattende end i Tennysons: dets fem Akter indeholde kun ni Scener, og Personlisten tæller kun seksten navngivne Personer — beskedne Tal i Sammenligning med Tennysons 23 og 45. Ganske vist: *Queen Mary* opførtes som saa mange andre store Skuespil i en for Scenen foretagen Bearbejdelse; men Tennysons Drama synes mig i ganske særlig Grad uskikket til at undergaa en større Beskæring. Dets Virkning afhænger i høj Grad af den brede kraftige Skildring af det engelske Folk, der danner Baggrunden for den store Tragedie; det, det gælder om for Digteren, er netop at vise os alle Konflikter. Hver enkelt Scene er af Betydning — derfor er det ogsaa, at saa mange af de mindre Roller fordre ligesaa dygtige Skuespillere som de større.

Dette er da maaske Hovedfejlen ved Tennysons første store Drama: dets Virkning, baade ved Læsningen og ved Opførelsen, beror væsentlig paa det omfattende og kraftige Billede, det giver af den hele Tid, det skildrer; men selve dette fordrer en Bredde i Skildringen, der tynger Skuespillet til Jorden. Det virker udramatisk, tungt, stundom trykkende, og Elizabeths lysere Skikkelse formaar ikke at sprede det Mørke, der hviler over næsten alle Scener.

Men desuagtet er det et af de Skuespil, til hvilke man fra Tid til anden vender tilbage: og det er maaske derpaa, man kan kende de store Digterværker. Det vil fængsle og gribe os, naar adskillige af de Skuespil ere forsvundne, som have gjort Lykke paa Scenen, medens *Queen Mary* næppe opnaaede en beskeden succès d'estime.

***

II.

Harold. — Sammenligning med *Queen Mary.* — Handling og Karaktertegning. — Sammenligning med Lord Lyttons *Harold.*

***

Allerede Aaret efter at Tennyson havde udgivet sit første Drama, forelagde han Læseverdenen et nyt stort Skuespil, *Harold* (1876), et Værk, der synes mig i visse Henseender at staa tilbage for hint. Ganske vist lider det ikke under den Grundfejl, der tynger paa *Queen Mary*, men paa den anden Side naar det næppe paa noget Punkt dette Skuespils dybe tragiske Patos; heller ikke i Karaktertegningen kan det maale sig dermed, og dets historiske Kolorit er ikke saa kraftig og levende. Det var ikke bestemt til Opførelse og er, saa vidt jeg ved, ikke hidtil bragt paa Scenen.

Handlingen begynder omtrent 1064. Kongen, Edward Bekenderen, er svag, og da han ingen Børn har, ere de fornemme Slægter optagne af Striden om, hvem der skal følge ham paa Tronen. Det store Flertal i Landet udpeger Godwins Søn Harold som den, der bedst vil kunne styre Riget. Men dennes yngre Broder Tostig søger at indynde sig hos den fromme Konge, der næsten helt har trukket sig tilbage fra Statens Styrelse for at beskæftige sig med religiøse og astrologiske Spørgsmaal. Og ikke blot i sin egen Slægt modarbejdes Harold. Hans Fader Godwin og Alfgar af Mercia, i deres Tid to af de mægtigste Mænd i England, havde været bitre Fjender, og nu, efter deres Død, fortsættes Striden imellem deres Børn. Alfgars Datter Aldwyth, der er Enke efter Kong Griffyth af Wales, haaber endnu en Gang at blive Dronning — Dronning af England — og hendes Brødre Edwin og Morcar modsætte sig af al Magt Haralds Planer. I nogen Tid har en ulykkesvanger Komet svævet over Landet, og med overtroisk Frygt betragte de fleste den som et Varsel om Krig og Elendighed. I første Scene drejer Samtalen sig væsentligt om den, og igennem hver enkelts Opfattelse af det uhyggelige Fænomen søger Forfatteren at karakterisere en Del af Sykkets Personer. Striden mellem Harold og Tostig ulmer i hvert Ord, de sige, og den yngre Broders skinsyge og lidenskabelige Karakter er af ikke ringe Virkning over for Harolds rolige Kraft. Der er Liv og Bevægelse over det hele. I Striden mellem den normanniske Biskop af London og Ærkebiskoppen af Canterbury, den af Modpaven valgte »gamle ukanoniske Stigand«, der ikke kan læse »Himmelens Ansigt«, men kun »Kongens Ansigt paa hans Mønter«, se vi Repræsentanter for de to Kræfter, der snart skulle mødes i blodig Kamp om Englands Rige, medens den svage Konges Syner og Drømme lade os ane, hvor nær Opløsningen maa være. Harold, der er anstrengt éfter lang Tids Arbejde i Statens Tjeneste, beder Kongen om Tilladelse til at foretage en Udenlandsrejse. Hans Broder Wulfnoth opholder sig hos William af Normandiet som Gidsel for deres afdøde Faders Troskab mod Kongen, og Harold ønsker nu at rejse over for at hente ham hjem og samtidig aflægge et Besøg ved det normanniske Hof. Kongen fraraader ham imidlertid indstændigt at drage derhen — han kan jo lige saa godt adsprede sig ved at jage i Englands Skove — og Harold beslutter da at opgive Rejsen til Normandiet og drage til Flandern i Stedet. Dette vil Kongen ikke modsætte sig, skønt han nødig ser ham forlade Landet under de vanskelige Forhold, der for Øjeblikket herske i England, og han gaar bort, støttet til Tostigs Arm, for at bede til alle Helgener for hans lykkelige Hjemkomst.

Første Scene foregaar i en Sal paa det kongelige Slot; i anden Scene forlægges Handlingen til Paladsets Have, hvor Harold tager Afsked med sin Forlovede, Kongens unge Myndling Edith. Ogsaa hun imødeser hans Afrejse med Frygt; men han beroliger hende, og de skilles. Da de ere borte, kommer Aldwyth frem fra et Buskads, hvor hun skjult har været Vidne til deres Samtale; hun haaber at vinde Harold og gennem et Ægteskab med ham at blive Englands Dronning. Hendes Broder Morcar kommer til, og hun lader da ham udsprede Rygter om, at Harold elsker hende.

Ogsaa anden Akt er delt i to Scener. Først: Kysten af Ponthieu. Harold er strandet med sit Skib,

og Grev Guy af Ponthieu lader ham og hans Mænd
kaste i Fængsel — efter Datidens barske Fremgangs-
maade — indtil de betale en Løsesum. Han sender Bud
til William om den lykkelige Fangst, og Normannen løs-
køber Harold og hans Mænd. I anden Scene foregaar
saa Handlingen paa Slottet i Bayeux: Skæbnen har ført
Harold til Normandiet, trods hans Beslutning om at
drage til Flandern. William har modtaget ham godt,
og den tapre Jarl har til Gengæld hjulpet ham i Kampen
mod Bretagne. Men William har kun eet Maal for Øje:
at blive Englands Konge. Edward har vidst dette, maa-
ske endog givet ham Løfte om, at han skulde arve
Landet — i hvert Fald paastaar William det, medens han
ved alle Midler søger at faa Harold til at love at hjælpe
ham dertil. Hans vigtigste Redskab under disse Forhold
er den kloge normanniske Ridder William Malet, hvis
Moder er engelsk, og som tidligere har været Harolds
Gæst i England. Jarlen holdes tilbage i Normandiet
ved Fester og al Slags Høflighed, medens man samtidig
lader ham forstaa, at hvert Skridt, han foretager sig,
bliver bevogtet. Man fortæller ham, at Edward ligger
for Døden, at Morcar og Edwin have fremkaldt Oprør
mod Tostig i hans Jarledømme, og at Tostig har begaaet
skændige Mord og andre Forbrydelser. Harold pines
mere og mere ved Tanken om, at han er borte fra
Fædrelandet, hvor hans Nærværelse for hver Dag bliver
mere nødvendig, og samtidig fyldes hans Øren med Be-
retninger om Williams barbariske Grusomhed mod en-
hver, der modsætter sig hans Villie. Jo mere tvingende
hans Hjemrejse bliver — jo vanskeligere er det for ham
at komme bort. Til sidst antyder man, at dette kun
kan ske paa visse Betingelser. Malet, der i Virkelig-
heden har Sympati for Jarlen, men dog først og frem-
mest tjener sin Herre, raader ham bestandig til ikke at
modsætte sig Williams Ønsker, og den unge Wulfnoth,
der ved, hvad der venter dem begge i Normandiets

frygtelige Fængsler, søger at paavirke ham i samme Retning. Hvad skal der blive af Edith — hvad skal der blive af England, hvis Harold ikke kommer tilbage? Lidt efter lidt gaar det op for Jarlen, med hvor megen Grund Kongen, havde raadet ham fra at drage til Normandiet. Han ser, at der er ingen anden Udvej, han maa love at opfylde Williams Betingelser — han maa love at hjælpe ham til at blive Konge af England. Han aflægger da til sidst den forlangte Ed, og da det er sket, viser man ham, at han har lagt Haanden paa en Kiste, i hvilken man havde samlet de helligste Relikvier fra alle Normandiets Kirker. William vidste, at brød Harold denne Ed, vilde han kunne rejse det halve Europa til Kamp mod Menederen.

Denne Scene er upaatvivlelig den bedste i Stykket, man kunde næsten sige den eneste, der gør nogen dybere Virkning. Vi føle, hvilken Overvindelse det koster Harold, der aldrig har sagt en Løgn, at aflægge en Ed, som han ved, at han ikke *kan* holde, og selve Edsaflæggelsen er i høj Grad dramatisk. Harolds Følelser, da han ser, hvilket skændigt Bedrageri man har øvet mod ham, have faaet et gribende Udtryk i det ene Raab, han udstøder, da William lader Bisperne løfte det gyldne Klæde fra Kisten, og i hans vilde Ord, da han staar ene tilbage i Salen med Wulfnoth.

1 tredie Akt foregaar første Scene ved Edwards Dødsleje. Vi høre, at William endnu ved Harolds Afrejse har bedraget Jarlen, idet Wulfnoth bliver holdt tilbage under Paaskud af, at han er syg. Tostig er imidlertid dragen til Norge for at opildne Harald Haarderaade til Krig mod England. Stigand har løst Harold fra hans Ed, men den døende Edward forlanger, at Jarlen til Gengæld skal sværge ikke at ægte Edith — der er fjernt beslægtet med ham — og ved dette Ægteskab drage en ny Forbandelse ned over sig og England. Harold har haabet at faa Pavens Dispensation til Forbindelsen, men

han vil næppe kunde opnaa den under forhaanden-
værende Forhold. Ogsaa Ærkebiskop Aldred af York
fraraader dette Ægteskab, og Edith forfærdes ved Tanken
om, at hun skulde bringe Forbandelsen over den elskedes
Hoved. Kongen besvimer, og da han vaagner, varsle
blodige Syner om Englands Undergang.

I anden Scene, der foregaar i Haven, er Edith først
alene. Hendes Udraab: »Kronet, kronet og tabt, kronet
Konge — og tabt for mig!« fortæller den mellemliggende
Handling. Harold kommer til og søger at trøste hende,
men forgæves. Der gaar det Rygte, at han nu maa
ægte Lady Aldwyth, og hun bønfalder ham, hvis dette
er godt for ham og England, da ikke at agte paa hende.
Jarlens Broder Gurth bringer derefter Bud om, at Tostig
og Harald Haarderaade ere landede og have taget York,
og at William har fremstillet sin Sag for Paven, der
har sendt ham et Banner og en hellig Relikvie og for-
bandet Harold og alle, der kæmpe for ham, samt at
hele Frankrig, Burgund, Poitou, ja hele Kristenheden
rejser sig til Kamp imod ham. Edith giver ham den
Ring tilbage, som han har skænket hende: hun tør ikke
bære den længere. Harold tager den og raaber, idet
han gaar: »Men jeg tør. Gud være med dig!« Og
Edith staar alene tilbage: »Kongen har forbandet ham,
hvis han ægter mig; Paven har forbandet ham, om han
ægter mig eller ej! Gud hjælpe mig! Jeg ved intet —
kan kun bede for Harold — bede, bede, bede — der er
ingen Hjælp uden Bønnen.«

Fjerde Akt er delt i tre Scener. Vi ere ved Hæren
i Northumbria. Harold nødes til at ægte Aldwyth for
at forsone Alfgars Sønner og samle Englands Styrke
mod Fjenden. Derefter gør han et sidste Forsøg paa
at drage Tostig bort fra Nordmændene, men da Harold
ikke vil tilstaa den fremmede Konge andet end »syv
Fod engelsk Land eller lidt mere, i Betragtning af at
han er en Kæmpe«, afbryder Tostig Forhandlingerne i

Vrede (Scene II). Hærene drage til Stamford-bridge, hvor Slaget skal staa. I tredie Scene holde Sejrherrerne Gilde efter Slaget. Harald Haarderaade og Tostig ere faldne: den fjendtlige Hær er slagen. Kongen alene kan ikke tømme Bægeret — han tror at se sin Broders Haand derover. Han har elsket Tostig, elsket ham fra Barn. Et Bud træder ind i Hallen; han kommer fra Pevensey med Melding til Harold. Normannerne ere landede — tusende Skibe, hundrede tusende Mand — og de hærge Landet vidt og bredt. Gildet er til Ende.

Første Scene af femte Akt foregaar i Harolds Telt, hvorfra man har Udsigt til Sletten ved Senlac. Før Slaget skal staa, sender William Munken Margot til Harold med Opfordring til at henvise deres Strid til Pavens Afgørelse; men Harold afviser med Harme al pavelig Indblanding i Englands Kongevalg. Der er en ikke ringe Kraft i den Forbandelse, Munken udtaler over Kongen, men det følgende falder lidt mattere. De Syner, Harold ser, da han har lagt sig til Hvile, minde om lignende Arrangementer hos Shakespeare og andre Elizabethanske Dramatikere, men gøre kun liden Virkning paa Læseren, og noget endnu mere »lavet« er der over Ediths pludselige Indtrædelse i Kongens Telt midt om Natten. Lidt efter giver ogsaa Aldwyth Møde, men man skuffes i Forventningerne om en stærkt dramatisk Scene mellem Kongen og disse to Kvinder; det hele falder underlig ubetydeligt ud. Kongen befaler Aldwyth at gaa, og Dronningen trækker sig tilbage, idet hun — afsides — ønsker, at hun kunde dræbe Edith med sin Dolk. Harolds Samtale med Edith afbrydes ved Gurths Melding om, at Normannerne rykke frem. Stigand faar Ordre til at ledsage den unge Kvinde, og medens de vente i Teltet for at se, i hvilken Retning Kampen gaar, beskriver han Slagets Gang for Edith, medens Munkenes Sang lyder gennem den vilde Tummel. Ogsaa dette falder lidt mat: vi have en Følelse af at have set denne

Scene alt for ofte før. Den slutter med Stigands Udraab, der forkynder Læseren Harolds Død.

Langt betydeligere er det næste Optrin, hvor Dronningen og Edith mødes om Natten efter Slaget; begge søge efter Harolds Lig iblandt de døde. Senere komme to Kanniker fra Waltham i samme Hensigt. Aldwyth ønsker at forsones med Edith, men den unge Pige har mistet Forstanden — hendes eneste Tanke gælder Harold, og hun er lykkelig, da hun finder hans Lig. Hun tror, at hun er hans Hustru — peger paa Ringen paa hans Finger: den Ring, hun har baaret — tager den af den dødes Finger og sætter den paa sin egen. Saa styrter hun om ved Liget, favner ham for sidste Gang, og dør.

Underligt nok komme ogsaa William og Malet til Stede om Natten paa Valpladsen, hvor Sejrherren lover at bygge en Kirke til Minde om Slaget og giver Befaling til at lade Harold og Edith begrave sammen i uindviet Jord paa den øde Kyst ved Hastings. Derefter ender Skuespillet med Williams Løfte om at ville regere England overensstemmende med dets gamle Love og behandle Dronningen med al Ærbødighed.

Digteren meddeler selv i Tilegnelsen, at foruden de gamle Beretninger som Bayeux Tapetet og *Roman de Rou* har Edward Freemans *History of the Norman Conquest* og Lord Lyttons Roman *Harold* været ham til væsentlig Nytte under Udarbejdelsen af dette Drama. Det ligger da nær, at drage en Sammenligning mellem de to digteriske Bearbejdelser af det gamle Stof: og det forekommer mig, at en saadan Sammenligning falder ud til Fordel for Romanen. Fremstillingen er langtrukken: Fortællingen tynges af det store historiske Stof, hvormed Forfatteren har arbejdet, og vi se af Forordet, at denne selv har været sig dette bevidst. Men vi faa gennem *hans* Bog et langt mere levende Billede af den Tid, der skildres, end vi faa igennem Tennysons. Man kunde maaske sige om Lord Lyttons *Harold* det samme, som Forfatteren selv i en Note til den (Bog XI, Kap. VI, S. 394) siger om Walter Scotts *Count Robert of Paris*, at »om den end ikke er en af hans bedste Romaner, er den dog fuld af Sandhed og Skønhed«. Ogsaa Tennysons Drama har smukke og gode Scener, men de falde lidt usammenhængende for den, der ikke i Forvejen er vel kendt med Historien, og Karaktertegningen er lidet interessant. Ingen af Dramaets Personer kan blot tilnærmelsesvis sammenlignes med Lyttons Valliserkonge Gryffyth eller Sweyn og hans Søn Haco, skønt jo heller ikke disse i dybere Forstand kunne kaldes betydelige. Selve Hovedpersonen, Harold, er temmelig ens opfattet af begge Forfattere. Lyttons Komposition er tung; Tennysons nu og da vilkaarlig. Man kan næppe tilbageholde et Smil, da Pagen i anden Akts anden Scene melder William, at en Udsending er kommen med nyt. Læseren har en stærk Følelse af at samme blot er kommen, for at Harold kan faa Lejlighed til at udtrykke sine Følelser i en lille Monolog. Et Par andre lige saa vilkaarlige Scener ere allerede nævnede i det foregaaende. Men saadanne Ting forstyrre Illusionen. Personerne blive Dukker i Forfatterens Haand; vi se Tennyson staa bag ved og trække ubehjælpsomt i Snorene.

III.

Becket. — Sammenligning med Körners *Rosamunde*. — Addisons *Rosamund*. — Det dramatiske og det sceniske.

Endnu en Gang forsøgte Tennyson sig i det store historiske Drama. I Aaret 1884, otte Aar efter *Harold*, udgav han Skuespillet *Becket*, i visse Maader det betydeligste af hans dramatiske Arbejder, men i Følge Forfatterens Ord i Tilegnelsen til Lordkansleren, Jarlen af Selborne, ikke bestemt til Opførelse i dets foreliggende Form.[1]) I *Queen Mary* havde han skildret Kampen mellem Katolicisme og Protestantisme; i *Harold* er det Angelsachser og Normanner, der staa overfor hinanden; i *Becket* skildres Striden mellem Stat og Kirke. Skuespillet bestaar af en Prolog og fem Akter. Handlingen er klar og udvikler sig naturligt, Scene for Scene; dog er det, som om Kongen bliver borte for os henimod Slutningen. Han har i Vrede raabt til Beckets Fjender: »Vil ingen fri mig for denne forbandede Præst!« men saa ser man ikke mere til ham, medens Læseren ønsker at vide, hvad Virkning Ærkebispens Mord frembringer paa Henry. Der er dramatisk Fart over disse sidste Scener, og det har sandsynligvis været vanskeligt at indføre Kongen — men, som sagt, der er ligesom noget ufærdigt ved det. Det samme gælder Kongens Forhold til Dronning Eleanor og hans Elskerinde, Rosamund de Clifford: man savner Slutningen paa Historien.

Lige Begyndelsen af Prologen — Skakspillet mellem Kongen og Becket — er lidt ufrisk: dette »Skakspil« har været benyttet saa ofte før; men inden længe begynde vi at interesseres for Handlingen og de optrædende Personer. Den store første Akt er ypperlig, især Scenen med Tiggerne, som Ærkebispen indbyder til Gildet, da de fornemme Gæster ikke have Mod til at komme. Desværre staar ingen af de følgende Akter paa Højde

---

[1]) Medens dette blev skrevet (Decbr. 1892) forberedte Mr. Henry Irving *Becket* i bearbejdet Skikkelse til Opførelse paa Lyceum Teatret i London. — Den første Forestilling fandt Sted den 6. Februar 1893 med Mr. Terriss og Miss Genevieve Ward som Kongen og Dronningen, Miss Ellen Terry spillede Rosamund, og Titelrollen udførtes af Henry Irving, hvis *Becket*, i en udførlig Anmeldelse i *The Daily Telegraph* (7. Febr. 93), betegnes som »nothing less than a wonderful creation«.

med denne. Anden Akt er saaledes betydelig svagere. I tredie er Walter Maps Beskrivelse af Kroningsfesten (Scene III) ganske vist fortræffelig i sig selv, men den er udramatisk, idet den standser Handlingens Gang; den synes medtaget blot for at indføre den vittige gamle Satiriker paa Scenen.[1]) Det er egentlig først i femte Akt, ved Beckets mandige Optræden under Overfaldet paa hans Person (Scene II og III), at Skuespillet virker med større dramatisk Kraft.

Scenerne med Rosamund skuffe Læseren noget. Fra en Digter med Tennysons lyriske Evne kunde man have ventet mere: større Glans, højere poetisk Flugt. I denne Retning kunne de næppe maale sig med de tilsvarende Scener i Körners Tragedie *Rosamunde* — heller ikke maaske i dramatisk Virkning. Men paa den anden Side er Tennysons Rosamund de Clifford nok saa karakteristisk som den tyske Digters Heltinde; og man maa ikke glemme, at medens den unge Pige er Hovedpersonen hos Körner, er det hos Tennyson først og fremmest Becket, der kræver vor Opmærksomhed. Scenen mellem Dronningen og Rosamund (IV, 2) er af forholdsvis underordnet Betydning i det engelske Drama — i det tyske er dette Møde (V, 10—12) Skuespillets Kulminationspunkt. Tennyson lader i det yderste Øjeblik Rosamund blive frelst ved Ærkebispens pludselige Indtrædelse. Man føler dette som en Vilkaarlighed fra Forfatterens Side; der synes ikke at være nogen Anledning til dette for Heltinden saa belejlige Besøg. Digteren har haft Brug for hende i sidste Akt, saa det gik ikke an at lade hende dø forinden. I Addisons Opera *Rosamund*, der nutildags er temmelig ulæselig og vel aldrig

---

[1]) Ved Opførelsen var Tiggerscenen udeladt, ligeledes Walter Maps Rolle; derimod var en ny Person, Richard de Hastings, tilføjet. De fem Akter, der i den oprindelige Form følge Prologen, vare sammentrukne til fire.

har haft anden Betydning end at være skreven af en
stor Mand, begaar Forfatteren netop denne Fejl: Helt-
inden myrdes i anden Akt, og i tredie maa man saa se
at komme ud af det uden Stykkets Hovedperson. Begge
Forfattere have paa dette Punkt været lige uheldige —
hver paa sin Maade — men om en Sammenligning mel-
lem Tennysons og Addisons Drama kan der selvfølgelig
ikke være Tale.

Körner var en og tyve Aar, da han skrev sin Tra-
gedie, Tennyson fire og halvfjerds. Der er Ungdom i
Rosamunde; undertiden bringer en Linie os til at smile,
undertiden virker den hele Replik som tom Deklamation,
men langt oftere rives vi med af Skuespillets Skønhed
og dramatiske Kraft. *Becket* er skrevet af en Olding,
men Alderdommen tynger det ikke: i sit hele Anlæg er
det langt betydeligere end *Rosamund*, og intet i dette
Skuespil naar første Akt af Tennysons Drama; men
hermed har Tragedien kulmineret. Saa meget interes-
sant og dygtigt, der findes i de følgende Akter, er der
næppe noget, der i særlig Grad river os med. Körner
var født Dramatiker,[1] og hans Skuespil virke sikkert
stærkere, naar de spilles, end naar de læses. Tennysons
Becket er et Læsedrama, noget der i Virkeligheden er
Tilfældet med alle hans Skuespil, ogsaa med dem i
hvilke han ikke som her paa Forhaand har givet Afkald

---

[1] Det er ganske vist hans lyriske Digte, særligt hans Friheds-
og Kampsange, der ville leve længst og bevare hans Navn for
Efterverdenen; men den Lethed og Hurtighed, hvormed han
skrev sine Skuespil, er rent ud imponerende. I Januar 1812
opførtes to een Akts Stykker, og derefter præsterede han i
Løbet af højst 15 Maaneder: tre Dramer, tre Sørgespil,
fire smaa komiske Stykker, et lyrisk Drama og et Sang-
spil — i alt 26 Akter, paa Vers! — foruden at han afsluttede
een Opera, begyndte paa en anden, lagde Planen til en Mængde
større og mindre Skuespil og skrev adskillige Digte. — Sam-
menlign *Theodor Körners sämmtliche Werke* I—IV, vol. I,
S. 32—33. *Rosamunde* er trykt i vol. III.

paa Scenens Hjælp. Men selv ved et Læsedrama føle
vi Savnet af *stigende* Effekt. Læseren vil holdes i
Aande saa vel som Tilskueren. Naar vi fordybe os i
Tennysons Skuespil, fængsles vi ved alt det skønne,
dybsindige, store, som findes deri. Der er Scener, som
ere absolut ypperlige, netop i dramatisk Henseende; men
dels staa de isolerede, dels føle vi netop gennem disse
stundom Mangelen paa dramatisk Kraft i de andre saa
meget desto stærkere. Som Helhed er intet af Tenny-
sons Skuespil godt beregnet for Scenen: Digteren
holder sig fornemt tilbage; han synes næsten at undgaa
det teatralske — han vil ikke indrømme sit Publikum
noget. Hans Dramer ville næppe nogensinde blive po-
pulære i samme Udstrækning som hans Ungdoms- og
tidligere Manddomsværker. Næsten alle Skuespil, der
have »gjort Lykke« paa Scenen, ere skrevne hurtigt.
Den dramatiske Digter maa mere end nogen anden give
sig hen i sit Arbejde og *skrive løs.* Det er de store
Træk, de kraftige Konturer, der virke: Detaillerne gaa
Publikum forbi. Dette gælder baade for det komiske
og det tragiske Skuespil, i ringere Grad for de moderne
Konversationsstykker, men disse ere rigtignok ogsaa i
Regelen lidet dramatiske, hvilke gode Egenskaber de end
i andre Retninger kunne have. Den store dramatiske
Digter formaar, indenfor denne mere »folkelige« Form,
at nedlægge i sit Værk den dybe Visdom, den Skønhed
og Poesi, den komiske Kraft eller skarpe Iagttagelse af
Livet, der giver Skuespillet dets højere Betydning; hvor
dette mangler, bliver Stykket et Døgnværk, om end til-
fældige Omstændigheder, scenisk Behændighed eller
daarlig Smag kan sikre dets »Succès« i Øjeblikket.
Mangler Digteren Blik for Scenens Krav, ville hans Skue-
spil, hvor meget skønt de end indeholde, falde til Jorden
ved Opførelsen og selv ved Læsningen ikke helt tilfreds-
stille os; thi idet vi læse, søge vi uvilkaarligt at danne
os et Billede af Handling og Personer — vi ønske at *se*

et Drama — og idet vi gøre dette, føle vi Savnet af den
sceniske Effekt.   Derfor ville Tennysons Skuespil, især
hans tre historiske Dramer, aldrig som Helhed gøre den
Virkning, som den enkelte Scene ofte kan frembringe.

IV.

Mindre Skuespil. — *The Cup.* — *The Falcon.* — Dette Skuespils
Kilde. — *The Promise of May.* — *The Foresters.*

Imellem *Harold* og *Becket* frembragte Tennyson
tre mindre Skuespil af højst forskellig Karakter og
Værdi. *The Falcon* opførtes paa *St. James's Theatre*
med Mrs. Kendal i den kvindelige Hovedrolle, i De-
cember 1879; *The Cup* blev spillet for første Gang den
3. Januar 1881 paa *Lyceum* med Henry Irving og Miss
Ellen Terry i de største Roller, og det følgende Aar op-
førtes *The Promise of May* paa *Globe Theatre.* De to
første udkom samlede i eet lille Bind 1884.

I eet-Binds Udgaven er *Bægeret* trykt foran de
andre. Det er et to Akts Skuespil, bygget over den
samme klassiske Fortælling, som en halv Snes Aar
senere herhjemme blev benyttet af Herr P. Mariager
som Grundlag for hans Novelle *Artemispræstinden.* [1]

Som Helhed er det lille Arbejde det mest vellykkede
af Tennysons Skuespil. Man følger det med stedse sti-
gende Interesse, og Slutningsscenen er af betydelig
Virkning; det har da ogsaa, støttet af en smuk Iscene-
sættelse, gjort en ikke ringe Lykke ved Opførelsen. [2]

---

[1] P. Mariager, *Dronningen af Kyrene og andre antike Fortæl-
linger*, Kjøbenhavn 1890.

[2] »Et yndigt Digt«, skriver Mr. Hamilton om det, »som blev
ført frem for Publikum i en pragtfuld Indfatning, som kun en

Handlingen foregaar i Galatien: Den tidligere Tetrark Synorix, der er bleven forjaget paa Grund af sin skændige Opførsel, vender tilbage med en romersk Hær i Haab om at genvinde sin tabte Stilling. Før han drog bort, havde han forelsket sig i en ung fornem Kvinde, Camma, der i Mellemtiden er bleven gift med hans Efterfølger Sinnatus. Ukendt skaffer han sig Adgang til dennes Hus, og da Folket senere opdager, hvem han er, frelser Sinnatus ham, men erklærer samtidig, at han er hans dødelige Fjende. Det er imidlertid lykkedes Synorix at overbevise Camma om, at Romerne betragte hendes Mand som Forræder. Deres Hær staar tæt ved Byen; Sinnatus kan umuligt modstaa Overmagten, og den mest rædselsfulde Død vil være ham vis. Den eneste Frelse ligger hos hende selv. Den romerske General Antonius vil ved Daggry komme til Templet — han har aldrig afslaaet en Kvindes Bøn: vil hun træde frem for ham og bede om sin Mands Liv, vil han maaske kunne frelses. ·

Camma, der har følt sig tiltalt ved den forhenværende Tetrarks vindende Person, tror kun halvt alt det onde, der fortælles om ham. Hun tager en Dolk med og gaar til Templet paa den fastsatte Tid. Synorix fortæller hende, at Generalen ikke er kommen endnu, men hvis hun vil følge ham i Retning af Lejren, maa de mødes undervejs. Da hun afslaar dette, vil han anvende Magt imod hende. Hun forsvarer sig, men han vrister Dolken fra hende. I det samme kommer Sinnatus til. En kort Kamp mellem de to Mænd følger, under hvilken Synorix støder Sinnatus ned med Cammas Dolk, medens Kvinder fra Templet, der komme til ved Larmen, drage Camma indenfor de hellige Mure.

Synorix søger derefter ved alle Midler at bringe hende til at tro, at Drabet var tilfældigt, og at hun gør

---

saa uskatterlig Juvel fortjener.« *The Æsthetic Movement in England.* S. 82.

ham Uret, naar hun tror noget ondt om ham. Han er bleven udnævnt til Roms Vicekonge i det undertvungne Galatien. Han vil gøre hende til Dronning, naar hun blot vil ægte ham. Hun gaar ind derpaa, og den højtidelige Handling foregaar i Artemistemplet, hvor hun er øverste Præstinde. Det er gammel Skik, at Brud og Brudgom tømme et Bæger Vin med hinanden foran Gudindens Alter. Hun drikker og rækker ham det halvtømte Bæger. Men hun har blandet Gift i Vinen; begge maa dø — kun ved at ofre sit eget Liv kunde hun hævne sin Mands Død og Fædrelandets krænkede Ære.

Bægeret og *Artemispræstinden* stemme ret nøje overens i Karaktertegningen for de tre Hovedpersoners Vedkommende. Selve Handlingen er ogsaa den samme, men Sceneriet er forskelligt, undtagen mod Slutningen: den tragiske Bryllupsfest i Templet maa selvfølgelig være Hovedscenen i begge.

Falken synes mig blottet for dramatisk Interesse, og de to komiske Biroller ere lavede efter en ofte benyttet Recept. Enkelte af Elisabettas Replikker minde om Ammen i *Romeo og Julie* og vinde ikke ved Sammenligningen. Men der er Stemning over det lille Stykke — den Stemning, som hviler over Boccaccios smukke Fortælling af samme Navn, [1]) der danner Grundlaget for Tennysons Arbejde. Historien, der oftere har været benyttet af senere Tiders Digtere, havde ogsaa, før Tennyson skrev sit Drama, været Genstand for poetisk Behandling paa Engelsk i Longfellows Digt *The Falcon of Ser Federigo* (1863)[2]) og tager sig bedre ud i denne Bearbejdelse end i Tennysons Skuespil; men ingen af dem naar Originalens simple og skønne Naturlighed.

---

[1]) *Decameron*: femte Dag, niende Fortælling. Den danske Oversættelse ved Alfred Flinch, vol. I, S. 506.

[2]) *Tales of a Wayside Inn. Part First. The Student's Tale.* — Poetical Works, S. 299.

Det er i Virkeligheden en Historie, der ikke egner sig til at moderniseres, mindst af alt til at dramatiseres: i hvert Fald ikke i alvorlig Form.

Grev Federigo elsker den dejlige Giovanna og bortødsler al sin Formue for at vinde hendes Kærlighed; men hun gifter sig med en anden. Federigo lever derefter i stor Fattigdom paa Landet, og en ædel, kostbar Jagtfalk, det eneste, han har tilbage af fordums Herlighed, hjælper ham til at forsyne hans Bord med det nødvendige. Giovanna bliver imidlertid Enke og lever et mere tilbagetrukket Liv, optaget af Omsorgen for sin Søn. Drengen ser en Dag Federigos Falk, og da han kort efter bliver farlig syg, drejer al hans Tanke sig om den sjældne Fugl — kunde han blot faa den, vilde han snart blive rask. Det gælder Liv eller Død, og efter nogen Tøven gaar Moderen til Federigo. Hun byder sig selv til Frokost hos ham, og efter Maaltidet faar hun Mod til at komme frem med sin Bøn. Da viser det sig, at Federigo, der ikke i sit fattige Hus havde nogen Ret, han kunde stille paa Bordet for den fornemme Gæst, har slagtet sin Falk til Ære for den tilbedte skønne. Han kan ikke opfylde hendes Bøn — men hun ser i hans Handling et Bevis for hans oprigtige Kærlighed og ægter ham. I Boccaccios Novelle, og ligeledes hos Longfellow, dør Barnet; dette kunde ikke passe ind i Dramaets snævre Ramme, og Tennyson lader da Federigo trøste Moderen med, at Drengen nok vil blive rask, naar de begge i Forening pleje ham.

The Promise of May indeholder Scener, i hvilke der er mere dramatisk Kraft, men Handlingen er lidet tiltalende: Philip Edgar, hvis eneste Maal er at tilfredsstille sin Lyst, forfører en sekstenaarig ung Pige, Eva Steer, der er Datter af en velstaaende Landmand. Da han forlader hende, flygter hun bort; alle tro, hun i Fortvivlelse har berøvet sig Livet, og hendes Fader bliver apoplektisk og blind af Sorg. Efter en Del Aars

Forløb kommer Elskeren under et andet Navn tilbage til samme Egn, bedaarer den ulykkeliges Søster, Dora, der aldrig har set ham, og forlover sig med hende. Saa kommer Eva imidlertid tilbage til Faderens Hus. Hun er bleven frelst af en barmhjertig Søster, i det Øjeblik hun vilde springe i Floden, og har i de mellemliggende Aar ernæret sig kummerligt ved sit Arbejde, til sidst som Tjenestepige i et Logihus. Da hun hører, at Faderen er døende, vender hun tilbage for at bede om hans Tilgivelse, før det er for silde. Dora fortæller om sin Forlovelse med »Mr. Harold«. Han træder ind; Eva genkender ham øjeblikkelig og styrter død til Jorden.

Der er heri mere af en tarvelig Roman end af et ægte Digterværk, og enkelte idylliske Scener og Smaa-sange formaa ikke at give det større Interesse, saa meget mindre som disse nærmest tilhøre den Digtart, man herhjemme har betegnet som Duftvaudevillen. Det bør maaske bemærkes, at største Delen af Stykket er skreven i Bondedialekt, paa Prosa, medens Skuespillets »finere« Personer tale paa urimede Vers.

Med *The Promise of May* slutter Rækken af Tennysons Skuespil i eet-Binds Udgaven. Digteren har senere skænket os endnu et Drama, et romantisk Skuespil *The Foresters Robin Hood and Maid Marian* (London 1892). Den 17. Marts 1892 blev Stykket opført første Gang i New York, hvor Hovedrollerne spilledes af Mr. John Drew og Miss Ada Rehan, hvis fortrinlige Spil i *The Taming of The Shrew* og især i *As You like it* i Sommeren 1890 havde begejstret Londonerne. *The Foresters* gjorde Lykke hinsides Atlanterhavet; i England er det endnu ikke opført offentligt.

Det er ikke af de Arbejder, der vække Sensation. Handlingen er spinkel, og Karaktertegningen frembyder intet nyt. Men der er Poesi og Stemning i det lille Stykke — ja, trods de fire Akter føler man sig fristet til at kalde Stykket »lille« — og der er en elskværdig Ung-

dom over det, som mange af vore unge Forfattere
kunde misunde den gamle Digter. Man høre Marians
første Sang (I, 1, S. 8):

> »Love flew in at the window
>   As Wealth walk'd in at the door.
> 'You have come for you saw Wealth coming', said I.
> But he flutter'd his wings with a sweet little cry,
>   I'll cleave to you rich or poor.
>
> Wealth dropt out of the window,
>   Poverty crept thro' the door.
> 'Well now you would fain follow Wealth', said I,
> But he flutter'd his wings as he gave me the lie,
>   I cling to you all the more.«

Dette er ikke stor Poesi, men det er kønt, frisk og til-
talende. Og hvilken overlegen Kunst hører der ikke til
for at kunne skrive saadanne naturlige, simple Vers?
Første Akt er den livligste; men hele Stykket igennem
træffer man smukke Sange og unge, frejdige Tanker.
Selve den romantiske Handling, hele det ydre Sceneri,
maa vel kaldes gammeldags, og Historien om Robin
Hood og Maid Marian er ofte behandlet; men ikke
desto mindre læser man Skuespillet med Fornøjelse.
Man føler Glæde ved Replikker som Marians, da Prins
John vil føre hende bort med Magt. Hun spænder
sin Bue:

> »No nearer to me! back! My hand is firm,
> Mine eye most true to one hair's-breadth of aim.
> You, Prince, our king to come — you that dishonour
> The daughters and the wives of your own faction —
> Who hunger for the body, not the soul —
> This gallant Prince would have me of his — what?
> Household? or shall I call it by that new term
> Brought from the sacred East, his harem? Never,
> Tho' you should queen me over all the realms
> Held by King Richard, could I stoop so low
> As mate with one that holds no love is pure,
> No friendship sacred, values neither man

Nor woman save as tools — God help the mark —
To his own unprincely ends. And you, you, Sheriff,
        [Turning to the Sheriff.
Who thought to buy your marrying me with gold,
Marriage is of the soul, not of the body.
Win me you cannot, murder me you may,
And all I love, Robin, and all his men,
For I am one with him and his; but while
I breathe Heaven's air, and Heaven looks down on me,
And smiles at my best meanings, I remain
Mistress of mine own self and mine own soul.‹
                    (IV, 1, S. 139—40).

En to og firsindstyveaarig Digter, der skriver saaledes, har bevaret sin Ungdoms Idealer og kæmper for dem til det sidste. Livets Skuffelser have ikke gjort ham bitter og udeltagende; Kærlighed, Renhed, Trofasthed og Mod ere ikke tomme Ord for ham: den gamle Mands Hjerte har banket ved Maid Marians Tale.

Vi yngre, der ere fødte, da Tennyson var en midaldrende Mand, blive maaske ikke let begejstrede for denne Art af Poesi. Nye Tider fordre nye Tanker; Formerne skifte; Smagen forandrer sig. *Robin Hood og Maid Marian* tilhører i Virkeligheden en svunden Tid. Men naar vi studere Tennysons Værker, da se vi, at der er *det* derimellem, som er uafhængigt af nye Tiders forandrede Synspunkter og vekslende Moder. Det bedste, Tennyson har skrevet, vil leve, naar vor Smag og Opfattelse for længst har veget Pladsen for kommende Slægters.

Skridt for Skridt kæmper Menneskeslægten sig frem mod lysere, lykkeligere Tider. I denne Kamp har Tennyson været en af Førerne. Han har peget mod de høje Maal og vist os Vejen. Ofte har han fejlet — men aldrig har han kæmpet for, hvad han ikke selv har anset for det gode.

SLUTNING.

I.

Vi have i det foregaaende beskæftiget os med
Studiet af Tennysons Værker hvert for sig; det vil nu
være nødvendigt at samle de spredte Træk for derved
mere bestemt at kunne drage Grænserne for hans Talent
og danne os et klarere Billede af hans Digterperson-
lighed.

Gang efter Gang, under Omtalen af de enkelte
Digte, har jeg maattet benytte mig af Sprogets stærkeste
Adjektiver for at udtrykke den Beundring, jeg føler for
dem, og den Kærlighed, hvormed jeg omfatter dem;
og dog findes der næppe noget af hans større Arbejder,
som jeg ubetinget, helt og holdent, turde regne mellem
dem, de udvalgte faa, der ville blive læste og forstaaede
til alle Tider. Hvis Tennyson aldrig havde skrevet
noget af sine mere omfangsrige Værker, havde hans
sociale Stilling, hans Betydning for sit Land og sin Tid,
hans Stilling i den engelske Litteratur, maaske været
ringere, end den nu er, men et Spørgsmaal bliver det,
om han vilde have været en ringere Digter; og dog

vilde hans større Arbejder alene, hvis de mindre Poesier
aldrig havde set Lyset, sikkert have stillet ham i første
Række blandt Englands Digtere. Thi der findes i dem
alle — maaske alene med Undtagelse af Skuespillet *The
Promise of May* — saa skønne eller gribende Enkelt-
heder, saa stort anlagte og dybt tænkte Scener, som
kun den store Digter kan frembringe dem. Det er in-
denfor den mindre Ramme, at Tennyson har skabt sine
bedste Værker: den store Komposition er næppe nogen-
sinde lykkedes ham *fuldt ud*. *Prinsessen, In Memoriam,
Maud, Idyllerne om Kongen, de historiske Skuespil* inde-
holde Skønheder, der ikke staa tilbage for, ja maaske
staa over, det bedste, Digteren har frembragt i sine
mindre Arbejder: intet af dem er *helt igennem* fuldt ud
vellykket. Tennysons Tanker ere dybsindige, hans Livs-
syn omfattende, hans digteriske Inspiration kraftig og
oprindelig, og indenfor den snævrere Ramme er hans
Kunst fuldendt. Ja, i sine mindre Arbejder er han
maaske mere Kunstner end Digter: det er hans Styrke,
og det er hans Svaghed; thi den kunstneriske Beher-
skelse kan stundom ligesom dæmpe den poetiske Inspi-
ration. Men naar han stiller sig en større Opgave, er
det som om Evnen til den kunstnerisk fuldendte Ud-
formning af Stoffet svigter ham: Kompositionen i det
hele og store bliver famlende, undertiden springende;
Handlingens Enhed brydes, Tanken bliver uklar. Det er
ikke Læserens Skyld alene, naar flere af Tennysons
større Arbejder ere blevne mistydede. Naar et Digt
kan udlægges paa de mest forskellige Maader, naar hver
Kritiker forklarer det paa sin Vis, uden at nogen af
dem maaske træffer Digterens Tanke, saa skyldes det
en Grundfejl i Digtet selv. Det er da i de kortere Ar-
bejder eller i enkelte Partier indenfor den større Kom-
position, at Tennyson maa siges at have naaet højest.

Han har skænket os lyriske, episke og dramatiske
Værker. Lyriker var han fra sin tidligste Fremtræden

som Digter og hele Livet igennem; hans første større Fortælling, *Prinsessen*, der ved sin blandede Form er halvt lyrisk, halvt episk, udkommer i hans otte og tredivte Aar,[1] medens hans Hovedværk som episk Digter, *Idylls of the King* efter et Par mindre Tilløb begynder at udkomme i Digterens halvtredsindstyvende Aar og først finder sin endelige Afslutning med *Balin og Balan* seks og tyve Aar senere. Dramatisk er hans Digtning allerede i saadanne tidlige Værker som *Majdronningen*, *St. Simeon Stylites* og andre, men som Dramatiker i egentlig Forstand optræder han først med *Queen Mary* 1875, seks og tresindstyve Aar gammel. Tennysons Udvikling har derfor været af en ganske ejendommelig Art. Født Digter, saa at sige, frembringer han skøn Poesi i en overordentlig tidlig Alder, men hans videre Udvikling foregaar langsomt, nølende, han ligesom føler sig for, Skridt for Skridt: inden han paatager sig den større Opgave prøver han sig varsomt frem gennem mindre Arbejder af en beslægtet Natur. Han er fuldt klar over sin kunstneriske Begrænsning, men han stræber langsomt at flytte Grænsepælene og udvide sit kunstneriske Omraade. Hvor han finder Grænserne uoverstigelige, eller foreløbig uoverstigelige, opgiver han Forsøget paa at overskride dem: for bestandig eller for en Tid. Saa megen Humor han er i Besiddelse af, varer det længe, før den træder kraftigt frem i hans Digtning; af Vittighed er der næppe Spor i hans Værker; efter nogle mindre heldige Forsøg i Sonetten opgiver han denne Verseform og vender først tilbage dertil efter mange Aars Forløb.

Som Prosaskribent kende vi kun Tennyson gennem nogle Scener i hans Skuespil, enkelte korte Noter og Fortaler til hans Værker og de faa Breve, der nu og

---

[1] Jeg forbigaar i denne Forbindelse den ungdommelige Fortælling *The Lover's Tale.*

da ere fremkomne paa Tryk; i sin egentlige Forfatter-
virksomhed betjener han sig af Verset. I de tidligste
Arbejder ere hans Vers i høj Grad afvekslende, ikke blot
i de forskellige Digte, men indenfor det enkelte Digt
foretrækker han ofte uregelmæssigt byggede Strofer.
Det ulegemlige, der er over disse Poesier i Henseende
til Indhold, svarer paa en vis Maade til deres usikre,
vage, men oftest melodisk skønne ydre Form. Coleridge
klager over, at han »næppe kan skandere hans Vers«
(Se Side 21); at omsætte Tanken eller Indholdet i jævn
Prosa vilde sikkert ofte være lige saa umuligt. Men
snart, alt som hans eget Liv bliver kraftigere og mindre
drømmende, bliver Indholdet fyldigere, Formen mere
rolig og klar. Dette føles allerede i *De to Stemmer* og
især i *Oenone*. I dette sidste er han vendt tilbage til
det engelske *blank verse*, hvori han havde forsøgt sig
allerede i *The Lover's Tale* og *Timbuctoo*, og i hvilket
saa mange af hans betydeligste Arbejder senere bleve
skrevne. I *Oenone* har det endnu næppe den faste
Form, det senere antager. Man træffer fritbyggede og
skønne Linier som disse:

> »And at their feet the crocus brake like fire,
> Violet, amaracus, and asphodel,
> Lotos and lilies: and a wind arose,
> And overhead the wandering ivy and vine,
> This way and that, in many a wild festoon
> Ran riot, garlanding the gnarled boughs
> With bunch and berry and flower thro' and thro'.«
>
> *(Works*, S. 41).

Men disse smaa Friheder i Versets Bygning, ligesom og-
saa i andre Dele af Digtet de mange Ophold inde i Linien,
de enkelte kvindelige Endelser, der forekomme, den tid-
ligere paapegede Gentagelse af de samme Vers, alt dette
svarer fortræffeligt til Digtets hele lyrisk-dramatiske
Karakter. I *Morte d'Arthur* er Verset allerede langt
fastere, men lige saa fjernt som i *Oenone* fra al ængste-

lig Stivhed, afpasset efter Fortællingens mere rolige
Tone; her er ingen overflødig Pynt; bredt og majestæ-
tisk bevæger det sig frem. — Inden længe bliver da
»Blankverset« den af Tennyson mest benyttede Verse-
form. Han tæller ikke med bekymret Mine hver Linies
ti Stavelser; Verset skifter efter det vekslende Stof:
det lyder let og yndefuldt i *Prinsessens* romantiske
Scener, det udtrykker den dybe. Smerte i Idyllen om
Enoch Arden eller skingrer som et Skrig i Dronning
Marys Vanvidstale:

>O God! I have been too slack, too slack;
There are Hot Gospellers even among our guards —
Nobles we dared not touch. We have but burnt
The heretic priest, workmen, and women and children.
Wet, famine, ague, fever, storm, wreck, wrath, —
We have so play'd the coward; but by God's grace,
We'll follow Philip's leading, and set up
The Holy Office here — garner the wheat,
And burn the tares with unquenchable fire!
Burn! —
Fie, what a savour! tell the cooks to close
The doors of all the offices below.
Latimer!
Sir, we are private with our women here —
Ever a rough, blunt, and uncourtly fellow —
Thou light a torch that never will go out!
'Tis out — mine flames. — — <

(V, 5. Works 649).

Her er noget af Elizabethanernes Kraft, en Efterklang
af Marlowes »mighty line«.

Tennyson har en betydelig Evne til at finde netop
den Verseform, der bedst kan udtrykke Digtets Tanke
eller slutte sig lettest og naturligst om dets Indhold.
Man sammenligne f. Eks. de lange, fuldtonende Linier i
Locksley Hall, der med samme Skønhed udtrykke alle
Monologens skiftende Stemninger, Kærlighedens Lykke
og Fortvivlelse, den vilde Forbandelse og det mandige

Haab, med Digte som *Den lette Brigades Angreb, Kaptajnen* eller *Offeret*, hvis korte, knappe Vers saa fortræffeligt svare til Indholdet. Eller man sammenligne det ene af de næynte Digte, *Kaptajnen* med det efterfølgende *The Lord of Burleigh*: hver anden Linie i dette indeholder to Stavelser mere end den tilsvarende Linie i hint, ellers ere de ens byggede, men hvor mildne ikke disse to Stavelser de haarde, næsten kantede Vers i *Kaptajnen*, og hvor passe de ikke hver for sig til den fortalte Historie. I *Maud* udtrykke de skiftende Vers med næsten fuldendt Mesterskab Heltens vekslende Følelser, men her forekommer selve den valgte dramatiske Form mig, som foran berørt, for knap i Forhold til Digtets store Indhold.

Tennyson er født og opdraget paa Landet, og om han end nu og da rejste i Udlandet eller opholdt sig i London, følte han sig aldrig hjemme i de store Byer: det larmende Liv i Hovedstaden, som Dickens saa vanskeligt kunde undvære, havde liden Tiltrækningskraft for ham. Kun i faa af sine Værker har han skildret moderne Bymennesker, og de have liden Betydning i hans Digtning. Det er ude paa Landet, han søger Stoffet til sine Nutidsskildringer — helst paa de Egne, hvor han er hjemme og daglig færdes. Paa disse stille Steder glider Livet roligt hen, og denne milde Ro har præget Tennysons Værker. Han dvæler med Glæde ved denne fredelige Tilværelse; det idylliske og den lidt ulegemlige Romantik blive i mange Aar karakteristiske for hans Digtning. Hvor skøn denne er, savner den oftest ikke blot den kraftige Menneskeskildring, men ogsaa den Lidenskab og i endnu højere Grad den Humor, som sjælden fremkaldes uden under mere bevægede Forhold. Det er, som om Tennyson selv føler dette: i *Maud*, i *Aylmer's Field* forsøger han at skildre det rystende, det uhyggelige; men han vender atter tilbage til de mildere idyllisk-romantiske Digtninge. Menneskeskildringen i

Maud, maaske ogsaa Skildringen af Præsten i *Aylmer's Field*, naar dybere end Karaktertegningen i f. Eks. *Idylls of the King*; men dette Værk indtager ved selve sin Størrelse, ved sit nationale Emne, sin Tankerigdom og de gennem alle Fortællingerne spredte skønne Enkeltheder en mere betydningsfuld Plads imellem hans Værker. Mest levende er hans Karaktertegning i Dialektdigtene og i enkelte af de andre dramatiske Monologer. Ogsaa i denne Retning gennemgaar Digteren en langsom Udvikling, men ogsaa her naar han det absolut fortrinlige. Efter hans Kvindebilleder i *Juvenilia* og den følgende Digtsamling faa vi Værker som *St. Simeon Stylites* og *Ulysses* i Digterens tre og tredivte Aar, *Maud* i hans seks og fyrretyvende, *Enoch Arden* og *The Northern Farmer (Old Style)*, da han er 55; elleve Aar senere følger *Queen Mary* og endelig *Rizpah*, da han er 71. Det var i Digtsamlingen *Ballads, and other Poems*, at denne Monolog fremkom, en Samling, der i dette Digt rummer den mest gribende menneskelige Tragedie, Tennyson har frembragt, Side om Side med *The Northern Cobler's* brede Humor.

Det er Digterens stadige Ophold paa Landet, vi skylde de virkelighedstro Naturskildringer, der i saa stor Rigdom findes spredte gennem alle hans Værker. Hans sikre Øje støttes her af hans omfattende Viden; her er han Realist i Ordets bedste Forstand: vi tør trygt stole paa de Billeder, han med saa levende Anskuelighed tegner for os. Han elsker denne Natur og har studeret den til alle Tider, i Uvejr og Solskin, oppe i Landet og ude ved Kysten; han kender hvert Dyr og hver Plante, hvert skiftende Vejrligs Stemning, saa nøje som de Mennesker, der bo paa disse Steder. I saadanne Billeder er ingen naaet højere end Tennyson.

Men om end Digteren levede paa Landet, saa fjernt som muligt fra Døgnets Larm, kunde han dog ikke udelukke sig fra den personlige Hyldest, som baade Lands-

mænd og fremmede maatte ønske at bringe ham, og
han kom efterhaanden i Berøring med, til Dels i nært
Venskabsforhold til næsten alle Tidens fremragende
Personer. Dog giver hans tilbagetrukne Liv ham, i
ganske anden Grad end det travle Byliv vilde have til-
ladt ham det, ikke blot Lejlighed til at studere Naturen
under de lange Vandringer, paa hvilke han satte saa
stor Pris, men ogsaa Ro til de omfattende boglige Stu-
dier, der stille ham paa Højdepunktet af sin Tids Dan-
nelse og give ham Stoffet til saa mange af hans bedste
Arbejder. En Gruppe af disse ere byggede over Mo-
tiver fra Oldtidens Digtere, med hvilke han var fortrolig
som faa; de vallisiske Sagn danne Grundlaget for *Idylls
of the King* og hermed beslægtede Digte; gennem ind-
gaaende historiske Studier tilegner han sig Stoffet til
de store Skuespil, og han formaar at trænge ind i den
svundne Tids Aand med en saadan Klarhed og Styrke,
at en fremragende Historiker som J. R. Green erklærer,
at Tennysons *Becket* har givet ham en mere levende
Forstaaelse af Henrik II og hans Hof end alle hans
Studier i det tolvte Aarhundredes Annaler.[1]) Med
Bibelen er Digteren saa fortrolig, at han hvert Øjeblik
benytter dens Sprog. Mr. H. van Dyke har samlet de
bibelske Citater og Hentydninger, som findes i Tenny-
sons Værker, og hans Liste løber op til over 300. De
give hans religiøse og filosofiske Digte en egen Farve,
ligesom hans klassiske Digte farves ved Ord og Billeder
fra den klassiske Litteratur, og Idyllerne om Kong Arthur
karakteriseres ved gammel-engelske Ord, eller nu og da
et Bogstavrim (for hvilket Tennyson i det hele havde
en vis Forkærlighed) og lignende Træk fra den ældre
engelske Litteratur. At han har haft et omfattende

---

[1]) Anført af H. van Dyke, S. 220. — Se ogsaa en Artikel i *The
Nineteenth Century*, Febr. 1893: *The Real Thomas Becket* af
Miss Agnes Lambert.

Kendskab til den poetiske Litteratur følger vel af sig selv: »hans Kendskab til al tidligere Poesi var ubegrænset«, siger Mr. Knowles, der tillige nævner *Chaucer, Shakespeare, Milton, Wordsworth, Dante* og *Goethe* som hans Yndlingsdigtere.[1]) For de nyere Undersøgelser paa Naturvidenskabernes Omraade interesserer han sig levende, og han tager i flere af sine Digte med Iver Del i Diskussionen om de opstillede Teorier. Den· amerikanske Forfatter Bayard Taylor, der besøgte ham paa Øen Wight i 1857, følte sig under en lang Spadseretur med Digteren slaaet ved hans mangesidige Kundskaber: »Der var ikke en lille Blomst imellem Klitterne, som Faarene havde skaanet, der undgik hans Opmærksomhed, og han var fuldstændig fortrolig med Kystens Geologi, baade den terristiske og den undersøiske. Jeg tænkte paa en Bemærkning, jeg engang havde hørt af en udmærket engelsk Forfatter, at Tennyson var den viseste Mand, han nogensinde havde kendt, og jeg kunde godt tro, at han virkelig mente det«. Den Forfatter, der sigtes til, er Thackeray.[2])

Disse omfattende Kundskaber, denne »Visdom« gennemtrænger Tennysons Værker paa saa mange Punkter, især hvor han kommer ind paa religiøse, filosofiske eller sociale Spørgsmaal, at adskillige af hans Landsmænd i dem have søgt Raad og Vejledning under Livets vanskelige Konflikter. Hvad han i saa Henseende har udrettet tør ikke regnes ringe.

De sidste Ord i Tennysons sidste Digt (*The silent Voices*) ere *On, and always on*: de kunde staa som Motto over hans Liv og Værker. »Fremad, altid fremad!« klinger det igennem hans Digtning fra hans tidligste Ungdomspoesi til hans Manddoms og Alderdoms dybsindige og gribende Værker. Fremad, altid fremad, gaar

---

[1]) *The Nineteenth Century*, Jan. 1893, S. 171 & 173.
[2]) *Tennysoniana*, S. 165.

han gennem Livet, med Blikket rettet mod, hvad han anser for det højeste og bedste: han kan lide Nederlag, men han rejser sig atter; den dybe Sorg fører ham frem i Udvikling; han bliver sit Folks Afgud, han nyder de største Æresbevisninger, men han stiller kun saa meget desto større Fordringer til sig selv og sit Arbejde. Det kraftige, ungdomsfriske »Fremad!« bliver for ham Grundtanken i Verdensudviklingen; »Mennesket er endnu i sin Vorden«, og for den enkelte Menneskesjæl er det jordiske Liv kun et Punkt i hans Tilværelse: »De døde ere ikke døde, men levende«. Ligesom *Merlin*[1]) maa vi »følge Glimtet«: »Fremad!« er Løsenet for den enkelte som for hele Slægten. Naar han ser, eller tror at se, Tilbagegang, vækkes hans Harme, og han taler bitre Ord til den Slægt, hvem han giver Skylden for de laveste Klassers moralske og legemlige Elendighed; han harmes over den Revolution, der styrter i Grus, men glemmer at bygge op, den Politik, der fornedrer Landet i dyrekøbt Fred i Stedet for at hævde dets Ære og føre det frem. Han hæver sin Røst mod saadanne aandelige Rørelser, der for ham staa som Tilbagegang, som ødelæggende for Kunst eller Litteratur. Han bliver, især i sine ældre Aar, ensidig i sin Dom over saadanne Fænomener og stundom uretfærdig; men han taler efter sin Overbevisning, han anser det for sin Pligt at tale, og det er aldrig tomme Ord, han fremfører.

I religiøs Henseende har Tennyson ført et kraftigt bevæget indre Liv. Han nøjes ikke med det engang givne; han fordrer Lov til at tænke frit og selvstændigt. I mange Aar før sin Død gik han aldrig i Kirke, uagtet han stod paa en god Fod med de omboende Præster. Han kaster sig med Interesse over Studiet af det oversanselige og er et af de første Medlemmer af *Det metafysiske og psykologiske Selskab*, som stiftedes i London

---

[1]) *Merlin and the Gleam (Demeter, and other Poems*, S. 132 ff.)

1869. Redaktøren af *The Nineteenth Century*, Mr. Knowles, der undfangede Ideen til dette Selskab, har i sit Tidsskrift (Jan. 1893) givet interessante Oplysninger herom. Han anfører tillige, hvorledes Tennyson engang efter modent Overlæg formulerede sin religiøse Tro i de Ord: *»Der er et Noget, som vaager over os, og vor Individualitet vedvarer;* det er min Tro, og det er hele min Tro«. (S. 169). — Og samme Frihed, som han fordrer for sig selv, forlanger han ogsaa for andre. Dissenterpræsten, der med voldsomme Ord og Fagter maner den anderledes troende ned i Helvedes Dyb, vækker hans Smil, og han harmes over Fyrsten, som med Magt vil »drive et Folk fra deres gamle Tros Fold«; en saadan Handling er for ham: »uviis, ukongelig«. (Se foran S. 87—88 & 213 samt Note 2, S. 265).

I politisk Henseende beherskes han frem for alt af sin Nationalfølelse; hvor det gælder Englands Ære, bliver alt andet underordnet. For øvrigt er han konservativ, og jeg har foran anført, hvad han forstaar herved (S. 205; smlgn. ogsaa S. 52). Ogsaa her gælder »Fremad!« som hans Valgsprog, men langsomt, trinvis. Holger Drachmanns »gamle Kvinde« i *Østen for Sol og Vesten for Maane* synes i Slægt med Tennyson: »man tør ej springe Mellemleddet over« siger ogsaa hun; ogsaa *hun* tror, at »Tiden, ordnet efter Love, vil dæmpe hver en Storm«. (Smlgn. foran S. 46 og 182—83).

Tennyson forstod i en sjælden Grad den vanskelige Kunst at vente, til Tidens Fylde kommer. I det praktiske Liv, i Kunsten og Litteraturen møde vi stundom geniale Aander, der i det kortest mulige Spand af Tid udføre deres Værk til Menneskeslægtens Lykke, der med rastløs Iver virke ved Nat og ved Dag, som om de følte, at deres Frist snart var ude, og som dø i den Alder, i hvilken Hverdagsmennesket næppe har begyndt sit Liv for Alvor. Havde Tennyson en Følelse af, at *hans* Liv vilde blive langt, at han rolig kunde vente, medens Tankerne modnedes og klaredes? Var han sig bevidst, at hans Aand var af en anden Art end hines, at hans Livsværk kun kunde udføres, netop saaledes som han bragte det til Udførelse, gennem et langt Livs rolige Arbejde? Da han i sin Ungdom mishandles af Kritikken, udgiver han *i ti Aar* ikke nogen Digtsamling. Men han ophører ikke at digte; han venter rolig til Tiden er moden for ham. Selve den overlegne og haanende Kritik, der har saaret ham saa dybt, drager han sig til Nytte, og hvor han maa indrømme, at han har fejlet, retter han sig derefter. De Digte, han har udgivet, forandrer han atter og atter i senere Udgaver for at give dem den mest fuldendte Form, han kan give dem. Det haster ikke saa meget med det nye, at han jo har Tid til at fuldkommengøre, hvad han alt har udgivet. Han tvinger sig ikke til at skrive, han digter under Inspiration; men naar han *har skrevet*, gennemgaar han sit Arbejde med den omhyggeligste Kritik og kan beholde det i Aarevis, før han lader det trykke. »Jeg kan altid skrive«, siger han, »naar jeg ser mit Emne for mig, skønt jeg undertiden i tre Fjerdingaar ikke sætter Pennen til Papiret«, og »mange tusende smukke Linier« putter han i Kaminen.[1] Det var en Lykke for Tennyson, at han blev gammel, og blev gammel uden at mærkes med Alderdommens Tegn. Efter en Række fortrinlige Arbejder, kulminerer han i halvfjerdsindstyve Aars Alderen og faar endnu Tid til at skænke os en lang Række Digtninge, af hvilke de bedste næppe vise nogen Tilbagegang. Han opnaar at føre sit Arbejde til Ende; der er Harmoni imellem hans Liv og hans Værk.

---

[1] *The Nineteenth Century*, Jan. 1893, S. 168.

II.

Nyere Meddelelser om Tennyson. — Digterens sidste Leveaar. —
Hans Sygdom og Død. — Begravelsen i Westminster Abbedi. —
Tennysons Betydning for den engelske Nation.

Manuskriptet til nærværende Afhandling var næsten sluttet, da Telegrafen bragte den første Meddelelse om Digterens Død. En hel Tennyson-Litteratur er vokset op siden da; et Par nye Bøger om ham ere udkomne, udsolgte Værker ere komne i nye Oplag, Blade og Tidsskrifter have bragt en lang Række af større eller mindre Biografier og kritiske Afhandlinger, personlige Erindringer og Anekdoter om den store Digter, medens Mindedigte, undertegnede med de bedste Navne i Englands poetiske Litteratur, have udtrykt den Hengivenhed og Beundring, hvormed saa vel den yngre som den ældre Digterskole se op til ham.

En anonym Forfatter, der har kendt Tennyson personlig, har i *Daily Telegraph* givet et Portræt af Digteren, som denne var paa sine gamle Dage.[1] Vi høre her igen om hans tilbagetrukne Liv, hans Uvillie mod alt, hvad der støjede eller forstyrrede den Ro, hvorpaa han satte saa stor Pris. Lige til det sidste holdt han af at tale med sine Venner, og han læste ofte og gerne højt. Atter her finde vi Bekræftelse paa den betagende Kunst, hvormed han gengav sine Værker og paa hans bløde Stemmes musikalske Skønhed og Kraft: »den kunde være mild som en Piges og malmfuld som en Feltherres«. — Og Forfatteren beskriver hans ydre Person: »En af de nobleste og skønneste af Adams Sønner var han at se paa« i sin Alderdom saa vel som i sine

---

[1] *Daily Telegraph* for den 7. Oktober 1892: *Personal Recollections. By one who knew him.*

yngre Dage. Vi høre om hans store brune Øjne med
det milde og kloge Blik, og hvorledes Rynkerne for-
vandledes til lutter Smilehuller under Samtalens muntre
Spøg. Hans Hænder vare ualmindelig smukke, saa at
de tiltrak sig enhver fremmeds Opmærksomhed. Han
bar Haaret paafaldende langt, bølgende tilbage fra den
høje Pande, og lige til hans Dødsdag var det kun ube-
tydelig graasprængt. Inde i Stuen gik han med en
Fløjls Kalot; ude havde han altid en meget stor blød
Filthat og Slængkappe. Ellers var der intet mærkeligt
i hans Klædedragt. Han røg meget — hellere Pibe end
Cigar — helst en kort Pibe af Træ eller en Kridtpibe.

Skønt han var sky for fremmede, saa man ingen
Mangel paa Selvtillid i hans ydre Person. Han havde
»en kongelig Sikkerhed« over sig som den, der kender
sin Stilling og ved, hvad der skyldes ham. Han kunde
være barsk og opfarende, naar man plagede ham, men
hans Vrede varede aldrig længe. Dog var han ikke
den Mand, der fandt sig i Nonsens, naar han disputerede
med en Ven, og der var ikke saa lidt Trættekærhed blandet
med hans Elskværdighed og Mildhed. Han talte gerne
om Rejser og Bøger, frem for alt om Folkesagn, hvori
han var kyndig; og i Lincolnshires Dialekt havde han sat
sig ind, »som om den havde været et klassisk Sprog.«

»At sige, at den berømte Digter ikke havde sine
svage Sider, smaa menneskelige Svagheder,« hedder det
videre i den ovenfor citerede Artikel, »vilde ikke være
Venskab, men Smiger. Han satte en Forfængelighed,
en ædel Forfængelighed, en stolt Glæde, i selve den
Berømmelse, der bragte fremmede til at kigge ind og
liste sig rundt om hans Parklaager for at faa et Glimt
af ham at se«. Og der kom mange, skønt der var
malet »Privat Vej«, »Privat Ejendom«, alle Vegne. An-
densteds[1]) høre vi, hvorledes Tjenestefolkene maatte

---

[1]) *Lloyd's Weekly London Newspaper*, den 9. Oktober 1892, Side
5, Sp. 4.

holde Udkig efter saadanne paatrængende Gæster, men da det gik op for Digteren, at Folk vare fornøjede, naar de blot troede, at de havde set ham, lod han undertiden en af sine Arbejdsfolk spadsere om i Haven, klædt i Slængkappe og med »den historiske Bulehat« paa Hovedet. Bondekarlen havde da det Hverv »at paatage sig et saa drømmende Udtryk, som hans intellektuelle Evner tillode ham«, og de fremmede saa med Ærefrygt paa ham fra deres Skjulested. Engang, da han spadserede med den bekendte amerikanske Skuespillerinde Miss Mary Anderson, fortæller den samme Meddeler, forbavsede han hende ved pludseligt at løbe sin Vej — han havde opdaget nogle ukendte Personer, der kiggede paa ham gennem Hækken! Men det var sandelig heller ikke uden Grund, at han søgte Frelse i Flugten. Man gør sig ingen Idé om, hvor paatrængende Folk vare. I nogle personlige Erindringer om Tennyson (*The World*, den 12. Oktober 1892) fortælles, hvorledes en vildfremmed bogstavelig talt forfulgte en af Digterens Gæster for at tvinge denne til at præsentere ham for Tennyson. Da han ikke kunde slippe fri paa anden Maade, maatte ogsaa han *løbe sin Vej*. Ikke desto mindre kom den fremmede lidt efter og ringede paa, men blev afvist, da Historien imidlertid var bleven fortalt. Saa *gemmer han sig* bag en Busk i Haven, og da Tennyson senere spadserer ud med sin Gæst, træder han frem og tiltaler dem![1])

Tennyson holdt heller ikke af at modtage Breve fra fremmede; undertiden kunde han give et Svar, hvis Form kun kan undskyldes, naar man tænker paa, hvor mange Breve den ulykkelige Mand er bleven plaget med. Følgende meddeles af Mr. Arthur Waugh (*Alfred Lord Ten-*

---

[1]) I *The Athenæum* for 8. Oktober 1892 fortæller Mr. Theodore Watts en lignende Historie om et Par vildfremmede Herrers Paatrængenhed.

nyson, S. 153): En Præstekone i Richmond havde skrevet til ham og bedet ham forklare hende et Sted i et af hans Digte, som hun ikke kunde forstaa. Svaret lød:

>Dear Madam,
         I merely supply poetry to the English people — not brains.<

Maaske Spørgsmaalet har været særlig dumt — Svaret var i hvert Fald mere end almindelig uelskværdigt. Men til andre Tider løb hans gode Hjerte af med ham. Kort før hans sidste Sygdom sendte en Skolepige i Fulwell ham et lille Digt, hun selv havde lavet, og Dagen efter modtog hun et venligt Svar, hvori han udtrykte sin Tilfredshed med Digtet, ja, han sendte hende endog en Afskrift deraf med et Par smaa Rettelser, som han mente vilde forbedre Versene. I en Efterskrift raadede han den unge Forfatterinde til at arbejde videre og vogte nøje paa Versebygningen.[1])

Tennysons kraftige Konstitution havde tilsyneladende lykkelig overstaaet et Anfald af Influenza og Reumatisme, der havde varet i otte Maaneder. Han var atter oppe og færdedes rundt om, munter og fornøjet; men hans Helbred var dog mere skrøbeligt end før. Hans Læge, Sir Andrew Clark, satte sig i Forbindelse med Dr. Dabbs, der jævnligt besøgte ham, men man ansaa ikke Digterens Tilstand for farlig. Snart kastedes han imidlertid atter paa Sygelejet, og i Løbet af faa Dage antog hans Sygdom en mere alvorlig Karakter. Onsdag Eftermiddag (den 5. Oktober) svævede han imellem Liv og Død. Han var yderlig afkræftet og sank hen i en smerteløs, drømmende Tilstand. En Gang imellem var han i Stand til at tale med sine Omgivelser, og ved saadanne Lejligheder viste han en rørende Taknemme-

---

[1]) *The Times* for den 8. Oktober 1892, S. 9, Sp. 4.

lighed mod sine Læger og Sygeplejersker. Fra Sengen, hvor han hvilede, kunde han se vidt ud over det stille Landskab, der laa i det skønneste Sollys. Han bad om *Shakespeare* og bladede i Bogen, til han havde fundet *Cymbeline*. Hans Øjne vare fæstede derpaa, men snart lod han atter Blikket glide hen over Høj og Dal. Det blev Aften. Man undlod at tænde Lys: men Maanen stod op og kastede en Strøm af sølvhvide Straaler ind i Stuen, hvor den døende Digter laa, med venstre Haand endnu hvilende paa *Shakespeare*. Naar han talte, var han ved fuldstændig Bevidsthed. Lægerne, Sygeplejerskerne og hans nærmeste Slægtninge vare til Stede ved hans Leje. Den nye Dag var begyndt, da han døde; Klokken var lidt over halv to, Torsdag den 6. Oktober 1892.[1])

Digterens Død vakte Deltagelse over hele England og vidt ud over Fædrelandets Grænser. Om Lørdagen talte Overrabineren i London, Dr. Adler, fra Prækestolen i Bayswater Synagogen om den afdøde,[2]) og

---

[1]) Ovenstaaende Skildring af Tennysons Sygdom og Død er bygget over de udførlige Beretninger i *The Daily Telegraph* og *Lloyd's Weekly London Newspaper* for henholdsvis den 7. og den 9. Oktober 1892.

[2]) Dr. Adler sigtede i sin Tale bl. a. til et Brev, som Tennyson Aaret før sin Død havde sendt til et Medlem af den engelske Komité, der var traadt sammen i Anledning af Jødeforfølgelserne i Rusland. Brevet er trykt af Mr. Jennings i anden Udgave af *Lord Tennyson*, S. 175, og derefter i *The Daily Telegraph* for den 8. Oktober 1892. Det lyder saaledes:

Oktbr., 1, 1891.

» Min Herre,

Jeg har læst, hvad der berettes af Deres Blad og af Pressen i Almindelighed om de russiske Forfølgelser, og, hvis det er sandt, kan jeg kun sige, at Rusland har vanæret (*disgraced*) sin Kirke og sin Nationalitet. Jeg har en Gang truffet sammen med Zaren. Han syntes at være en venlig og

Dagen efter gentog noget lignende sig i næsten alle de større Kirker: i St. Paul's og Westminster Abbey, i Temple Church og St. Margaret's, Westminster. I Haslemere og Freshwater, hvor Tennyson i saa mange Aar havde boet, antog Gudstjenesten en særlig højtidelig Form, især i Haslemere, hvor Biskoppen af Winchester prækede, og hvor næsten hele Menigheden var klædt i Sorg. [1])

Imidlertid var det blevet bestemt, at Begravelsen skulde foregaa i Westminster. Om Tirsdagen blev Liget i al Stilhed ført til London, hvilende i en dobbelt Kiste, den yderste af engelsk Eg, i Følge den afdødes Ønske, og med den simple Inskription paa Laaget:

>Alfred, Lord Tennyson.
Født Aug. 5., 1809.
Død Oktbr. 6., 1892.<

Cymbeline, den sidste Bog, han berørte, hviler paa hans Bryst. Onsdag den 12. ved Middagstid fandt derefter den højtidelige Begravelse Sted. Tusinder og atter Tusinder trængtes udenfor Kirken; og indenfor: Digtere, Kunstnere, Statsmænd og Gejstlige — alle Partier, alle Afskygninger samlede om hans Baare for at bringe ham det sidste Farvel. Kisten var dækket med et stort engelsk Flag, og et Flor af Blomster var sendt fra nær og fjern: en Krone var sendt fra Shakespeares Have i Stratford-on-Avon og en Krans fra Virgils Grav i Pausilipo, Blomster fra Dronningen og fra Børnene i Louth Skole. Atter og atter gentages det i de engelske Blade: aldrig

---

godmodig Mand. Jeg kan næppe tro, at han er fuldt vidende om de barbariske Handlinger, der udføres med hans tilsyneladende Billigelse.

Tennyson.<

[1]) *The Times* for den 10. Oktober 1892 indeholder Udtog af disse Prækener. Sammenlign hermed en Notits om Archdeacon Farrer's Tale i *The Literary World*, 14. Okt. 1892; S. 286.

maaske har det gamle Westminster været Vidne til en skønnere eller mere gribende Handling. Tennysons Digt, *Crossing the Bar* var blevet komponeret af Dr. Bridge til denne Lejlighed efter Anmodning af Digterens Søn; og vi forstaa, hvor dybt de skønne Ord og den simple Melodi maa have bevæget Tilhørerne.[1] Saa fulgte den afdødes sidste Digt, der hidtil ikke havde været trykt, komponeret af hans Hustru: *De tavse Stemmer*.

> »When the dumb Hour, clothed in black,
> Brings the Dreams about my bed,
> Call me not so often back,
> Silent Voices of the dead,
> Toward the lowland ways behind me,
> And the sunlight that is gone!
> Call me rather, silent voices,
> Forward to the starry track
> Glimmering up the heights beyond me
> On, and always on!«

Under Gudstjenesten i Westminster ringedes med Klokkerne i St. Bartholomæus Kirken i Haslemere, og alle Forretninger i den lille By vare lukkede. Man følte Trang til at give Sorgen over Digterens Død et synligt Udtryk, og denne Trang har fyldt det store Flertal af den engelske Nation.[2] Tennyson var ikke blot en stor Digter, han var frem for alt en national Digter. Han var elsket og beundret af de udvalgte faa som af den store Befolkning. Hans Digtnings svage Sider ere ofte nok paapegede; man var ikke blind for hans Mangler;

---

[1] Musikken med underlagt Tekst fulgte med *The Graphic* for den 15. Oktober 1892. — Skildringen af Tennysons Begravelse støtter sig til Beretningen i *Daily Telegraph* d. 13. Oktbr.

[2] *The Literary World* for den 14. Oktbr. 1892 tager til Orde imod Pressens Overdrivelser i Anledning af Tennysons Død; men selve disse Overdrivelser ere maaske en ret god Maalestok for den almindelige Stemning i de nærmeste Dage derefter.

men man elskede ham, saaledes som han var. Han var som en Ven eller Broder for Millioner af sine Landsmænd; han var deres Raadgiver og Trøster, deres Sanger, deres ophøjede Lærer. Og saa var han i sin Svaghed som i sin Storhed saa ægte engelsk. Folkets Blod bankede i hans Hjerte. Han har tolket dets Følelser og Stemninger som ingen anden Digter i dette Aarhundrede. Derfor var der næppe noget Hus i England, hvor man ikke paa hin Dag mindedes hans Navn og tænkte paa hans Værker med Tak.

For os Danske staar Tennyson fjernere. Hans Digtning kan ikke være et Udtryk for vore Tanker og Følelser, paa samme Maade eller i samme Grad som de have været det for hans Landsmænd. Men der er i hans bedste Værker noget af det alment menneskelige, der forstaas i alle Lande og til alle Tider. Hvor engelske hans Naturskildringer end ere, forstaa vi deres Skønhed og glædes derover. Ogsaa os har han grebet, naar vi læste den simple Fortælling om *Enoch Arden* eller saadanne Digte som *Godiva, Locksley Hall* og *Rizpah*. Og hvor mange af os have ikke følt Glæde over *Lady Clare's* friske Skønhed eller over Værker som *Morte d'Arthur, Ulysses* og *St. Simeon Stylites*, mest maaske over de Smaasange, som vi finde spredte overalt i hans Værker. Og vi forstaa at skatte hans mandige, noble Personlighed, hans Stræben mod det højeste og bedste.

Lad da ogsaa os lægge en beskeden Krans paa hans Kiste — en Tak for alt det skønne, han har skænket os.

Alfabetisk Fortegnelse

over

de i denne Afhandling citerede Værker.

Aarestrup, Emil: Samlede Digte udg. af F. L. Liebenberg. Med en Charakteristik af Digteren ved Georg Brandes. Kjøbenhavn. 1877.

Aarhundrede, Det nittende. (Se *Brandes*).

Addison, Joseph: Rosamond (The Miscellaneous Works in Verse and Prose, I—III, London 1766, vol. II).

Arnold, Matthew: Poems. vol. I (Early Poems, Narrative Poems, and Sonnets). London 1885.

Art Journal. (Se *Graham*).

Athenæum, October 8, 1892.

Beaumont & Fletcher: Works, I—II, udg. af George Darley. London.

Bibelen.

Blackburn, Henry: Academy Notes. 1883 & 1886. London.

Blicher, St. St.: Samlede Noveller og Skizzer. Ordnede efter Tidsfølgen af P. Hansen. vol. II. Kjøbenhavn 1882.

Boccaccio, Giovanni di: Decameron. Oversat af Alfred Flinch. I—II. Kjøbenhavn 1873.

Brandes, G.: Studier over Chr. Winther. (Det nittende Aarhundrede, April 1876). Kjøbenhavn.

Brandt, C. J.: Romantisk Digtning fra Middelalderen. vol. I & III. Kjøbenhavn 1869 & 1877.

Caralis: Hundrede Digte. Andet Oplag. Kjøbenhavn 1867.

— Digte og Sange. Kjøbenhavn 1867.

Chapman, Elizabeth Rachel: A Companion to In Memoriam. London 1888.

Collins, John Churton: Illustrations of Tennyson. London 1891.

Craik, Mrs. (Miss Muloch): The Head of the Family. Tauch. Ed., Leipzig 1858.

Daily Telegraph, October 7., 8. & 13. 1892 og 7. Febr. 1893.

Dante Alighieris Guddommelige Komedie oversat af Chr. K. F. Molbech. Kjøbenhavn 1851.

Dowden, Edward: Studies in Literature. 1789 – 1877. Fifth Edition. London 1889.

Drachmann, Holger: Østen for Sol og Vesten for Maane. Kjøbenhavn 1880.

Dyke, Henry van: The Poetry of Tennyson. London 1892.

Echo, The. Extra Special, Octbr. 12., 1892.

Elsdale, Henry: Studies in the Idylls. London 1878.

Ferrier, Miss: Inheritance. London.

Fortnightly Review, Febr. 1881. (Se *Swinburne*).

Froude, J. A.: The History of England, vol. VI. London 1860.

Gatty, Alfred: A Key to Lord Tennyson's »In Memoriam«. Fourth Edition. London 1891.

Gladstone, W. E.: 'Locksley Hall' and the Jubilee. (The Nineteenth Century. Jan. 1887. Second Edition). London.

Globe, The, October 12., 1892.

Graham, P. Anderson: Lord Tennyson's Childhood. (The Art Journal, Jan. & Febr. 1891). London.

Graphic, The, October 15, 1892.

Hamilton, Walter: The Æsthetic Movement in England. Third Edition. London 1882.

Hansen, Adolf: Oversatte engelske Digte. Kjøbenhavn 1884.

Harper's Magazine. (Se *Ritchie*).

Heiberg, J. L.: En Sjæl efter Døden (Poet. Skrifter, vol. X). Kjøbenhavn 1862.

Holberg, Ludvig: Niels Klims underjordiske Reise. Oversat af Jens Baggesen. Udgivet af J. Levin. Kjøbenhavn 1867.

Homers Odyssee oversat af Christian Wilster. Fjerde Oplag. Kjøbenhavn 1878.

Hutton, Richard Holt: Essays on some of the Modern Guides to English Thought in Matters of Faith. London 1891.

Japp, Alex. H.: En Række Artikler om Brødrene Tennyson og Arthur Henry Hallam i The Poets and The Poetry of the Century (Frederick Tennyson to Arthur Hugh Clough). Edited by Alfred H. Miles. London [1892].

Jennings, Henry J.: Lord Tennyson. A Biographical Sketch. London 1884. — A New Edition, revised and enlarged. London 1892.

Keats, John: Poetical Works. With a Memoir by Lord Houghton.
A New, Revised, and Enlarged Edition. London 1865.

Knowles, James: Aspects of Tennyson II: A personal reminiscense.
(The Nineteenth Century. Jan. 1893). London.

Körner, Theodor: Sämmtliche Werke. Herausgegeben von Karl
Streckfuss. I—IV. Berlin 1838.

Lambert, Agnes: Aspects of Tennyson III; The Real Thomas
Becket. (The Nineteenth Century. Febr. 1893). London.

Literary World, The, Octbr. 14, 1892.

Lloyd's Weekly London Newspaper, Octbr. 9., 1892.

London News, The illustrated, Octbr. 15., 1892.

Longfellow's Poetical Works. Blackfriars Edition. London 1883.

Lytton, Lord: Harold. The Last of the Saxon Kings. London &
New York. 1876. (Lord Lytton's Novels. Knebworth Edition,
vol. VII).

Mabinogion, The. By Lady Charlotte Guest. I—III. vol. I, London
1838, II—III, London 1849.

(Malory): Le Morte Darthur. Sir Thomas Malory's Book of King
Arthur and of his Noble Knights of the Round Table. The
Text of Caxton edited by Sir Edward Strachey, Bart. (The
Globe, Edition). London 1891.

Mann, Robert James: Tennyson's »Maud« vindicated: An explana-
tory Essay. Second Edition. London.

Mariager, P.: Dronningen af Kyrene og andre antikke Fortællinger.
Kjøbenhavn 1890.

Meisling, S.: Digte fra Oldtiden. Kjøbenhavn 1832.

Mitford, Mary Russell: Our Village. vol. I. Fifth Edition, London
1830 & vol. III. Third Edition, London 1828.

Moore, Thomas: Poetical Works. (Nimmo's Standard Library).
London and Edinburgh. 1882.

Morley, Henry: English Literature in the Reign of Victoria.
Tauchnitz Edition. Leipzig 1881.

Munch, A.: Sorg og Trøst. Syvende Oplag. Kjøbenhavn 1891.

Nineteenth Century, Jan. 1887, Febr. 1892 samt Jan., Febr. &
Marts 1893. (Se henholdsvis Gladstone, Tennyson, Knowles,
Lambert og Paul).

Ovidii Nasonis, P.: Carmina. Ed. Alexander Riese. vol. I.
Lipsiae MDCCCLXXI.

Pall Mall Gazette, June, 19., 1890 (Tennyson's School Days);
Octbr. 8. & 12, 1892.

Paludan-Müller, Frederik: Tithon. (Poetiske Skrifter, vol. VI).
Kjøbenhavn 1879.

Paul, Herbert: Aspects of Tennyson IV: The Classical Poems.
(The Nineteenth Century, Marts 1893). London.

Percy, Thomas: Reliques of Ancient English Poetry. Edited by
Robert Willmott. London 1857.

Phenix-Fuglen. Et angelsachsisk Kvad. Førstegang udgivet med
Indledning, Fordanskning og Efterklang af Nik. Fred. Sev.
Grundtvig. Kjøbenhavn 1840. (Se *Stephens*).

Poets and Poetry of the Century. Edited by Alfred H. Miles. (Se
Japp).

Revue Celtique (Se *Stokes*).

Rhŷs, John: Studies in the Arthurian Legend. Oxford 1891.

Ritchie, Mrs. Anne Thackeray: Alfred Tennyson. (Harper's Maga-
zine, London, Decbr. 1883).

Robertson, Frederick W.: Analysis of Mr. Tennyson's »In Memo-
riam«. Thirteenth Edition. London 1890.

Saxe, John G.: Poems. Eleventh Edition. Boston 1859.

Shakespeare's Works.

   — Dramatiske Værker, oversatte af Edv. Lembcke.
     Tolvte Del (»Den arrige Kvinde, der blev tam«).
     Kjøbenhavn 1872.

Spenser, Edmund: Complete Works. Edited by R. Morris. (Globe
Edition). London 1869.

Stedman, Edmund Clarence: Victorian Poets. (Thirteenth Edition).
London 1887.

Stephens, George: The King of Birds; or, The Lay of the Phœnix.
(From the Archaeologia, vol. XXX). London 1844.

Stirling, James Hutchison: Jerrold, Tennyson and Macaulay, with
other critical essays. Edinburgh 1868.

Stokes, Whitley: The voyage of Mael Duin (Revue Celtique. Tome
IX & X). Paris 1888 & 89.

Swinburne, Algernon Charles: Tristram of Lyonesse and other
     Poems. Third Edition. London 1884.

   — Tennyson and Musset (The Fortnightly Review, Febr.
     1881).

Sweet, Henry: An Anglo-Saxon Reader. Fifth Edition. Oxford
1885.

Taine, H., Den engelske Literaturs Historie. Oversat af H. S.
Vodskov, vol. IV. Kjøbenhavn 1877.

Taylor, Tom: Historical Dramas. London 1877.

Tennyson, Alfred: Works, London 1890.

   — Demeter and other Poems. London 1889.

   — The Foresters Robin Hood and Maid Marian.
     London 1892.

Tennyson, Alfred: The Death of Oenone, Akbars Dream, and other Poems. London 1892.
— The Death of the Duke of Clarence and Avondale (The Nineteenth Century, Febr. 1892).
— Idyller om Kong Arthur. Oversat af A. Munch. Kjøbenhavn 1876.
— Enoch Arden. Oversat af A. Munch. Tredie Udgave. Kjøbenhavn 1882.
— Anna og Locksley Slot. Oversatte af Ad. Hansen. Kjøbenhavn 1872.
— Kystdrømme og Aylmersfield. Oversat af F. L. Mynster. Kjøbenhavn 1877.
— Maria Tudor. Oversat af F. L. Mynster. Kjøbenhavn 1881.
Tennysoniana. Second Edition. London 1879.
The Times, October 8. & 10., 1892.
Tit-Bits, October 29., 1892.
Vergils Gedichte. Erklärt von Th. Ladewig, vol. II, Berlin 1884.
Waugh, Arthur: Alfred Lord Tennyson. A Study of his Life and Work. London 1892.
Walters, John Cuming: In Tennyson Land. London 1890.
Winther, Christian: Hjortens Flugt. (Samlede Digtninger. Syvende Bind). Kjøbenhavn 1860.
World, The. A Journal for Men and Women. October 12., 1892.
Wordsworth, William: Poetical Works. Edinburgh.